高职高专物流管理类"十三五"规划教材

供应链管理

（第二版）

主　编　韩媛媛　孙颖荪

副主编　张华东　李红梅

西安电子科技大学出版社

内 容 简 介

本书以"认知供应链→构建供应链→运作供应链→评价供应链"的工作程序为主线,较为系统生动地讲述了涉及供应链及供应链管理的基本理论、方法和技术,主要内容包括供应链的认知、供应链的构建、供应链合作伙伴关系的建立、供应链生产管理、供应链采购管理、供应链管理环境下的库存管理、供应链管理的评价、供应链管理策略及应用、供应链信息管理和供应链资源的整合等。

本书为高职高专物流管理类"十三五"规划教材之一,可作为大专院校工商企业管理专业师生的教材和参考用书,也可作为各类工商企业生产管理人员的参考书籍。

图书在版编目(CIP)数据

供应链管理/韩媛媛,孙颖莶主编. —2 版. —西安:西安电子科技大学出版社,2016.12(2018.3 重印)
高职高专物流管理类"十三五"规划教材
ISBN 978–7–5606–4357–1

Ⅰ. ① 供… Ⅱ. ① 韩… ② 孙… Ⅲ. ① 供应链管理 Ⅳ. ① F252.1

中国版本图书馆 CIP 数据核字(2016)第 299860 号

策 划 戚文艳
责任编辑 戚文艳
出版发行 西安电子科技大学出版社(西安市太白南路 2 号)
电 话 (029)88242885 88201467 邮 编 710071
网 址 www.xduph.com 电子邮箱 xdupfxb001@163.com
经 销 新华书店
印刷单位 陕西华沐印刷科技有限责任公司
版 次 2016 年 12 月第 2 版 2018 年 3 月第 4 次印刷
开 本 787 毫米×1092 毫米 1/16 印 张 12.5
字 数 291 千字
印 数 7001~10 000 册
定 价 21.00 元
ISBN 978-7-5606-4357-1/F

XDUP 4649002-4
如有印装问题可调换

前　言

供应链及供应链管理理论与方法是在现代科学技术条件下产生的，是21世纪企业赢得市场竞争的重要武器。随着20世纪90年代初供应链管理引入我国，供应链的理念、理论研究、技术在中国得到了广泛的研究和迅猛的发展，虽然还不够成熟，但供应链管理思想已经逐渐被中国企业所认识和重视。中国企业在树立民族品牌形象、更多地参与国际市场竞争的发展进程中，应该在世界范围内考虑建立从供应商、分销商、零售商到最终用户的完整供应链，并且以外包等方式建立战略伙伴关系，加强所有加盟企业的长期合作，不断引进新技术，实现供应链的信息集成，与供应链成员共享信息来加强整个供应链的竞争优势。

本书定位于高职高专物流管理专业，针对高职高专类学生的特点，在借鉴国内外供应链管理相关书籍已有成果的基础上，设置了不少实训任务，将抽象的理论任务化，以提高直观性；在案例分析方面，注重导入案例与教学内容的贴合性，确保案例与教学内容的匹配；本书还设有课后复习题，有利于培养学生独立思考、独立解决问题的实际应用能力，使学生的知识能力结构紧密适应经济与社会发展的需要。本书除可作为高职高专物流管理专业的教材之外，也可供相关企业工作人员学习使用。

本书由韩媛媛、孙颖荪担任主编，张华东、李红梅担任副主编，其中第一、三、四章由安徽商贸职业技术学院韩媛媛老师编写，第七、八、十章由安徽商贸职业技术学院孙颖荪老师编写，第二、九章由淮北职业技术学院张华东老师编写，第五、六章由淮北职业技术学院李红梅老师编写。

本书在编写过程中参阅并引用了大量国内外有关资料，由于篇幅所限，只列出了主要参考文献，在此向所有被引用文献的作者表示衷心感谢。

由于编者水平有限，加上时间仓促，对供应链管理这一新领域涉及的知识和内容的研究还不够深入，书中难免有不妥之处，敬请各位专家和读者予以指正。

编　者
2016年10月

目　　录

第一章　供应链的认知

【学习目标】通过本章的学习，应当了解供应链与供应链管理的涵义及特征，了解供应链的结构模型，掌握供应链管理与传统管理模式之间的区别。

引例

立丰公司的供应链管理

立丰公司是全球供应链管理中著名的创新者。它地处中国香港，为全世界 20 多个国家和地区(以美国和欧洲为主)的 350 个经销商生产制造各种服装。该公司实际上没有一个车间和生产工人，但它在很多国家和地区(主要是中国内地和台湾、韩国、马来西亚等)拥有 7500 个生产服装所需要的各种类型的生产厂家(如原材料生产、运输，毛线生产，织染，缝纫等)，并与它们保持非常密切的联系。该公司最重要的核心能力之一，就是它在长期的经营过程中所掌握的、对其所有供应厂家的制造资源进行统一集成和协调的技术，它对各生产厂家的管理控制就像管理自家内部的各部门一样熟练自如。

下面以公司接受欧洲零售商 10 000 件服装的订单为例来说明它处理订单的管理过程。为了这个客户，公司可能向韩国制造商购买纱，而在中国台湾纺织和染色。由于日本有最好的拉链和钮扣，但大部分在中国制造，那么公司就找到 YKK(日本最大的拉链制造商)，向中国的工厂订购适当数量的拉链。考虑到生产定额和劳动力资源，立丰选择泰国为最好的加工地点，同时为了满足交货期的要求，公司在泰国的 5 个工厂加工所有的服装。5 周以后，10 000 件服装全部到达欧洲，如同出自一家工厂。在这个过程中，立丰公司甚至还帮助该欧洲客户正确地分析市场消费者的需要，对服装的设计提出建议，从而更好地满足订货者的需要。

现在，人们在服装上越来越爱赶时髦，好像一年有六七个季节似的，衣服的式样和颜色变化很快。因此，订货者从自身的利益出发，常常是提前 10 周订货，但很多方面如颜色或式样事先定不下来。通常的情况是，直到交货期前 5 周，订货者才告诉公司衣服的颜色，而衣服的式样甚至到交货期前 3 周才能知道。面对这些高要求，立丰公司靠着它与其供应商之间的相互信任以及高超的集成协调技术，可以向纱生产商预订未染的纱，向有关生产厂家预订织布和染色的生产能力。在交货前 5 周，立丰从订货者那里得知所需颜色并迅速告之有关织布和染色厂，然后通知最后环节的整衣缝制厂："我还不知道服装的特定式样，但我已为你组织了染色、织布和裁剪等前面工序，你有最后 3 周的时间制作这么多服装。"最后的结果当然是令人满意的。按照一般的情况，如果让最后的缝纫厂自己去组织前面这些工序的话，交货期可能就是 3 个月，而不是 5 周。显然，交货期的缩短，以及衣服能跟上最新的流行趋势，全靠立丰公司对其所有生产厂家的统一协调控制，使之能像一个公司那样行动。总之，它所拥有的市场和生产信息、供应厂家网络以及对整个供应厂家的协调管理技术是其最重要的核心能力。这种能力使它能像大公司一样思考和赢利，而像小公司一样灵活自如。

思考

1. 立丰公司成功的秘诀是什么？
2. 立丰公司在供应链中的作用是什么？

第一节 供应链的基本概念

一、供应链及供应链管理的产生

(一) 现代企业面临新的竞争与挑战

1. 消费需求的变化

随着科学技术的发展和市场竞争的加剧，市场上的产品越来越多，越来越好，消费者的期望和要求也越来越高，消费者的价值观发生了显著变化，消费需求呈现新的特点：

(1) 消费者对产品的花色品种、规格型号、需求数量等呈现多样化、个性化的要求。尤其在很多领域消费者希望能获得独一无二的产品和服务，催生了"一对一"的定制化服务的出现。例如戴尔公司在其产品网站上就推出了 DELL 电脑的定制服务，消费者可以登录戴尔的官方网站，选择不同的电脑软硬件配置自由组装，然后在网上下订单，经过一定的工作日后由物流配送上门。消费者的这种多样化、个性化的需求对企业的运作模式提出了更高的要求。

(2) 消费者对企业的服务提出了及时化的要求。进入 20 世纪 90 年代以后，科学技术的进步和消费者的个性化需求，使得产品生命周期不断缩短，围绕新产品的市场竞争更加激烈。消费者"喜新厌旧"的速度加快，他们总是希望能尽快获得市场上最新的产品，这就要求企业能对变化的市场作出快速反应。谁能对市场的变化作出快速反应，迅速将新产品推向市场，以最快的速度满足消费者的需求，谁就能在市场中获得竞争优势。

(3) 消费者在满足个性化、及时化要求的同时，希望产品的价格要像大批量生产的那样低廉。消费者在激烈的市场竞争中可以选择的余地越来越大，因此消费更加理性化，不再迷信品牌，希望以低价格获得个性化的服务要求，这就对企业的生产模式提出了更高的挑战。

(4) 消费者希望获得更加便利化的服务。消费者不仅对产品本身提出了更高的要求，对产品的获取渠道也提出了更高的要求，消费者希望能非常便利地获得自己所需要的产品和服务。因此，企业传统的单一销售渠道已经不能满足消费者便利化的需求，必须要拓宽销售渠道，选择多渠道销售。因此，网络营销、电视营销等多种新型营销方式不断涌现。

2. 资源获取的难度加大，竞争加剧

企业发展需要各类资源的支持，而随着石油、木材等资源的不断枯竭，企业发展需要的资源获取难度越来越大，世界范围内掀起了一股抢占优势资源的风潮。资源共享、互补问题已经摆在企业的面前。

3. 制造全球化与贸易自由化

在过去的几十年中，全球经济发生了很大的变化：关税降低，贸易壁垒减少，经济区域化，市场竞争全球化。企业在有机会把产品销售到全世界的同时，也要面对来自全世界的竞争，只有最佳的、拥有优势的企业才能生存下来。同时，随着IT技术的发展，特别是互联网技术的出现与广泛应用，全球经济一体化的进程加快。在全球化市场里，企业的潜在客户数量大大增加，但同时，由于信息渠道通畅，既有的、潜在的客户都可能迅速被别的企业夺走。企业生存的不确定性加大，竞争十分激烈。过去能够创造赢利的经营模式可能在不久的将来只能赚取微薄的利润。消费者和企业客户从各种销售渠道寻找价格最低的产品和服务，价格战不仅在地区间展开，更在全世界范围内进行。企业除了开发创造有特别价值的产品外，还要获得比竞争对手价格更低的竞争优势。企业认识到，产品的竞争力并非由一个企业决定，而是由从原料到产品完成的整个过程决定的，产品的竞争是供应链之间的竞争，因而在某一地区上的优势已不足恃，只有拥有世界级的竞争力才能胜出，这种立体的竞争模式将成为未来经济的重要特征。

4. 信息社会、网络时代的到来

当前是信息社会高速发展的时代，互联网的应用无处不在。信息技术的发展既给企业带来了机遇，也带来了很大的压力。21世纪，各个企业无论大小、强弱，发展的机遇越来越趋向均等。企业获取信息的速度越来越快，获取的信息量越来越大，面对海量的信息，企业如何利用，如何构建自身的信息资源网络，把企业的资源管理范围延伸到企业之间的整个供应链已经成为企业不得不考虑的问题。同时，信息和网络的安全性也对企业的信息管理提出了更高的要求。

5. 社会责任的压力

社会责任问题是近年来逐渐在全球范围内出现的问题，而且成为越来越显著的一个热点。企业社会责任是指企业在创造利润、对股东承担法律责任的同时，还要承担对员工、消费者、社区和环境的责任。企业的社会责任要求企业必须超越把利润作为唯一目标的传统理念，强调在生产过程中对人的价值的关注，强调对消费者、环境、社会的贡献。企业的社会责任对企业而言既是使命，也是压力。企业要想长远发展，不能一味地追求短期的利益，必须坚持可持续发展，只有这样企业才能长久。

【知识阅读 1-1】

20世纪90年代初期，美国劳工及人权组织针对成衣业和制鞋业发动了"反血汗工厂运动"。因利用"血汗工厂"制度生产产品的美国服装制造商 Levi-Strauss 被新闻媒体曝光后，为挽救其公众形象，制定了第一份公司生产守则。在劳工及人权组织等 NGO 和消费者的压力下，许多知名品牌公司也都相继建立了自己的生产守则，后演变为"企业生产守则运动"，又称"企业行动规范运动"或"工厂守则运动"，企业生产守则运动的直接目的是促使企业履行自己的社会责任。

(二) 传统企业管理模式及其缺陷

自从有了企业，质量、成本和时间(生产周期)就一直是一个企业活动的三个核心内容，企业管理模式也是围绕着这三个方面不断发展的。

从管理模式上看，企业出于对制造资源的占有要求和对生产过程直接控制的需要，传统上常采用的策略是，或扩大自身规模，或参股到供应商企业，与为它提供原材料、半成品或零部件的企业是一种所有关系。这就是人们所说的"纵向一体化"管理模式。

在 20 世纪的 40～60 年代，企业处于相对稳定的市场环境中，当时"纵向一体化"模式是有效的。但是在 20 世纪 90 年代科技迅速发展、知识更新加速、竞争日益激烈、顾客需求不断变化的形势下，"纵向一体化"模式则暴露出种种缺陷，主要表现在以下方面：

1. 增加企业的投资负担

不管投资是用于创建新的工厂，还是对其他公司进行控股，都需要企业自己筹集必要的资金，这一工作给企业带来许多困难。首先，企业必须花费人力、物力在金融市场上筹集所需要的资金，特别是在通货膨胀日益严重的今天，企业筹集资金所要负担的成本越来越高。其次，资金到位后，随即进入项目建设周期，为了尽快完成基本建设任务，企业还要花费精力从事项目实施的监管工作，这样一来又消耗了大量的企业资源。由于项目都有一个建设周期，在此期间内企业不仅不能安排生产，而且还要按期偿还借款利息。显而易见，用于项目基本建设的时间越长，企业担负的利息负担越重。

2. 承担丧失市场时机的风险

对于某些新建项目来说，由于有一定的建设周期，往往出现项目建成之日，也就是项目下马之时的现象。市场机会早已在项目建设过程中消失，这样的事例在我国有很多。从选择投资角度看，决策者当时的决策可能是正确的，但就是因为花在生产系统基本建设上的时间太长，等生产系统建成投产时，市场行情可能早已发生了变化，错过了进入市场的最佳时机而使企业遭受损失。因此，项目建设周期越长，企业承担的风险越高。

3. 迫使企业从事不擅长的业务活动

"纵向一体化"管理模式实际上是"大而全"、"小而全"的翻版，它把产品设计、计划、财务、会计、生产、人事、管理信息、设备维修等工作看做本企业必不可少的业务工作，许多管理人员往往花费过多的时间、精力和资源去从事辅助性的管理工作。结果是，辅助性的管理工作没有抓起来，关键性业务也无法发挥出核心作用，不仅使企业失去了特色和竞争力，而且增加了企业产品成本。例如，某机器制造厂为了解决自己单位富余人员的就业问题，成立了一个附属企业，把原来委托供应商生产的某种机床控制电器转而自己生产。由于缺乏技术和管理能力，不仅成本比外购的高，而且产品质量低劣，最后影响到整机产品的整体性能和质量水平，一些老客户纷纷撤出订单，企业蒙受了不必要的损失。

4. 在各个业务领域均直接面临众多竞争对手

在"纵向一体化"模式下，由于所有业务都要做，导致它必须在不同业务领域直接与不同的竞争对手进行竞争。例如，有的制造商不仅生产产品，而且还拥有自己的运输公司。这样一来，该企业不仅要与制造业的对手竞争，而且要与运输业的对手竞争。在企业资源、精力、经验、知识都十分有限的情况下，四面出击的结果是可想而知的。事实上，即使是 IBM 这样的大公司，也不可能拥有所有业务活动所必需的才能。

5. 增大企业的行业风险

如果整个行业不景气，采用"纵向一体化"模式的企业不仅会在最终用户市场遭受损失，而且会在各个纵向发展的市场遭受损失。比如某服装厂为了保证原材料供应，自己建了一个辅料厂。但后来服装市场饱和，该厂生产的服装大部分没有销路，结果不仅服装厂遭受损失，与之配套的辅料厂也难以维系。

有鉴于"纵向一体化"的种种弊端，从 20 世纪 80 年代后期开始，国际上越来越多的企业放弃了这种经营模式,随之的是"横向一体化"思想的兴起,即利用企业外部资源快速响应市场需求,本企业只关注其核心竞争能力,而将其他部分外包出去,与其他企业共同合作,共同完成对市场需求的快速响应,于是便产生了供应链管理这一新的经营与运作模式。

(三) 供应链管理的发展历程

1. 20 世纪 80 年代前阶段

计算机在 20 世纪 60 年代初开始应用于企业管理,它在信息处理方面的先进性可以促进企业管理规范化与管理高效。伴随着信息技术的发展,生产制造技术和运作管理发生了较大变化,计算机管理信息系统也从 20 世纪 70 年代开始迅速发展,改进企业管理手段和实现企业管理信息化已成为提升企业竞争力的重要措施。其中典型的系统开发项目有 20 世纪 70 年代起就起步的物料需求计划(Material Requirement Planning,MRP)。随着以计算机为代表的信息技术的日新月异,相关企业管理系统的开发与应用得到了迅猛发展。

2. 20 世纪 80 年代至 90 年代阶段

自 20 世纪 80 年代后期开始,越来越多的企业开始采用虚拟企业或动态联盟的生产经营模式。采取这种生产模式的制造企业只需抓住核心产品的方向和市场,而将资源延伸到企业之外的其他地方,借助外部资源等方式快速对市场需求做出反应,避免了自己投资带来的周期长和风险大的问题,赢得产品在低成本、高质量、早进入市场等方面的竞争优势,初步形成了基于功能集成的"横向一体化"的思维方式。由此而产生的供应链管理是这种管理思想的一个典型代表,诸如敏捷制造(Agile Manufacturing,AM)、精益生产(Lean Production,LP)、柔性制造系统(Flexible Manufacturing System,FMS)以及计算机集成制造(Computer Integratel Manufacturing System,CIMS)等都是这种思想的体现。到 20 世纪 90 年代,现代化生产过程准时性、精益性和集成性等要求和实现水准也越来越高。

基于物料需求计划(MRP)发展起来的制造资源计划(Manufacturting Resource Planning,MRPⅡ),在 20 世纪 90 年代形成企业资源计划(Enterprise Resource Planning,ERP)软件系统,在制造企业得到广泛应用,使得企业生产过程各环节的链接从物料供应、生产制造逐步补充到整个企业各部门,乃至企业外部资源的链接。

3. 20 世纪 90 年代以后阶段

20 世纪 90 年代以后,现代企业面临的市场竞争是国际化的市场竞争,竞争的内涵已经从产量竞争、质量竞争、成本竞争发展到时间竞争。20 世纪 80 年代所初步产生的第三方物流在 90 年代得到较大发展。与制造企业对应的配送需求计划(Distribution Requirements Planning,DRP)、配送资源计划(Distribution Resource Planning,DRPⅡ)和物流资源计划(Logistics Resource Planning,LSP)也被提出并投入实践。

进入 21 世纪,经过了十几年发展的供应链概念和思想逐步形成了一些理论、方法和相应的计算机管理软件系统。供应链管理不断深入发展,例如敏捷供应链管理(Agile Supply Chain Management,ASCM)等已经在研究实施中。

二、供应链的定义

一个完整的供应链是由原材料供应商、制造商、仓库、外部供应商、运输公司、配送中心、分销商、零售商、顾客等多个环节组成的链状结构或网络。在供应链中,原材料和零配件的供应商、产品制造企业、运输和分销公司、零售企业以及售后服务企业作为经济实体和供应链中供需的节点，向最终消费者提供产品和服务。供应链同时又是在相互关联的业务流程以及业务伙伴公司之间所发生的，是从产品设计到最终客户交付全过程中的物流、信息流和资金流。

【知识阅读 1-2】

　　如果我们把供应链描绘成一棵枝叶茂盛的大树，那么生产企业如同树根，分销商则是树干，零售商是树枝和树梢，满树的绿叶红花是最终用户。在根与干、枝与干的一个个节点，蕴藏着一次次的流通，遍体相通的脉络便是信息管理系统。

对于供应链，国内外很多学者给出了诸多定义。英国著名物流专家马丁·克里斯多夫(Martin Christopher)教授在《物流与供应链管理》一书中对供应链做出了如下定义：供应链是指涉及将产品或服务提供给最终消费者的过程活动的上游及下游企业组织所构成的网络。美国供应链协会认为：供应链，目前国际上广泛使用的一个术语，涉及从供应商的供应商到用户的用户的最终产品生产与交付的一切努力。供应链管理贯穿于整个渠道，用来管理供应与需求、原材料与零配件采购、制造与装配、仓储与存货跟踪、订单录入与管理、分销以及向顾客交货等。

我国 2007 年发布实施的《中华人民共和国国家标准物流术语(GB/T 18354—2001)》中对供应链(Supply Chain)的定义是：生产及流通过程中，涉及将产品和服务提供给最终用户活动的上游与下游企业，所形成的网链结构。

2000 年在马士华的《供应链管理》一书中给供应链作了一个较为完善的定义：供应链是围绕核心企业，通过对信息流、物流、资金流的控制，从采购原材料开始，制成中间产品以及最终产品，最后由销售网络把产品送到消费者手中的将供应商、制造商、分销商、零售商、直到最终用户连成一个整体的功能网链结构模式。

完整地说，供应链是指产品在到达消费者手中之前所涉及的原材料供应商、生产商、批发商、零售商以及最终消费者组成的供需网络，即由物料获取、物料加工，并将成品送到用户手中这一过程所涉及的企业和部门组成的一个网络。

我们可以根据上述定义绘制出供应链的网链结构模型，如图 1-1 所示。

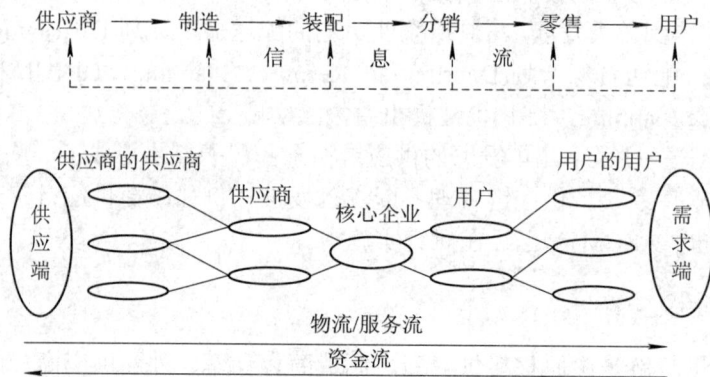

图 1-1　供应链的网链结构模型

以流行的 iPad 为例，就生产环节讲，三星给苹果供应芯片，是苹果的直接供应商；笔者所在的公司给三星提供生产芯片的设备，是苹果的子供应商；而苹果则是最终客户。就销售环节讲，苹果是供应商，供货给配货中心(批发商)；配货中心进一步供货给零售商；然后产品到了消费者(最终客户)的手上。

这个结构模型包含以下含义：

(1) 它是一个范围更广的企业结构模式，包含所有加盟的节点企业，从原材料供应开始，经过链中不同企业的制造加工、组装、分销等过程直到最终客户。

(2) 它一般有一个核心企业(可以是产品制造企业，也可以是大型零售企业)，节点企业在需求信息的驱动下，通过供应链的职能分工与合作(生产、分销、零售等)，以资金流、物流、服务流为媒介实现整个供应链的不断增值。

(3) 在这个网络中，每个贸易伙伴既是其客户的供应商，又是其供应商的客户，它们既向上游的贸易伙伴订购产品，又向下游的贸易伙伴供应产品。

(4) 供应链分为内部供应链和外部供应链。内部供应链是指企业内部产品生产和流通过程中所涉及的采购部门、生产部门、仓储部门、销售部门等组成的供需网络。外部供应链是指涵盖企业的并与企业相关的产品在生产和流通过程中所涉及的供应商、生产商、储运商、零售商以及最终消费者所组成的供需网络。内部供应链和外部供应链共同组成了企业产品从原材料到成品再到消费者的供应链。可以说，内部供应链是外部供应链的缩小化。如对于制造厂商来说，其采购部门就可被看做是外部供应链中的供应商，它们的区别只在于外部供应链范围大，涉及企业众多，企业间的协调更困难。

【知识阅读 1-3】

供应链也是一条增值链，也叫价值链。它不仅是一条连接供应商到用户的物流链、信息链、资金链，而且是一条增值链。物料在供应链上因加工、包装、运输等过程而增加其价值，给相关企业带来收益，因此，迈克尔·E·波特教授又将其称之为"价值链"。

三、供应链的特征

【知识阅读 1-4】

供应链上各企业之间的关系与生物学中的食物链类似。在"草—兔子—狼—狮子"这样一个简单的食物链中，如果我们把兔子全部杀掉，那么草就会疯长起来，但狼会因兔子的灭绝而饿死，连最厉害的狮子也会因狼的死亡而慢慢饿死。可见，食物链中的每一种生物之间都是相互依存的，破坏食物链中的任何一种生物，势必导致这条食物链失去平衡，最终破坏人类赖以生存的生态环境。

一般来说，供应链具有以下特征：

(1) 复杂性。在实际运作中，供应链不可能是单一链状结构，而是交错链状的网络结构(Supply Network)。供应链往往是由多个不同国家或地区、多种不同类型、实力不同的节点企业构成的。由于各个企业的地理位置、所处的政治和法律环境、文化背景、经营理念等都可能存在着较大的差异，因此供应链结构模式比一般单个企业的结构模式更为复杂。

(2) 动态性。从短期来看，供应链结构一旦形成，应尽可能保持其稳定性，不要过于频繁地更换节点企业。但由于市场的变化性和不可预测性，供应链管理需要随时作出战略调整。从长期来看，这就需要供应链上的各个节点企业能够更新和调整，以适应市场的新需求。因此，供应链具有动态性的特点。

(3) 面向市场需求。供应链的形成、存在、重构，都是基于一定的市场需求而发生的，并且在供应链的运作过程中，客户的需求拉动是供应链中信息流、产品流、服务流、资金流运作的驱动源。

(4) 交互性。节点企业是相对而言的。某个供应链的核心企业可能是另一个供应链的节点企业，而另一个供应链的核心企业也可能是该供应链的节点企业，这主要是由于研究的重点和角度的不同，这也增加了供应链协调管理的难度。

四、供应链的分类

1. 稳定的供应链和动态的供应链

根据供应链存在的稳定性，可以将供应链分为稳定的供应链和动态的供应链。基于相对稳定、单一的市场需求而组成的供应链稳定性较强，而基于相对频繁变化、复杂的需求而组成的供应链则动态性较强。在实际管理运营中，需要根据不断变化的需求，相应地改变供应链的组成。

2. 平衡的供应链和倾斜的供应链

根据供应链容量与用户需求的关系可以将供应链划分为平衡的供应链和倾斜的供应链。一个供应链具有一定的、相对稳定的设备容量和生产能力(所有节点企业能力的综合，包括供应商、制造商、运输商、分销商、零售商等)，但用户需求处于不断变化的过程中，当供应链的容量能满足用户需求时，供应链处于平衡状态；而当市场变化加剧，造成供应链成本增加、库存增加、浪费增加等现象时，企业不是在最优状态下运作，这时供应链即处于倾斜状态，如图 1-2 所示。

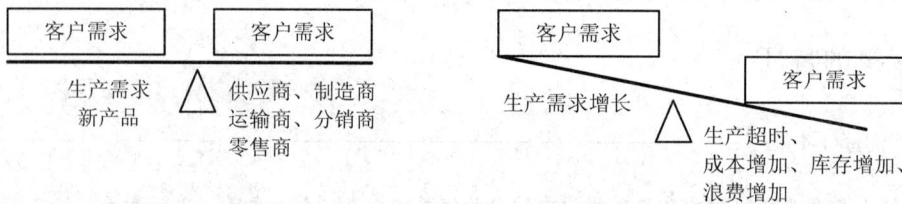

图 1-2　平衡的供应链和倾斜的供应链

平衡的供应链可以实现各主要职能(低采购成本、生产规模效益、低分销和储运成本、产品多样化和资金周转快)之间的均衡。

3. 有效性供应链和反应性供应链

根据供应链的功能模式(物理功能和市场中介功能)可以把供应链划分为有效性供应链和反应性供应链。有效性供应链主要体现供应链的物理功能，即以最低的成本将原材料转化为零部件、半成品、产成品以及在供应链中的储运等；反应性供应链主要体现供应链的市场中介功能，即将产品分配到满足用户需求的市场，对未预知的需求作出快速反应等。两种类型的供应链比较见表 1-1。

表 1-1　反应性供应链和有效性供应链的比较

	反应性供应链	有效性供应链
基本目标	尽可能快地对不可预测的需求作出反应，使缺货、降价、库存最小化	以最小的成本供应可预测的需求
制造的核心	配置多余的缓冲库存	保持高的平均利用率
库存策略	安排好零配件和成品的缓冲库存	创造高收益而使整个供应链的库存最小化
提前期	大量投资以缩短提前期	尽可能缩短提前期
供应商的标准	速度、质量、柔性	成本、质量
产品设计策略	采用模块化设计，尽可能差异化	绩效最大化，成本最小化

第二节　供应链管理的概念和内涵

一、供应链管理的概念

供应链管理的概念最早提出于 1982 年。开思·奥立夫(Keith Oliver)和麦考尔·威波尔(Michael D. Webber)在《观察》杂志上发表"供应链管理：物流的更新战略"一文，首次提出了"供应链管理"的概念。在 1990 年左右，学术界开始探讨供应链管理与传统物流管理的区别。由于供应链管理理论源于物流管理研究，其产生背景不可分割地与物流管理联系在一起。事实上，供应链管理思想的提出经历了一个由传统物流管理到供应链管理的演化过程。

在《中华人民共和国国家标准·物流术语(GB/T18354-2006)》中，对供应链管理是这样定义的："供应链管理(Supply Chain Management，SCM)是利用计算机网络技术全面规划供应链中的商流、物流、信息流、资金流等并进行计划、组织、协调与控制。"

尽管对供应链管理的理解有所不同，但总的来说，供应链管理的内涵是一致的，主要包含以下几个方面：

1. 供应链管理是一种集成的管理思想和方法

供应链管理的关键是采用集成的思想和方法。它是一种从供应商开始，经由制造商、分销商、零售商直到最终客户的全要素、全过程的集成化管理模式，是一种新的管理策略。它把不同的企业集成起来以增加整个供应链的效率，注重的是企业之间的合作，以达到全局最优。

【知识阅读 1-5】

集成化供应链管理的核心是由顾客化需求—集成化计划—业务流程重组—面向对象过程控制组成第一个控制回路(作业回路)；由顾客化策略—信息共享—调整适应性—创造性团队组成第二个回路(策略回路)；在作业回路的每个作业形成各自相应的作业性能评价与提高回路(性能评价回路)。供应链管理正是围绕这三个回路展开的，形成相互协调的一个整体。

2. 供应链管理是一种管理策略

供应链管理注重企业之间的合作,主张把不同企业集成起来以增加供应链的效率,它把供应链上的各个企业作为一个不可分割的整体,使供应链上各个企业分担采购、分销和销售的职能成为一个协调发展的有机体。这不仅可以降低成本,减少社会库存和浪费,而且可以使社会资源得到优化配置。

3. 供应链管理是一种战略管理

供应链是由供应商、制造商、分销商、零售商、客户和服务商组成的网状结构。链中各环节不是彼此分割的,而是环环相扣的一个有机整体。供应链管理把物流、信息流、资金流、业务流和价值流的管理贯穿于供应链的全过程。它覆盖了整个物流,从原材料和零部件的采购与供应、产品制造、运输与仓储到销售等各种职能领域。它要求各节点企业之间实现信息共享、风险共担、利益共存,并从战略的高度来认识供应链管理的重要性和必要性,从而真正实现整体的有效管理。

4. 供应链管理以最终客户为中心

以最终客户为中心是供应链管理的经营导向。无论构成供应链的节点的企业数量有多少,也无论供应链节点企业的类型、层次有多少,供应链的形成都是以客户和最终消费者的需求为导向的。正是由于有了客户和最终消费者的需求,才有了供应链的存在。而且,也只有让客户和最终消费者的需求得到满足,才能有供应链的更大发展。

二、供应链管理的内容

(一) 供应链管理涉及的主要领域

供应链管理的内容较为复杂,主要涉及到四个主要领域:供应(Supply)、生产计划(Schedule Plan)、物流(Logistics)和需求(Demand)。由图 1-3 可见,供应链管理是以同步化、集成化生产计划为指导,以各种技术为支持,尤其以 Internet/Intranet 为依托,围绕供应、生产作业、物流(主要指制造过程)、需求来实施的。供应链管理主要包括计划、合作、控制从供应商到用户的物料(零部件和成品等)和信息。供应链管理的目的在于提高用户服务水平和降低总的交易成本,并且寻求两个目标间的平衡。

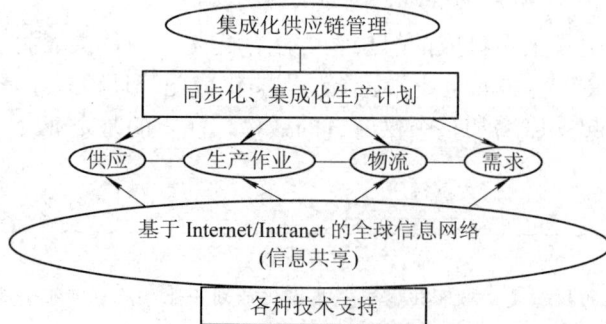

图 1-3　供应链管理涉及的领域

在以上四个领域的基础上,我们可以将供应链管理细分为职能领域和辅助领域。职能领域主要包括产品工程、产品技术保证、采购、生产控制、库存控制、仓储管理、分销管理。辅助领域主要包括客户服务、制造、设计工程、会计核算、人力资源、市场营销。

(二) 供应链管理的主要内容

供应链管理关心的并不仅仅是物料实体在供应链中的流动，除了企业内部与企业之间的运输问题和实物分销以外，供应链管理还包括以下主要内容：

- 战略性供应商和用户合作伙伴关系管理；
- 供应链产品需求预测和计划；
- 供应链的设计(全球节点企业、资源、设备等的评价、选择和定位)；
- 企业内部与企业之间物料供应与需求管理；
- 基于供应链管理的产品设计与制造管理、生产集成化计划、跟踪和控制；
- 基于供应链的用户服务和物流(运输、库存、包装等)管理；
- 企业间资金流管理(汇率、成本等问题)；
- 基于 Internet/Intranet 的供应链交互信息管理等。

供应链管理注重总的物流成本(从原材料到最终产成品的费用)与用户服务水平之间的关系，为此要把供应链各个职能部门有机地结合在一起，从而最大限度地发挥出供应链整体的力量，达到供应链企业群体获益的目的。

(三) 供应链管理的基本内容

1. 采购管理

采购管理包括供应商管理(供应商评价、选择等)、采购策略管理(采购组合、批量选择等)、价格管理(询价、价格记录、折扣价等)及质量管理(原材料质量、按期交货率)。

2. 资源配置管理

资源配置管理包括设施布点管理(生产设施、分销网点布局，新设施启用，低效旧设施关闭选择)以及能力扩充管理(设施能力扩充与生产需求匹配问题)。能力扩充管理主要涉及生产资源在较大的地理空间和较长的时间范围内的优化配置问题，企业应根据市场分布的地理位置、需求大小、运输设施等条件灵活调整其生产资源的配置。

3. 生产管理

生产管理包括产品组合、加工路线、加工时间的选择等内容。生产管理是供应链管理的关键环节，企业应根据客户的需求、交货期限、现有的人员和生产设施能力科学地制定出可以使供应链各成员之间协调、均衡生产的最佳生产计划。科学的生产管理可提高生产的均衡性，改进产品质量，充分利用生产能力，是实现高效、低耗生产的关键。

4. 库存管理

由于生产中存在的种种不确定性，企业必须利用库存来调节不确定性带来的生产波动。库存管理既要搞清楚各种原材料、零部件、在制品和最终产品在各级仓库中的位置和数量，又要根据具体的需求和生产波动情况制定合理的库存水平和库存管理方法。在保证生产和销售的前提下尽可能地降低库存水平，减少库存费用。

5. 分销配送管理

分销配送管理包括分销网络管理，分销商、分销网点的选择(选择分销网点的地点和层次)，协调生产与分销配送的方式，协调分销配送与运输方式等内容。

6. 运输管理

运输管理主要涉及供应物资到生产厂之间的运输管理，生产厂之间的运输管理和生产厂到分销中心以及分销中心到最终客户之间的运输管理。运输管理主要包括运输方式、运输批量、运输路径的选择。

7. 客户服务管理

客户服务管理包括客户管理、维修服务管理等内容。客户服务管理是建立与最终用户良好关系的服务增值环节，因此也应该包含在完整的供应链管理之中。

三、供应链管理的基本流程

供应链有两种不同的运作方式。一种称为推动式，另一种称为拉动式，如图1-4所示。两种运作方式的供应链管理流程也各不相同。

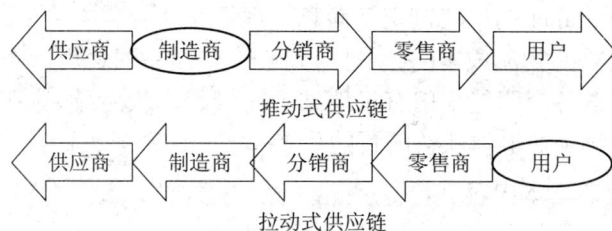

图1-4　供应链的运作模式

推动式供应链的运作方式是以制造企业为中心，以制造商为驱动源点，尽可能地通过提高运作效率，来降低单件产品成本而获得利润。

拉动式供应链以消费端的客户需求为中心，以零售商为驱动源点，通过尽可能提高生产和需求的协调一致性，来减少供应链上的库存积压，从而降低单件产品成本而获利。

为了清晰地了解推动式与拉动式供应链之间运作流程的区别，我们以服装行业为例，比较两种运作方式的不同(见图1-5)：推动式供应链的运作方式以成衣制造商为核心，成衣制造商并不是根据顾客的实际需求来进行生产的，而是依据经验或者分析市场数据后预测顾客需求，成衣生产出来后从分销商逐级推向用户。分销商和零售商处于被动接受的地位，各个企业之间的集成度较低，通常采取提高安全库存量的办法应付需求变动，因此整个供应链上的库存量较高，对需求变动的响应能力较差。而拉动式供应链的驱动力产生于最终用户，也就是说顾客的需求是已知的、确定的，整个供应链的集成度较高，信息交换迅速，可以根据用户的需求实现定制化服务。采取这种运作方式的供应链系统库存量较低。

供应链管理战略内容之一，就是要选择适合于自己实际情况的运作方式(不应由某个企业的性质来确定其一定要采用某一种供应链运作方式)。拉动式供应链虽然整体绩效表现出色，但对供应链上企业的要求较高，对供应链运作的技术基础要求也较高。而推动式供应链方式相对较为容易实施。企业采取什么样的供应链运行方式，与企业系统的基础管理水平有很大关系，切不可盲目模仿其他企业的成功做法，因为不同企业有不同的管理文化，盲目跟从反而会得不偿失。

推动式供应链

制造商
- 以库存、市场预测为计划
- 根据分销中心库存(预定安全库存)进行补货
- 手工开具和处理订购单

分销商
- 根据仓库库存(安全库存水平)和历史预测订购点交易、促销和预测
- 手工订购单、手工处理信息

零售商
- 根据货架库存和预测的订购点促销、推销商品
- 手工录入所需商品

用户
- 选购所推销的商品
- 对不符合自己想法的商品进行抱怨

拉动式供应链

用户
- 按照自己的想法设计组合商品
- 通过电话、传真或者是登录零售商、制造商网站订购商品

零售商
- POS数据采集
- 永久性库存检查
- 利用EDT技术自动补货

分销商
- 自动补货
- 交叉运输
- EDT服务

制造商
- 根据POS数据和产品需求即以消费者需求为动力的预测
- 手工开具和处理订购单条码扫描器和标签

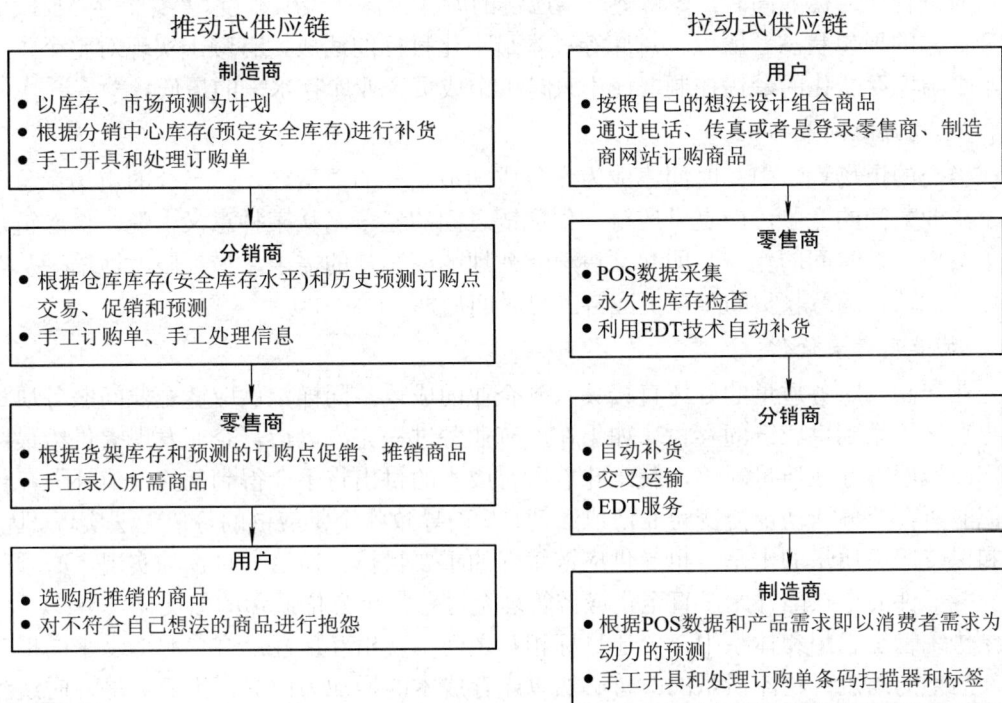

图 1-5　两种供应链的运作流程

四、供应链管理的目标

供应链管理的目标是通过调和总成本最低化、客户服务最优化、总库存成本最小化、总周期时间最短化及物流质量最优化等目标之间的冲突，实现供应链绩效的最大化。

1. 总成本最低化

采购成本、运输成本、库存成本、制造成本及供应链物流的其他成本费用都是相互联系的。因此，为了实现有效的供应链管理，必须将供应链各成员企业作为一个有机整体来考虑，并使实体供应物流、制造装配物流与实体分销物流之间达到高度均衡。从这一意义出发，总成本最低化的目标并不是指运输费用或库存成本，或其他任何供应链物流运作与管理活动的成本最小，而是指整个供应链运作与管理的所有成本的总和最低。

2. 客户服务最优化

在激烈的市场竞争时代，当许多企业都能在价格、特色和质量等方面提供相类似的产品时，差异化的客户服务能带给企业独特的竞争优势。企业提供的客户服务水平，直接影响到其市场份额、物流总成本，并且最终影响其整体利润。供应链管理的实施目标之一，就是通过上下游企业协调一致的运作，保证达到客户满意的服务水平，吸引并留住客户，最终实现企业的价值最大化。

3. 总库存成本最小化

按照即时生产(JIT)管理思想，库存是不确定性的产物，任何库存都是浪费。因此，在

实现供应链管理目标的同时，要将整个供应链的库存控制在最低程度。"零库存"反映的即是这一目标的理想状态。所以，总库存成本最小化目标的达成，有赖于实现对整个供应链库存水平与库存变化的最优控制，而不只是单个成员企业库存水平的最低。

4. 总周期时间最短化

在当今的市场竞争中，时间已成为竞争成功最重要的要素之一。当今的市场竞争不再是单个企业之间的竞争，而是供应链与供应链之间的竞争。从某种意义上说，供应链之间的竞争实质上是时间的竞争，即必须快速有效地响应客户的需求，最大限度地缩短从客户发出订单到顾客满意收货的整个供应链的总时间周期。

5. 物流质量最优化

企业产品或服务质量的好坏直接关系到企业的成败。同样，供应链企业间服务质量的好坏也直接关系到供应链的存亡。如果在所有业务过程完成以后，企业发现提供给最终客户的产品或服务存在质量缺陷，就意味着所有成本的付出将不会得到任何价值补偿，供应链物流的所有业务活动都会变为非增值活动，从而导致整个供应链的价值无法实现。因此，达到和保持服务质量的水平，也是供应链管理的重要目标。而这一目标的实现，必须从原材料、零部件的零缺陷开始，直至供应链管理全过程、全方位质量的最优化。

在传统管理思想和体系中，上述目标相互之间呈现出互斥性：客户服务水平的提高、总时间周期的缩短、物流质量的改善必然以库存成本的增加为前提，因而无法同时达到最优。而运用一体化管理思想，从系统的观点出发，改进服务、缩短时间、提高质量与减少库存、降低成本是可以兼得的。因此只要供应链的基本工作流程得到改进，就能提高工作效率，消除重复与浪费，缩减员工数量，减少客户抱怨，提高客户忠诚度，降低库存总成本，减少总成本支出。

五、供应链管理与物流管理的联系和区别

(一) 供应链管理与物流管理之间的联系

(1) 物流管理贯穿于供应链管理过程之中，是供应链管理的重要组成部分。供应链管理涉及的内容非常庞大，是通过前馈的信息流和反馈的物料流及信息流，将供应商、制造商、分销商、零售商，直到最终用户连成一个整体的管理模式。供应链管理既包括商流、信息流、资金流、增值流的管理，也包括物流管理。

(2) 供应链管理战略的成功实施必然以成功的企业物流管理为基础。能够真正认识并率先提出供应链管理概念的也是一些具有丰富物流管理经验和先进物流管理水平的世界级顶尖企业，这些企业在研究企业发展战略的过程中发现，面临日益激烈的市场竞争，仅靠一个企业和一种产品的力量已不足以占据优势，企业必须与它的原料供应商、产品分销商、第三方物流服务者等结成持久、紧密的联盟，共同建设高效率、低成本的供应链，才可以从容面对市场竞争，并取得最终胜利。

(二) 供应链管理与物流管理之间的区别

一般而言，供应链管理涉及制造问题和物流问题两个方面。物流管理涉及的是企业的非制造领域问题。具体来看，供应链管理与物流管理之间的区别表现在以下几个方面。

(1) 供应链管理把供应链中所有节点企业看做一个整体，供应链管理涵盖整个物流的、从供应商到最终用户的采购、制造、分销、零售等职能领域过程。物流管理主要从一个企业的角度考虑供应、存储和分销，把其他企业当作一种接口关系处理，没有深层次理解其他企业内的操作，企业之间只是简单的业务合作关系。

(2) 供应链管理强调和依赖战略管理，"供应"是整个供应链中节点企业之间事实上共享的一个概念(任意两个节点之间都是供应和需求关系)，同时它又是一个有重要战略意义的概念，因为它影响或者决定了整个供应链的成本和市场占有份额。物流管理经常是面向操作层面的，大多数是对具体运作业务活动的管理，属于战术性管理。

(3) 供应链管理最关键的是需要采用集成的思想和方法，而不仅仅是节点企业、技术方法等资源简单的连接。物流管理强调一个企业的局部性能优先，并且采用运筹学的方法分别独立研究相关的问题。通常，这些问题被独立地从它们的环境中分离出来，不考虑与其他企业功能的关系。

(4) 供应链管理具有更高的目标，通过管理库存和合作关系以达到高水平的服务，而不是仅仅完成一定的市场目标。

本 章 小 结

供应链是指产品在到达消费者手中之前所涉及的由原材料供应商、生产商、批发商、零售商以及最终消费者所组成的供需网络，即由物料获取、物料加工，并将成品送到用户手中这一过程所涉及的企业和部门组成的一个网络。

根据供应链存在的稳定性，可以将供应链分为稳定的供应链和动态的供应链。根据供应链容量与用户需求的关系可以将供应链划分为平衡的供应链和倾斜的供应链。根据供应链的功能模式(物流功能和市场中介功能)可以把供应链划分为有效性供应链和反应性供应链。

供应链管理(Supply Chain Management，SCM)是利用计算机网络技术全面规划供应链中的商流、物流、信息流、资金流等并进行计划、组织、协调与控制。供应链管理主要涉及到四个主要领域：供应(Supply)、生产计划(Schedule Plan)、物流(Logistics)和需求(Demand)。

供应链有两种不同的运作方式。一种称为推动式，一种称为拉动式。作为供应链管理战略内容之一，就是要选择适合于自己实际情况的运作方式(不应由某个企业的性质来确定其一定要采用某一种供应链运作方式)。

供应链管理的目标是通过调和总成本最低化、客户服务最优化、总库存成本最小化、总周期时间最短化及物流质量最优化等目标之间的冲突，实现供应链绩效的最大化。

供应链管理与物流管理既有区别，也有联系。物流管理贯穿于供应链管理过程之中，是供应链管理的重要组成部分。供应链管理战略的成功实施必然以成功的企业物流管理为基础。供应链管理涉及制造问题和物流问题两个方面。物流管理涉及的是企业的非制造领域问题。

课后复习题

1．什么是供应链？供应链的主要特点有哪些？
2．供应链的一般结构模型是怎样的？
3．供应链管理的含义和特点是什么？
4．供应链管理的目标有哪些？这些目标之间的关系如何？
5．"纵向一体化"的管理模式对企业管理有哪些弊端？
6．为什么说 21 世纪的竞争是供应链与供应链之间的竞争？
7．供应链管理与物流管理有什么关系？供应链管理与传统管理的区别是什么？

➤ **实训任务 1-1**

企业的供应链协作——啤酒游戏

1．实验目的

通过实训，使学生明白供应链中不同的企业尽量努力，使得自己的成本最低，利润最大，但整体供应链的总体成本并非一定是最小化的。因此，供应链管理更加复杂，系统性更强。

2．实验步骤

(1) 教师利用啤酒游戏软件，将学生分成多个游戏小组，每组由不同的学生扮演不同的角色，分别代表供应链中的生产商、批发商和零售商。其中，每组游戏中有唯一的生产商，生产商下有 M 个批发商，每个批发商下面又可以有 N 个零售商。同时，老师扮演客户(最终消费者)。

(2) 设定下游发出订单到上游接到订单的时间是 2 周；上游发出货物到下游接到货物的时间是 2 周；因此，某角色从发出订货订单到接到该订单的货物的时间是 4 周。总的经营周期是 50 周。

(3) 每个成员根据本期从各自下游成员收到的订单发出货物，并以此为依据参考销售的历史记录预测未来需求的变化，结合本期期末库存量向上游的成员发出订单。

(4) 在小组成员之间不允许互相交流库存和订单信息的前提下，统计各成员在经营期的库存量和总成本。

(5) 在小组成员之间允许互相交流库存和订单信息的前提下，通过零售商公布真实的需求信息来模拟供应链中需求信息的共享，统计各成员在经营期的库存量和总成本。

(6) 通过啤酒游戏，比较最后每个小组的总成本，选出两部分中总成本最低的小组，并由小组成员总结原因，并总结出供应链管理的优势和特点。

➤ **实训任务 1-2**

囚徒的困境游戏

1．实验目的

通过游戏，让学生能够用供应链和供应链管理的观点分析问题；认识供应链管理和决策过程中信息共享的重要性。

2. 实训步骤

(1) 老师将学生分成若干游戏组，每组由 6 名同学组成，其中，3 名男同学组成一队，3 名女同学组成一队，介绍囚徒困境的案情和规则(见表 1-2)。

表 1-2　囚徒的选择

		甲	
		坦白	沉默
乙	坦白	各 2 年	乙 0 年，甲 10 年
	沉默	甲 0 年，乙 10 年	各 0.5 年

(2) 介绍完后，从两队中各指定一名同学，让他们分别扮演囚徒 A 和 B，让他们分别作出选择，将选择写在纸上。注意，不能让同学相互交流，教室保持安静。之后，再从两个小组中各指定一名同学，也同时做出选择。剩下的两名同学，同样作出选择。最后由教师公布他们的选择，并把每个人的判罚写在黑板上，将两队的判罚累加，以累加的结果评定胜负(数字小的获胜)。

(3) 各游戏组轮流完成游戏。

(4) 各组总结游戏结果，尝试用供应链的观点分析囚徒产生困境的原因。

◇ 案例题

青岛啤酒：像送鲜花一样送啤酒

6 月的青岛，天气异常闷热。此时，青岛啤酒(以下简称青啤)销售分公司的吕大海手忙脚乱地接着电话，应付着销售终端传来的一个又一个坏消息。"车坏了？要过几天才能回来？""货拉错地点了？要隔一天才能送到？""没有空闲的车辆来运货了？"当时身为物流经理的吕大海每天都把精力花在处理运输的麻烦事上，对于终端的销售支持简直就是有心无力。都说到了炎炎夏季，正是啤酒巨头较劲的时候。而那时的青啤，却因为自己内部混乱的物流网络先输一招。

混乱的运输，高库存量的"保鲜"之痛

"当时我们在运输的环节上，简直可以用'失控'来形容。由于缺乏有效管理，送货需要走多长时间我们弄不清楚，司机超期回来我们也管不了。最要命的是，本应送到甲地的货物被送到了乙地，这一耽误又是好几天……"随着啤酒市场的逐渐扩大，在青啤想发力的时候，混乱的物流网络成了瓶颈。吕大海举了例子说，由于运输的灰色收入比较多，司机出去好几天拉别的客户青啤也不知道。经常是司机一句"车坏了"，然后过了几天，运货的车辆才迟迟归来。在销售旺季，市场需要大量供货的时候，不能及时调配车辆可谓是青啤心头之痛。而运输的混乱，使啤酒的新鲜度受到了极大的考验。可以说，新鲜是啤酒品牌的竞争利器，注重口感的消费者如果碰上了过期酒，品牌忠诚度绝对会大打折扣。而在青啤原产地青岛，由于缺乏严格的管理监控，外地卖不掉的啤酒竟流回到青岛，结果不新鲜的酒充斥市场，使青啤的美誉度急剧下跌，销量自然上不去。"当时对仓储的管理都是人为管理，没有信息化。有时候仓库里明明没有货物了，还要签条子发货。而到了旺季，管理人员更是不知道仓库里还有没有货……"一位曾经参与过仓储管理的员工说。那位员工这样描述当时的仓库：陈旧、设备设施非常落后。不仅总部有仓库，各个分公司也有仓库。高居不下的库存成本占压了相当大的流动资金。有时局部仓库爆满，有时局部仓库又空闲，同时没有办法完全实现先进先出，这样使一部分啤酒储存期过长，新鲜度下降甚至变质的情况自然会出现。

供应链管理不是简单地调整物流配送网络

2001 年，青啤面向全国进行销售物流规划方案的招标，最终，招商局下属的物流集团胜出，与青啤同征战场。形容这次的结盟，吕大海用了"结婚"这个词，形容双方都是诚心诚意地"过日子"。因为他们知道，"供应链管理"在当时还被视为一件新鲜事，迎接他们的必然是荆棘重重的障碍，要实施成功，他们必须密切合作。"当时很多人不理解也不支持，为此我们还辞退了青啤的两个物流操作方面的经理，招商物流那边也换过人。"吕大海回顾起当时的情景，不禁有些感慨。在三年跌跌撞撞的摸索中，青啤意识到，供应链管理给予企业的影响是巨大的。它不是简单地调整物流配送网络那么简单，在没实施之前，大家都认为只要拥有以 MRP 为核心的 ERP 系统就足够解决问题。不少制造业的企业都认为，ERP 等软件能解决以下的问题：制造什么样的产品？生产这些产品需要什么？需要什么原料，什么时候需要？还需要什么资源和具备什么生产能力，何时需要它们？而这些问题解决完了，制造商们似乎就可以高枕无忧了。"但供应链管理的意义，并不是一个软件、一个操作系统就能涵盖的。而我们这三年在苦心操作的，也不过是整条供应链里的营销供应链一环而已。"吕大海解释说。可以说，企业从原材料和零部件采购、运输、加工制造、分销直至最终送到顾客手中的这一过程被看成是一个环环相扣的链条。供应链管理将从原始供应商到终端用户之间的流程进行集成，从而为客户和其他所有流程参与者增值。在整个供应链中，良好的供应链系统必须能快速准确地回答这些问题：什么时候发货？哪些订单可能被延误？为什么造成这种延误？安全库存要补充至多少？进度安排下一步还存在什么问题？现在能够执行的最佳的进度计划是什么？

上面的问题几乎个个都切中了青啤的要害。可以说在以前，一想起何时能发货，仓库里还有多少库存，管理人员不由得"头皮发麻"，因为他们对这些都不能做到心中有数。但现在，情况在逐渐好转。"每个环节我们都希望能改进，如果整个采购—生产—营销环节都能全部改革，形成一个完整的供应链，这当然是最佳的。但在研究后发现，营销供应链是当时我们最短的一块'短板'，所以，由运输和库存为主的变革迫在眉睫了。"而操刀这次变革的陆文金和吕大海，对供应链管理的认识也在摸索中逐渐清晰。

"物"与"流"的相辅相成产生了明显效果

从变革一开始，青啤就狠心在服务商和经销商上"动刀子"。"在严格地评估后，仅在山东一个省，我们几乎把运输方面的服务商全部换掉，区域的经销商则换掉了一半。这些改变可谓牵一发而动全身。"吕大海解释说。虽然青啤自己拥有进口大型运输车辆 46 台，但实际上是远远不够用的，必须拥有大批的运输服务商来解决运力问题。而以前这些服务商都由青啤自己管理，精力有限。现在评估筛选以后，青啤挑选了最优质的服务商，然后交给招商物流来运作。由于有严格的监控，现在每段路线都规划了具体的时间，从甲地到乙地，不仅有准确的时间表，而且可以按一定的条件"客户、路线、重量、体积"自动给出车辆配载方案，提高了配车效率和配载率，这都是之前无法做到的。而对于区域经销商的要求，则是要有自己的仓库。青啤还将各销售分公司改制为办事处，取消了其原有的仓库及物流职能，形成统一规划的 CDC-RDC 仓库布局。所谓 CDC-RDC 仓库布局，是指重新规划了青啤在全国的仓库结构。青啤的员工解释说，青啤原本在各地设立了大量的销售分公司，而每家分公司都租有一定规模的仓库并配备车辆、人员、设备来负责当地的物流配送。让人感到不可思议的是，这些仓库的管理方式仍是传统的人工记账，所以出错率高，更无法保证执行基本的"FIFO"(先进先出)原则。这样直接导致总部对分公司仓库的情况无法进行监控，成为管理盲点。而 CDC-RDC 仓库布局则是设立了 CDC 中央分发中心多个RDC 区域物流中心和 FDC(前端物流中心)，一改以前仓库分散且混乱的局面。这样，青啤从原有的总部和分公司都有仓库的情况，变成了由中央分发中心至区域物流中心，再到直供商，形成了"中央仓—区域仓—客户"的配送网络体系，对原来的仓库重新整合。吕大海说，全国设置了 4 个 RDC，分别是在北京、宁波、济南和大连。在地理上重新规划企业的供销厂家分布，以充分满足客户需要，并降低经营成本。而 FDC 方面的选择则是考虑了供应商和销售厂家的合理布局，能快速准确地满足顾客的需求，加强企业与供应商和销售厂家的沟通与协作，降低运输及储存费用。不仅仓储发生了变化，库存管理中还采用信息化管理，提供商品的移仓、盘点、报警和存量管理功能，并为货主提供各种分析统计报表，例如进出存报表、库存异常表、商品进出明细查询、货卡查询和跟踪等等。在此之前，分公司不仅要做市场管理和拓展工作，还要负责所在区域的物流运作。"可以说我们以前 80%的精力都花在处理物流的问题上，但现在，我们可以把精力完全放到营销上了。"青啤办事处的人员深有感触地说。由于将全部的精力投入到市场终端，销售人员对终端的情况能及时掌控，缺货时能及时补允，青啤的销量也因此慢慢提高。在供应链管理里面，有一个难题来自于市场方面需求的不确定因素。匹配供应与需求如何达到平衡，是每个快速消费品企业都深感头痛的问题。而且到了销售旺季，供应链中库存和缺货的波动也比较大。由于终端的有效维护，青啤能较为准确地做好每月的销售计划，然后报给招商物流。招商物流根据销售计划安排安全库存，这样也就减少了库存过高的危险。可以说，从运输到仓储，青啤逐步理清头绪，并通过青啤的 ERP 系统和招商物流的 SAP 物流管理系统自动对接，借助信息化对订单流程进行全面改造，"新鲜度管理"的战略正在有条不紊地实施中。

效果评估

可以说，在供应链中存在大量削减成本的机会。大量企业通过有效供应链管理大幅增加收入或降低成本，青啤就是一个很好的例子。在一系列的整合后，青啤原来每年过千万元亏损的车队转变成一个高效诚信的运输企业。而且就运送成本来说，由 0.4 元/公里降到了 0.29 元/公里，每个月节省 100 多万元。在青啤运往外地的速度上，也比以往提高了 30%以上。据称，山东省内 300 公里以内区域的消费者都能喝到当天的啤酒。而在其他地区，如东北的啤酒一出厂，直接用大头车上集装箱，运到大连时还是热乎乎的。

问题：

1. 从青啤的供应链案例中可以看出，供应链管理与物流管理有什么联系？
2. 青啤是如何认识供应链管理的？
3. 青啤的供应链管理主要是从哪几方面开展的？

第二章　供应链的构建

【学习目标】通过本章的学习，应当了解供应链的类型；理解供应链的结构模型；理解供应链设计的基本思想、基本原则；掌握供应链设计的基本步骤。

第一节　供应链的类型

供应链作为习惯称呼，指的是从上下游关系来理解供应商的供应商到用户的用户之间的关系。事实上，它不可能是单一的链状结构，而是交错的链状网络结构。企业处于相互依赖的网络中心，各企业通过优势互补结成联盟。供应链由所有加盟的节点企业组成，其网链结构主要包括：供应链的长度(所包含的层面数)、各层面供应商或客户的数量、各层面之间的联系方式。其中一般有一个核心企业(可以是产品制造企业，也可以是大型零售企业，如沃尔玛)，节点企业在需求信息的驱动下，通过供应链的职能分工与合作(生产、分销、零售等)，以资金流、物流和信息流为媒介实现整个供应链的不断增值。

一、产品类型

李效良认为，产品通常分为两种，功能型的和创新型的。从需求这一端来看，功能型产品需求具有稳定性、可预测性。这类产品的寿命周期较长，但它们的边际利润较低，无法承受高成本供应链。功能型产品一般用于满足用户的基本要求，如生活用品(柴米油盐)、家电、粮食等，其特点是变化很少。功能型产品的供应链设计应尽量减少链中物理功能的成本。创新型产品的需求一般难以预测，寿命周期较短，但利润空间高。这类产品是按订单制造的，如计算机、流行音乐、时装等。生产这种产品的企业没接到订单之前不知道干什么，接到订单就要快速制造。创新型产品供应链设计应少关注成本而更多地关注向客户提供所需属性的产品，重视客户需求并对此做出快速反应，因此特别强调速度和灵活性(见表2-1)。

表 2-1　两种不同类型的产品比较(从需求上)

需求特征	功能型产品	创新型产品
产品寿命周期(年)	>2	3个月～1年
边际贡献(%)	5～20	20～60
产品多样性	低	高(每一目录上千)
预测的平均边际错误率(%)	10	40～100
平均缺货率(%)	1～2	10～40
季末降价率(%)	0	10～25
按订单生产的提前期	6个月～1年	1天～2周

从供应这一端来看，也有两种类型，一种是稳定的，一种是变化的。稳定的供应背后，是成熟的制造流程和技术、完备的供应基地。而在变化的供应过程背后，制造流程与技术都处于早期开发阶段，处于迅速变化的时期，供应商可能在数量和应对需求变化的经验上都有限。

二、基于产品的供应链设计策略

企业在确定了自己的产品在需求和供应两端各自属于哪一种类型之后，就能够制订适合自身的供应链战略了(见图 2-1)。

	功能型产品	创新型产品
有效性供应链	匹配	不匹配
反应性供应链	不匹配	匹配

图 2-1　供应链设计与产品类型策略矩阵

若用有效性供应链来提供功能型产品，可采取如下措施：

(1) 削减企业内部成本。

(2) 不断加强企业与供应商、分销商之间的协作，从而有效降低整条链上的成本。

(3) 降低销售价格，这是建立在有效控制成本的基础之上的。但一般不轻易采用，需要根据市场竞争情况而定。

用市场反应性供应链来提供创新型产品时，应采用如下策略：

(1) 通过不同产品拥有尽可能多的通用件来增强某些模块的可预测性，从而减少需求的不确定性。

(2) 通过缩短提前期与增加供应链的柔性，企业就能按照订单生产，及时响应市场需求，在尽可能短的时间内提供顾客所需的个性化的产品。

(3) 当需求的不确定性已被尽可能地降低或避免后，可以用安全库存或充足的生产能力来规避其剩余的不确定性，这样当市场需求旺盛时，企业就能尽快地提供创新型产品，从而减少缺货损失。

供应链设计中还存在着不匹配的情况，其中右上方的情况很常见(企业用有效性供应链提供创新型产品)，由于创新型产品可观的边际利润，尽管竞争日益激烈，越来越多的企业还是不断从生产功能型产品转向生产创新型产品，但其供应链并未发生变化。

第二节　供应链的结构

了解和掌握供应链结构模型是进行供应链设计的必要前提。结合供应链的定义，从节点企业之间的关系进行分析，供应链结构模型主要包括链状结构、网状结构两种结构模型。

一、供应链链状结构模型

链状结构模型中供应链的每个成员企业构成链条结构中的各个节点，供应链管理通过订货合同、加工单、采购单等信息流将供应商、制造商、分销商、零售商及最终用户连成一个整体，对整个供应链系统进行计划、协调、操作、控制和优化等各种活动，如图 2-2 所示。

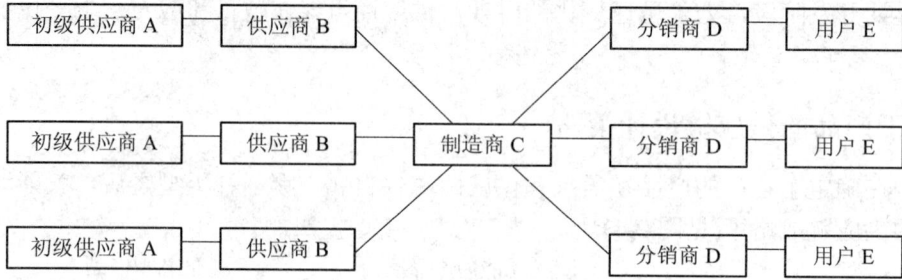

图 2-2　链状结构的供应链模型

　　链状模型是一个简单的静态模型，表明供应链的基本组成与轮廓。它把供应链上的一个个商家都抽象成一个个的点，称之为节点，并用字母或者数字表示。这些节点以一定的方式和次序连接，构成一条供应链。在该链状供应链结构模型中，若制造商 C 为核心企业，则 B 为供应商，D 为分销商。产品从初级供应商到用户经历了供应商、制造商、分销商三级传递，并在传递过程中完成产品加工、装配等装换过程。

　　供应链蕴含着物流、信息流、资金流，它们流动的方向表示供应链增值运动的方向。一般而言，物流都是从供应商流向生产制造商，再流向分销商，最后到达用户。特殊情况下，存在反方向流动，如销售退货、损货赔偿等非正常流动方向。正常的供应链物流不包括此类物品流向。

　　在上述链状结构中如果定义制造商 C 为供应链的核心企业，从其上游企业来看，就可以相应地认为 B 为一级供应商，A 为二级供应商，依此类推定义三级供应商、四级供应商等等；同样地，从其下游企业来看，D 为一级分销商，其后可存在二级分销商、三级分销商等等。一般而言，一个企业如果要从整体上了解其所在行业供应链的运行状态，应尽可能深入地考虑多级供应商或分销商。

二、供应链网状结构模型

　　在现实社会生活中的供应链上，核心企业 C 的供应商可能不止一家，而是有 B1, B2, …, Bn 等 n 家，分销商也可能有 D1, D2, …, Dm 等 m 家。如果制造商是一个含有多个企业的集团公司，那么 C 也可能有 C1, C2, …, Ck 等 k 家。这样，图 2-2 所示的供应链模型就转变为图 2-3 所示的网状结构模型，网状结构的供应链模型更能说明现实社会中企业间复杂的供应关系。从广义的角度看，网状模型理论上可以涵盖世界上所有的厂家，每个企业都可以看做其上面的一个节点，并认为这些节点之间存在着供需联系。当然，这些联系有强有弱，而且在不断地变化着。从狭义的角度看，通常一个企业仅与有限的企业发生联系，但这丝毫不影响我们对供应链模型的理论设定。网状结构的供应链模型对企业供应关系的描述很直观，适合宏观把握企业间的供应关系。

　　在网状结构的供应链模型中，物流的流动具有方向性，它从上游的一个节点企业流向下游另一个节点企业。这些物流进入的节点称为入点，流出的节点称为出点。图 2-2 所示的供应链中，入点相当于初级供应商 A，出点相当于用户 E。对于那些既为入点又为出点的节点企业，为了便于网状供应链表达的简化，将代表 A 这个企业的节点一分为二，变成两个节点，一个为入点，一个为出点，并用实线将其框起。如图 2-4 所示，A1 为入点，A2 为出点。

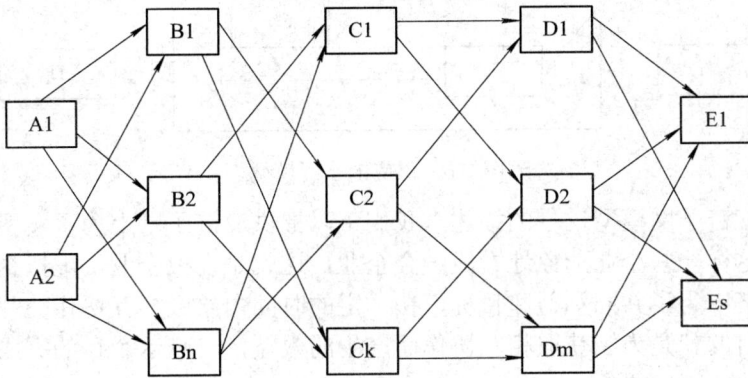

图 2-3 网状结构的供应链模型

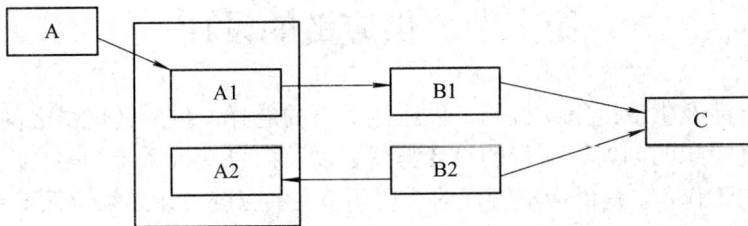

图 2-4 含入点和出点的企业

同样地，如果有的企业对于另一个企业既为供应商又为分销商，也可以将这个企业一分为二，变成两个节点，一个节点表示供应商，一个节点表示分销商，并用实线框起。如图 2-5 所示，B1 为 C 的供应商，B2 为 C 的分销商。根据企业实际情况，有时甚至可以有三个或三个以上的节点。

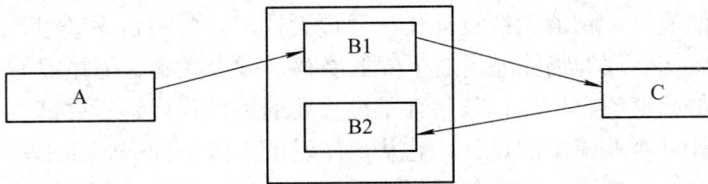

图 2-5 含供应商和分销商的企业

有些企业规模非常大，内部结构也比较复杂，与其他企业相联系的只是其中一个部门或者分公司，而且内部也存在着产品供应关系，用一个节点来表示企业这些复杂的关系显然不行，这就需要将表示这个厂家的节点分解成很多相互联系的子节点，这些子节点之间存在关联关系，构成一个网，称之为子网。在引入子网概念后，如果要研究图 2-6 中 C 与 D 的联系，只需考虑 C2 与 D 的联系就可以了，不需要考虑 C4 与 D 的联系。子网模型对企业集团是很好的描述。

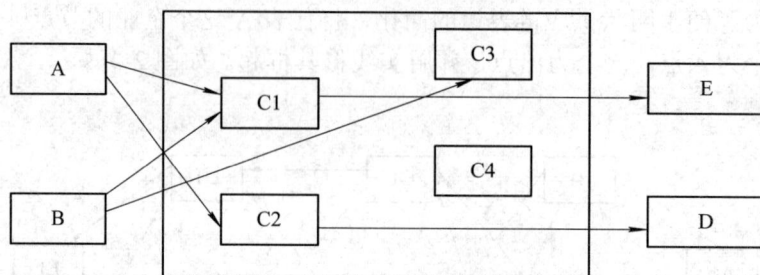

图 2-6　供应链子网模型

通过对供应链子网模型过程的描述，我们可以把供应链子网上为了实现各自利益和目标通力合作的这样一些企业形象地看成一个企业，这就是虚拟企业。虚拟企业是一些独立企业在市场经济中为了共同利益和目标，在一定的时间内结成相互协作的利益共同体。其组建和存在的目的就是为了获取相互协作而产生的效益，一旦这个目的完成或利益关系不存在，虚拟企业即不复存在。

第三节　供应链的设计

供应链设计涉及供应链组织机制、供应链成员的选择、供应链成员之间的相互关系、物流系统、管理思想的创新、流程的设计与规划以及信息支持系统等多方面的内容，是一项复杂而艰巨的工作，也是供应链管理的重要环节。供应链设计必须遵循一定的设计原则，运用科学合理的步骤才能完成。

一、供应链设计的基本思想

(一) 供应链设计与物流系统设计

物流系统是供应链的物流通道，是供应链管理的重要内容。物流系统设计是指原材料和外购件所经历的采购入厂、存储、投料、加工制造、装配、包装、运输、分销、零售等一系列物流过程的设计。物流系统设计又称通道设计，是供应链系统设计中最主要的工作之一。设计一个结构合理的物流通道对于降低库存、减少成本、缩短提前期、实施 JIT 生产与供销、提高供应链的整体运作效率都是很重要的。但供应链设计却不等同于物流系统设计，供应链设计是企业模型的设计，它从更广泛的思维空间——企业整体角度去勾画企业蓝图，是扩展的企业模型。它既包括物流系统，又包括信息和组织以及价值流和相应的服务体系建设。在供应链的设计中创新性的管理思维和观念极为重要，要把供应链的整体思维观念融入到供应链的构思和建设中，企业之间要有并行的设计才能实现并行的运作模式，这是供应链设计中最为重要的思想。

(二) 供应链设计与环境因素的考虑

一个设计优秀的供应链在实际运行中并不一定能按照预想的那样，甚至无法达到设想的要求，这是主观设想与实际效果的差距，原因并不一定是设计或构想得不完美，而是环境因素在起作用。因此构建和设计一个供应链，一方面要考虑供应链的地区、政治、文化、经济等运行环境因素，另一方面也应考虑未来环境的变化对实施供应链的影响。因此，必须要用发展的、变化的眼光来设计供应链，无论是信息系统的构建还是物流通道设计都应具有良好的柔性，以提高供应链对环境的适应能力。

(三) 供应链设计与企业再造工程

从企业的角度来看，供应链的设计是一个企业的改造问题，供应链所涉及的内容企业或多或少都在进行。供应链的设计或重构不是要推翻现有的企业模型，而是要从管理思想革新的角度，以创新的观念(比如动态联盟与虚拟企业、精细生产等)武装企业，这种基于系统进化的企业再造思想是符合人类演进式的思维逻辑的，尽管 BPR 教父哈默和钱贝一再强调其彻底的、剧变式的企业重构思想，但实践证明，实施 BPR 的企业最终还是走向改良道路，所谓无源之水、无本之木的企业再造是不存在的。因此在实施供应链的设计与重建时，并不在于是否打碎那个瓷娃娃(M. C. 杰克逊《透过新潮管理法看系统管理学》)，需要的是新的观念、新的思维和新的手段，这是我们实施供应链管理所要明确的。

(四) 供应链设计与先进制造模式的关系

供应链设计既是从管理新思维的角度去改造企业，也是先进制造模式的客观要求和推动的结果。如果没有全球制造、虚拟制造这些先进的制造模式的出现，集成化供应链的管理思想是很难得以实现的。正是先进制造模式的资源配置沿着劳动密集、设备密集、信息密集、知识密集的方向发展才使得企业的组织模式和管理模式发生相应的变化，从制造技术的技术集成演变为组织和信息等相关资源的集成。供应链管理适应了这种趋势，因此，供应链的设计应把握这种内在的联系，使供应链管理成为适应先进制造模式发展的先进管理思想。

二、 实施供应链设计需要解决的问题

当前许多企业在考虑设计供应链之前没有对本企业和供应链做一个详尽的综合分析，或是供应链设计机构没有深刻认识到企业的核心业务和战略思想，这就给企业日后造成了许多在实践应用上的隐患。根据业内专业的供应链设计机构亿博咨询的研究，供应链设计失败的原因有许多方面，其中主要有：① 供应链企业间的合作与信任程度较低；② 缺乏对用户服务的明确定义；③ 信息系统效率低；④ 库存控制策略过于简单；⑤ 配套企业订单完成缺乏协调；⑥ 运输渠道分析不够；⑦ 库存成本评价不正确；⑧ 组织间的障碍；⑨ 产品/流程设计不完整；⑩ 没有度量供应链绩效的标准；⑪ 供应链不完整。

三、 供应链设计的原则

在供应链的设计过程中，应遵循一些基本的原则，以保证供应链的设计和重建能满足供应链管理思想得以实施和贯彻的要求。下面从宏观和微观两个方面来讨论。

(一) 总的原则

从宏观角度来把握供应链的设计应遵循以下几条原则。

1. 自顶向下和自底向上相结合的设计原则

在系统建模设计方法中，存在两种设计方法，即自顶向下和自底向上的方法。自顶向

下的方法是从全局走向局部的方法，自底向上的方法是从局部走向全局的方法；自顶向下是系统分解的过程，而自底向上则是一种集成的过程。在设计一个供应链系统时，往往是先由主管高层做出战略规划与决策，规划与决策的依据来自市场需求和企业发展规划，然后由下层部门实施决策，因此供应链的设计是自顶向下和自底向上的综合。

2. 简洁性原则

简洁性是供应链的一个重要原则，为了使供应链具有灵活快速响应市场的能力，供应链的每个节点都应是简洁的、具有活力的、能实现业务流程的快速组合。比如供应商的选择就应把握少而精的原则，通过和少数的供应商建立战略伙伴关系，以减少采购成本，推动实施 JIT 采购法和准时生产。生产系统的设计更是应以精细思想为指导，努力实现从精细制造模式到精细供应链这一目标。

3. 集优原则(互补性原则)

供应链的各个节点的选择应遵循强强联合的原则，达到实现资源外用的目的，每个企业集中精力致力于各自核心的业务过程，就像一个独立的制造单元，这些所谓的单元化企业具有自我组织、自我优化、面向目标、动态运行和充满活力的特点，能够实现供应链业务的快速重组。

4. 协调性原则

供应链业绩好坏取决于供应链合作伙伴关系是否和谐，因此建立战略伙伴关系的合作企业关系模型是实现供应链最佳效能的保证。席酉民教授认为，和谐与否描述了系统是否形成了充分发挥系统成员和子系统的能动性、创造性及系统与环境的总体协调性。只有和谐而协调的系统才能发挥最佳的效能。

5. 动态性(不确定性)原则

不确定性在供应链中随处可见，许多学者在研究供应链运作效率时都提到不确定性问题。由于不确定性的存在，导致需求信息的扭曲，因此要预见各种不确定因素对供应链运作的影响，减少信息传递过程中的信息延迟和失真。降低安全库存总是和服务水平的提高相矛盾的。增加透明性，减少不必要的中间环节，提高预测的精度和时效性对降低不确定性的影响都是极为重要的。

6. 创新性原则

创新设计是系统设计的重要原则，没有创新性思维，就不可能有创新的管理模式，因此在供应链的设计过程中，创新性是很重要的一个原则。要产生一个创新的系统，就要敢于打破各种陈旧的思维框框，用新的角度、新的视野审视原有的管理模式和体系，进行大胆地创新设计。进行创新设计，要注意几点：一是创新必须在企业总体目标和战略指导下进行，并与战略目标保持一致；二是要从市场需求的角度出发，综合运用企业的能力和优势；三是发挥企业各类人员的创造性，集思广益，并与其他企业共同协作，发挥供应链整体优势；四是建立科学的供应链和项目评价体系及组织管理系统，进行技术、经济分析和可行性论证。

7. 战略性原则

供应链的建模应有战略性观点，通过战略的观点考虑减少不确定影响。从供应链的战略管理的角度考虑，我们认为供应链建模的战略性原则还体现在供应链发展的长远规划和预见性，供应链的系统结构发展应和企业的战略规划保持一致，并在企业战略指导下进行。

(二) 具体原则

从微观管理的角度，在实际应用中，应注意供应链设计的一些具体原则。

1. 总成本最小原则

成本管理是供应链管理的重要内容。供应链管理中常出现成本悖反问题，即各种活动的成本的变化模式常常表现出相互冲突的特征。解决冲突的办法是平衡各项成本使其达到整体最优，供应链管理就是要进行总成本分析，判断哪些因素具有相关性，从而使总成本最小。

2. 多样化原则

供应链设计的一条基本原则就是要对不同的客户提供不同的产品和服务水平。要求企业将适当的商品在恰当的时间、恰当的地点传递给恰当的客户。一般地，企业产品要面对各种产品的不同的客户要求、不同产品特征、不同的销售水平，这就意味着企业要在同一产品系列内采用多种分拨战略，比如在库存管理中，就要区分出销售速度不一的产品，销售最快的产品应放在位于最前列的基层仓库，依次摆放。

3. 推迟原则

推迟原则是指分拨过程中运输的时间和最终产品的加工时间应推迟到收到客户订单之后。这一思想避免了企业根据预测在需求没有实际产生的时候运输产品(时间推迟)以及根据对最终产品形式的预测生产不同形式的产品(形式推迟)。

4. 合并原则

在做战略规划时，将运输小批量合并成大批量具有明显的经济效益。但是同时要平衡由于运输时间延长而可能造成的客户服务水平下降与订单合并的成本节约之间的利害关系。通常当运量较小时，合并的概念对制定战略最有用。

5. 标准化原则

标准化原则的提出解决了满足市场多样化产品需求与降低供应链成本的问题。如生产中的标准化可以通过可替换的零配件、模块化的产品和给同样的产品贴加不同的品牌标签而实现。这样可以有效地控制供应链渠道中必须处理的零部件、供给品和原材料的种类。服装制造商不必去存储众多客户需要的确切号码的服装，而是通过改动标准尺寸的产品来满足消费者的要求。

四、供应链设计的步骤

1. 分析市场竞争环境

要"知彼"。目的在于找到针对哪些产品市场开发供应链才有效，为此，必须知道现在的产品需求是什么，产品的类型和特征是什么。分析市场特征的过程要向卖主、用户和竞争者进行调查，提出诸如用户想要什么，他们在市场中的分量有多大之类的问题，以确认用户的需求和因卖主、用户、竞争者产生的压力。这一步骤的输出是每一产品的按重要性排列的市场特征。同时，对于市场的不确定性要有分析和评价。

2. 总结、分析企业现状

要"知己"。主要分析企业供需管理的现状(如果企业已经有供应链管理，则分析供应链的现状)，这一个步骤的目的不在于评价供应链设计策略的重要性和合适性，而是着重于研究供应链开发的方向，分析、找到、总结企业存在的问题及影响供应链设计的阻力等因素。

3. 针对存在的问题提出供应链设计项目，分析其必要性

要了解产品，围绕着供应链"可靠性"和"经济性"两大核心要求，提出供应链设计的目标，这些目标首先包括提高服务水平和降低库存投资之间的平衡，以及降低成本、保障质量、提高效率、提高客户满意度等目标。

4. 根据基于产品的供应链设计策略提出供应链设计的目标

主要目标在于获得高用户服务水平和低库存投资、低单位成本两个目标之间的平衡(这两个目标往往有冲突)，同时还应包括以下目标：① 进入新市场；② 开发新产品；③ 开发新分销渠道；④ 改善售后服务水平；⑤ 提高用户满意程度；⑥ 降低成本；⑦ 通过降低库存提高工作效率等。

5. 分析供应链的组成，提出组成供应链的基本框架

供应链中的成员组成分析主要包括制造工厂、设备、工艺和供应商、制造商、分销商、零售商及用户的选择及其定位，以及确定选择与评价的标准。

分析供应链节点的组成，提出组成供应链的基本框架；供应链组成包括产品设计公司、制造工厂、材料商、外发厂(如表面处理)、物流伙伴，以及确定选择和评价的标准(包括质量、价格、准时交货、柔性、提前期(L/T)和批量(MOQ)、服务、管理水平等指标)。

6. 分析和评价供应链设计的技术可行性

这不仅仅是某种策略或改善技术的推荐清单，而且也是开发和实现供应链管理的第一步，它在可行性分析的基础上，结合本企业的实际情况为开发供应链提出技术选择建议和支持。这也是一个决策的过程，如果认为方案可行，就结合企业本身和供应链联盟内(如设计公司、外发厂)资源的情况进行可行性分析，并提出建议和支持；如果不可行，则需要重新设计供应链，调整节点企业或建议客户更新产品设计。

7. 设计供应链

设计供应链主要解决以下问题：

(1) 供应链的成员组成(供应商、设备、工厂、分销中心的选择与定位、计划与控制)。

(2) 原材料的来源问题(包括供应商、流量、价格、运输等问题)。

(3) 生产设计(需求预测、生产什么产品、生产能力、供应给哪些分销中心、价格、生产计划、生产作业计划和跟踪控制、库存管理等问题)。

(4) 分销任务与能力设计(产品服务于哪些市场、运输、价格等问题)。

(5) 信息管理系统设计。

(6) 物流管理系统设计等。

在供应链设计中，要广泛地应用到许多工具和技术，包括归纳法、集体解决问题、流程图、模拟和设计软件等。第三方物流(以下简称 3PL)的选择与定位，计划与控制；确定产

品和服务的计划，运送和分配、定价等，设计过程中需要多个节点企业的参与交流，以便于以后的有效实施。

8. 检验供应链

供应链设计完成以后，应通过一定的方法、技术进行测试检验或试运行，如不行，返回第 4 步重新进行设计；如果没有什么问题，就可实施供应链管理了。

9. 实施供应链

供应链实施过程中需要核心企业的协调、控制和信息系统的支持，通过核心企业从工业设计到批量生产、物流等全方位的供应链控制和协调，使整个供应链成为一个整体。

本 章 小 结

企业可以通过判断需求及供应的不稳定性的程度，来打造适合自己的供应链战略。根据需求和供应各分为稳定的和不稳定的两种，由此产生出四种供应链策略。企业在确定了自己的产品在需求和供应两端各自属于哪一种类型之后，就能够构建适合的供应链战略。

供应链的结构模型：链状模型、网状模型。

供应链设计是一项复杂而艰巨的工作，也是供应链管理的重要环节。供应链设计的四个基本思想：供应链设计与物流系统设计、供应链设计与环境因素的考虑、供应链设计与企业再造工程、供应链设计与先进制造模式的关系。供应链设计失败的原因较多，主要有 11 个原因。在实际应用中，应从宏观管理和微观管理的角度分析供应链设计总的原则和具体原则，以及供应链设计的 9 大步骤。

课 后 复 习 题

1. 根据需求和供应的不稳定程度，企业的供应链的类型可以分为哪几种？
2. 供应链的结构模型有哪几种？各有什么特点？
3. 供应链设计失败的原因有哪些？
4. 供应链设计的原则有哪些？
5. 供应链设计有哪些步骤？

➤ **实训任务 2-1**

供应链类型分析

实训内容：选择一个企业，根据其产品特点，从需求和供应的不稳定方面分析其应该构建何种供应链类型。

实训目的：通过分析，掌握供应链的几种类型。

➢ 实训任务 2-2

供应链结构模型调查分析

实训内容：调查某一产业供应链包含哪些节点企业，分析其供应商、制造商、分销商、零售商及最终用户，绘制供应链系统结构模型。

实训目的：了解和掌握供应链结构模型。

➢ 实训任务 2-3

供 应 链 设 计

实训内容：结合调查产业供应链中的核心企业，分析其供应链设计中有无失败和成功之处。提出自己的看法和建议。

实训目的：理解掌握供应链设计的基本思想、设计原则和设计步骤。

◆ 案例题

美邦与 ZARA 供应链模式的差距

在潮流瞬息万变的时尚界，商品在供应链环节上多周转一天，就可能意味着贬值。引领快时尚风潮、从服装设计到上架只需 10～15 天的 ZARA 在中国有一群极为虔诚的学徒，美邦则是其中最为勤奋的学徒之一。

美邦董事长周成建曾颇为自豪地向外界表示，ME&CITY 品牌服装的设计、试装、定稿、样衣制作、货量统计、大货生产、物流配送等环节，共需要 70 天的周转时间。在本土企业中，这已是目前追逐"快时尚"模式的速度极限了。

70 天与 15 天的差距从何而来？多位国内熟悉 ZARA 和美邦供应链的专家，对双方在追逐敏捷供应链模式过程中存在的差异进行了解读。

关键词一：设计

"从单个产品的设计到款式定型，ZARA 的设计团队只需要 5 天时间，而美邦至少需要一个月的时间。"一位长期关注 ZARA 模式的行业分析师表示，仅在设计这一供应链的最初环节上，美邦就比 ZARA 慢了至少 25 天的时间。

据了解，ZARA 很少完全依靠自己设计和研发，而是从其他时装品牌的发布会上寻找灵感。ZARA 的服装设计师定期穿梭于世界各时装中心，随时捕捉灵感，然后将这些信息迅速反馈到总部，再由专业的时装设计团队分类别、款式及风格进行改版设计，重新组合成 ZARA 自己全新的产品主题系列。

而美邦的模式是设计人员在全国范围进行大规模的市场考察，与国外的服装品牌资讯公司合作，并相应地对服饰产品进行细分。"ZARA 是在创造潮流，而美邦则是去复制潮流。"上述分析师表示。再加上美邦的设计团队相较于 ZARA，无论是在设计能力，或是在团队机制上都处于劣势，25 天的时间差距已是美邦目前追赶的极限了。

对于这种设计模式上的差异，美邦也有不得已的苦衷。ZARA 本身具有高效的敏捷供应链，可以在潮流出现后 15 天内，完成从设计到出货的整个过程，因此货品在上市时，产品的款式及颜色都能紧扣住当季流行。而美邦完成整个供应链需要 2～3 个月，潮流风向早已转变，生产出来的商品多数只能转为库存。

换句话说，供应链的速度决定了 ZARA 可以创造时尚，而美邦只能通过自己的设计团队去复制时尚。而这两种模式的不同又反过来给两家企业的供应链带来了至少 25 天的时间差距。

关键词二：采购

与 ZARA 相比，美邦在面料采购的速度上也输了一大截。"ZARA 在面料采购上通常需要花 5～7 天的时间，而美邦则需要 14～21 天。"前述分析师表示。在这一环节，美邦又慢了至少 10 天的时间。

创办于 1975 年的 ZARA，早已形成了较为完善的供应链体系。其掌握的面料厂仓库里，储备有大量没有经过染色的原坯布。该公司的产品还处于设计环节时，就会围绕其库存原坯布的状况作出相应的考虑和安排。因此，ZARA 在产品设计出来之后，他们的原料采购环节多数可以"将布从仓库里提出来"，需要的时间周期极短。

据了解，ZARA 自己设立了 20 个高度自动化的染色、裁剪中心，可以根据需要进行染色后再生产，而把人力密集的工作外包给周边 500 家小工厂甚至家庭作坊。其甚至将周围 200 英里的地下都挖空，架设地下传送带网络。每天根据新订单，把最时兴的布料准时送达终端厂，保证了总体的前导时间要求。

反观美邦，服装产业的面料、辅料全部外包，成衣厂掌握着服装材料的采购大权。出于库存的考虑，成衣厂一般不会储备大量的布料，而是在收到美邦的订单以后，再向上游采购。采购也主要是以染色布为主。因此，在产品生产阶段，又比 ZARA 多出了相应的沟通、加工、物流等环节，从而影响到生产进度。

"举一个很简单的例子，在设计环节，产品需要到成衣厂多次打样。这种样品从公司到成衣厂再到公司的周期，美邦都要比 ZARA 多出好几天来。"美邦高层亦承认，双方的差距不仅体现在信息、沟通、机制等"软实力"上，在硬件配套上，美邦仍有很长的路程需要追赶。

关键词三：衔接

在国内，业界很多人对 ZARA 存在一个误解：其是属于"轻资产"范畴的公司。但事实上，ZARA 的做法与业界流行的外包模式大相径庭，其拥有自己的纺织厂和服装加工厂，也在欧洲地区建立了独立的物流运输企业。美邦通过 10 多年的发展，在生产外包及物流配送方面也已经具有较强的整合能力。

"从供应链的这两个方面看，两种模式各有优势，双方的差距并不大。"博盖咨询总经理高剑锋说。

但在订单处理环节，ZARA 显然要胜出很多。ZARA 的门店均为直营，这保证了门店经理与总部间的顺畅沟通。而美邦虽然也坚持将"ME&CITY"品牌完全直营，但在终端信息的收集、反馈，以及对终端信息反应灵敏度等方面，较 ZARA 还有很大差距。这项差距也直接影响到了双方对销售预期判断的准确程度，以及最终库存的形成状况。

为了打造一条具有快速反应能力的供应链，美邦在信息化的投入上可谓不计血本。公开资料显示，上市后的美邦，有 15%的募集资金用在了信息化建设上，先后从 SAP、Oracle

等国际知名信息化方案提供商引进了软件系统。

不过在熟悉美邦业务流程的人士看来，美邦的信息化水平虽然已在国内同行业中处于领先水平，但从时尚行业信息化的三个目标层次来看，还处于相对粗放的阶段。目前美邦的信息化更多体现在减少流程失误率及优化业务体系等方面，一旦涉及改变业务结构，最终往往折戟而归。

敏捷供应链的核心，其实在于供应链各个环节的衔接，在这一点上，美邦无论是在人力配置或是在制度建设上，都还有很大的进步空间。

问题：

1. 通过阅读案例，分析比较美邦与 ZARA 在供应链类型构建方面有何差距？
2. 结合案例，思考供应链模式构建上应做好哪些方面的工作？

第三章　供应链合作伙伴关系的建立

【学习目标】通过本章的学习，应当了解什么是供应链合作伙伴关系，供应链合作伙伴关系的建立及其控制因素是什么，知道应该如何选择供应链合作伙伴，重点掌握供应链合作伙伴关系模型的三个阶段，根据合作伙伴分类矩阵可以准确判断合作伙伴的归属，以便更好地选择合作伙伴，建立良好的伙伴关系。

引例

克莱斯勒公司与洛克维尔公司的合作

克莱斯勒公司与洛克维尔公司达成一项协议，两个公司在汽车的设计阶段进行紧密合作。洛克维尔公司负责总装厂与零部件厂的计算机控制部分的设计。如果计算机控制与汽车的设计不匹配，就会影响到汽车的质量和汽车进入市场的时间。根据协议，洛克维尔公司是为克莱斯勒公司的总装、冲件、焊接、电力设备等部门设计计算机控制的独家公司，他们之间是一种相互依赖的合作关系。他们(汽车制造商与计算机控制供应商)之间的合作是汽车行业内的首例。两个公司的工程师在汽车设计阶段的紧密合作中，洛克维尔公司的工程师设计开发相关计算机控制软件，以便能与克莱斯勒公司的工程师同时设计控制系统和整个汽车。计算机控制是汽车制造过程中的重要部分，合作双方都希望能够尽可能实现降低成本、缩短制造周期等目标，而且缩短进入市场的周期是克莱斯勒公司保持竞争优势的主要目标，以前的周期是 26～28 周，现在的目标是将它缩短至 24 周，克莱斯勒公司希望能通过与洛克维尔公司的合作实现这个目标。

第一节　供应链合作伙伴关系概述

英国著名物流学家马丁克里斯多夫(Martin Christopher)认为：21 世纪，市场竞争不再是企业与企业之间的竞争，而是供应链与供应链之间的竞争。因此，供应链战略合作伙伴关系是供应链战略管理的核心内容。

一、供应链合作伙伴关系的定义

供应链合作伙伴关系(Supply Chain Partnership，SCP)也就是供应商、制造商与销售商之间的关系，或者称为卖主—买主关系。供应链合作伙伴关系可以定义为供应商与制造商之间、制造商与销售商之间在一定时期内的共享信息、共担风险、共同获利的协作关系。

　　供应链合作伙伴关系是在集成化供应链管理环境下形成的，建立供应链合作伙伴关系的目的在于通过提高信息共享水平，减少整个供应链产品的库存总量，降低成本和提高整个供应链的运作绩效。随着市场需求不确定性的增强，合作各方要尽可能削弱需求不确定性的影响和风险。因此，供应链合作伙伴关系的建立应以企业间的信任和合作为基础。

　　实施供应链合作关系意味着新产品/技术的共同开发、数据和信息的交换、研究与开发的共同投资、市场机会共享和风险共担，甚至是供应链的共同设计。在供应链合作伙伴关系下，制造商选择供应商不再是只考虑价格，而是更注重供应商在优质服务、技术革新、产品设计等方面的能力。比如，制造商总是期望其供应商完善服务，搞好技术创新，实现产品的优化设计等等。

二、供应链合作伙伴关系的特点

1．合作与竞争并存

　　传统企业之间的竞争是以消灭竞争对手为主要目标的，竞争者之间的对抗性极强。而供应链合作伙伴关系的出现彻底改变了这种竞争方式。供应链合作伙伴关系是基于相互信任、互惠互利、信息共享、风险共担、协同工作等一些基本原则结成的战略意义上的伙伴或同盟关系。为了使客户满意和供应链整体绩效最佳，合作是它们结成同盟的基本前提，各成员企业在合作的基础上按照一定的利益分配机制共享供应链成果。同时，供应链成员企业都是相互独立的经济个体，具有各自的经济利益，企业常常按照自己的理性需要，追求个体企业利益的最大化。而资源及决策权的配置问题也常常成为供应链上成员企业之间竞争的焦点问题，成为它们进一步合作的障碍。因此，供应链合作伙伴关系之间的合作是竞争性的、有条件的，供应链成员企业之间的合作和竞争往往是并存的。

2．相对稳定性

　　供应链合作伙伴企业之间在互惠互利、风险共担和信息共享的合作基础上致力于长期合作，致力于发展和维持合作关系。因此，供应链合作伙伴之间的关系是稳定的。但是，由于个体差异和竞争性因素的存在，使得供应链成员之间的合作又总是有条件的、非永恒的，供应链合作伙伴关系始终处于动态变化之中。不仅供应链成员数量可增可减，而且它们之间的契约关系和交易方式也总是处于动态调整之中。所以，供应链战略合作伙伴关系不是一成不变的，它只是在一定的条件下和一定的时间范围内表现出一定程度的稳定性。

3．运作的协调性

　　一方面，当产业结构发生变化时，企业原先拥有的竞争优势将逐渐消失。这时那些不能依靠自身资源对产业结构变化做出反应的企业，就会强烈要求利用外部资源来弥补自身的不足。另一方面，随着全球经济一体化的深入发展，单个企业的实力难以与已形成规模的其他国外企业争夺市场份额，从而导致了市场进入的难度。这些将会迫使企业从维系原有内部管理的资源积累向适应新环境的资源积累转变。这样，企业之间的协调运作就显得日益重要。协调运作要求供应链成员企业在宏观层面上实现企业之间的资源优化配置，在中观层面上实现信息的共享，在微观层面上实现物流的同步化。

三、供应链合作伙伴关系的形成

　　建立基于合作的供应链合作伙伴关系是供应链管理模式与传统管理模式的根本区别。

从传统的企业关系过渡到创新的合作伙伴关系模式，经历了从以生产物流相结合为特征的物流关系(20世纪70年代到80年代)到以战略协作为特征的合作伙伴关系(20世纪90年代以后)这样的过程(见图3-1)。

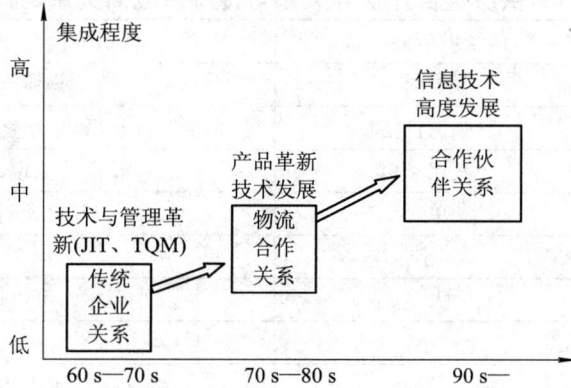

图 3-1　企业关系演变过程

(一) 传统的企业关系

在20世纪60年代到70年代，企业与企业之间只是一种买卖关系。在这种传统的企业关系下，企业力求以最便宜的价格买到最好的东西，相互之间讨价还价，企业把供应商看成是自己的竞争对手，相互之间存在的是竞争关系。面对当时供不应求的市场环境，企业与企业之间是成本的竞争，企业不断进行技术与管理的创新，以生产为中心，改进工艺技术以提高生产率，扩大规模来降低成本，企业与企业之间很少合作，企业之间的集成度比较低。

(二) 物流合作关系

到了20世纪70年代到80年代，企业之间的竞争由基于成本的竞争转变成了基于质量的竞争，供应链的合作关系也由传统的企业关系转变成了物流合作关系。企业开始进行制造模式与技术研发创新，运用先进的生产模式，如准时生产方式、全面质量管理，企业之间进行作业层面和技术层面的合作，以实现生产的均衡化和物流的同步化运作。企业之间的合作度虽有所提高，但层次较低，基本属于合作性的竞争关系。

(三) 合作伙伴关系

自20世纪90年代以来，简单的物流合作关系的企业在信息共享、服务支持、并行工程、群体决策、柔性与敏捷性等方面都不能很好地适应越来越激烈的市场竞争需要，企业与企业之间开始进行战略、战术、作业层面的多层次协作，供应链合作关系也由物流关系转变成了战略合作伙伴关系。在这种企业关系中，市场竞争策略最明显的变化就是基于时间的竞争和供应链之间的竞争。企业在多变的市场中，柔性和敏捷性大大提高。

四、供应链合作伙伴关系与传统供应商关系的比较

供应链合作伙伴关系的主要特征就是从以产品/物品为核心转向以集成/合作为核心。在集成/合作逻辑思想指导下，双方共同参与产品和工艺开发，以实现相互之间的流程集成、信息集成、资源集成和物流集成。这样就减少了信息不对称带来的不确定性影响及其造成的风险，减少了运作成本，提高了资产利用率，实现了双方共同的期望和目标。因此，供

方与需方之间的交换不仅仅是物质上的交换，而且包括一系列的服务的交换。

供应链合作伙伴强调直接的、长期的合作，强调共同努力实现共有的计划和解决共同的问题，强调相互之间的信任和合作。这与传统企业管理模式有着本质的区别，具体见表3-1。

表 3-1　供应链合作伙伴关系与传统供应商关系的比较

	传统供应商关系	供应链合作伙伴关系
相互交换的主体	物料	物料、服务
供应商选择标准	强调价格	多标准并行考虑(交货的质量和可靠性等)
稳定性	变化频繁	长期、稳定、紧密合作
合同性质	单一	开放合同(长期)
供应批量	小	大
供应商数量	大量	少(少而精，可以长期紧密的合作)
供应商规模	小	大
供应商的定位	当地	国内和国外
信息交流	信息专有	信息共享(电子化连接、共享各种信息)
技术支持	不提供	提供
质量控制	输入检查控制	质量保证(供应商对产品质量负全部责任)
选择范围	投标评估	广泛评估可增值的供应商

五、建立供应链合作伙伴关系的意义

能否快速地响应市场的需求变化已经成为企业能否获得生存和发展空间的关键。建立供应链合作伙伴关系，制造商可以要求供应商加快生产运作速度，通过缩短供应链总周期时间，达到降低成本和提高质量的目的。

从图3-2中可以看出，要缩短供应链总周期时间，主要依靠缩短采购周期时间、设计/制造周期时间、内向运输周期时间和外向运输周期时间来实现。显然，加强供应链合作伙伴关系的意义重大。

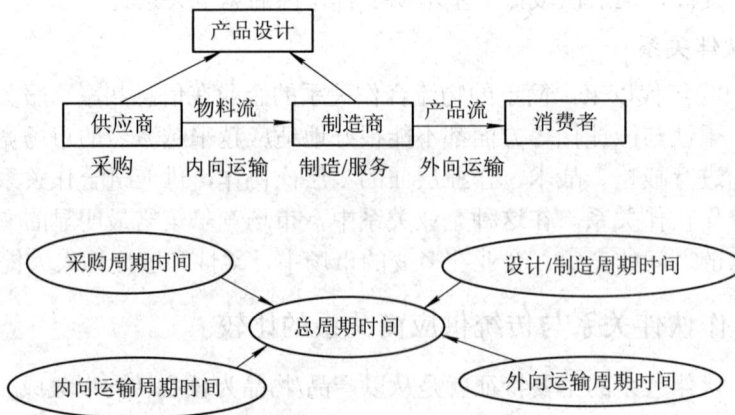

图 3-2　供应链总周期时间

1. 减小不确定因素，降低库存

所面对的供需关系上的不确定因素可以通过相互之间的合作消除。通过合作，共享需求与供给信息，能使许多不确定因素明确。

2. 快速响应市场

集中力量于自身的核心竞争优势，能充分发挥各方的优势，并能迅速开展新产品的设计和制造，从而使新产品响应市场的时间明显缩短。

3. 加强企业的核心竞争力

以战略合作关系为基础的供应链管理，能发挥企业的核心竞争优势，获得竞争地位。

4. 用户满意度增加

制造商帮助供应商更新生产和配送设备，加大对技术改造的投入，提高产品和服务质量，增加用户满意度。

通过建立供应链节点企业间的战略合作伙伴关系，对于供应链的买方(制造商)和卖方(供应商)可以带来许多好处。

对于制造商/买主而言：

(1) 降低成本(降低合同成本)；

(2) 实现数量折扣、稳定而有竞争力的价格；

(3) 提高产品质量和降低库存水平；

(4) 改善时间管理；

(5) 交货提前期的缩短和可靠性的提高；

(6) 提高面向工艺的企业规划；

(7) 更好的产品设计和对产品变化更快的反应速度；

(8) 强化数据信息的获取和管理控制。

对于供应商/卖主而言：

(1) 保证有稳定的市场需求；

(2) 更好地了解/理解用户需求；

(3) 提高运作质量；

(4) 提高零部件生产质量；

(5) 降低生产成本；

(6) 提高对买主交货期改变的反应速度和柔性；

(7) 获得更高的(相比非战略合作关系的供应商)利润。

对于双方而言：

(1) 改善相互之间的交流；

(2) 实现共同的期望和目标；

(3) 共担风险和共享利益；

(4) 共同参与产品和工艺开发，实现相互之间的工艺集成、技术和物理集成，减少外在因素的影响及其造成的风险；

(5) 降低投机思想和投机几率；

(6) 增强矛盾冲突解决能力；

(7) 在订单、生产、运输上实现规模效益以降低成本;

(8) 减少管理成本;

(9) 提高资产利用率。

因此,供应链上的上下游企业必须建立以合作和信任为基础的合作伙伴关系,通过信息共享、协同运作等实现供应链的整体效益最大化,增强供应链的整体竞争力。

第二节　供应链合作伙伴关系的建立及其影响因素

一、供应链合作伙伴关系的建立步骤

供应链的合作伙伴关系建立是一个复杂的过程,其建立不仅是企业结构上的改变,而且在观念上也必须有相应的改变。所以,必须一丝不苟地选择供应商,以确保真正实现供应链合作关系的利益。可以把供应链的建立步骤进行归纳,按照每一个步骤进行相应的组织活动,其构建步骤如下:

1. 建立供应链合作伙伴关系的需求分析

建立供应链合作伙伴关系的第一步必须明确战略关系对于企业的必要性,企业必须评估潜在的利益与风险。在本步骤过程中要着手准备一些材料,主要是建立伙伴关系各方的利益获取——需求动机,这也是所有组织趋利性的体现,所以必须考虑如何能够满足每一方的利益获取,而这些材料就是对参与各方的情报搜集。在收集齐备之后,就要进行资料处理分析,得出相关的原始数据。

2. 确定标准,选择供应商,选择合作伙伴

确立选择供应商的标准并初步评估可选的合作伙伴。根据得到的原始数据确立标准,以此作为选择的参考依据。标准的制定要考虑全面,不能一味相信原始数据,因为有些可能性的出现会破坏理想的状态。

3. 正式建立合作关系

一旦供应商或合作伙伴选定后,必须让每一个合作伙伴都认识到相互参与、合作的重要性,真正建立合作关系。合作过程中最好能够进行彻底的联合,确保利益的均衡,使双方能够达到共赢,并且在这一阶段的合作能够为下一步的战略合作奠定基础。

4. 实施和加强战略合作关系

实施和加强合作关系,或者解除无益的合作关系。当然希望的结果是能够达到较好的合作,使得战略性的合作得以稳固,但是不排除在前三个阶段的努力是无意义的,这就需要准确的判断和掌控能力。在战略合作伙伴关系时,最主要的工作就是要维持这一阶段,使整个合作链创造更多利益。

二、建立供应链合作伙伴关系的影响因素

影响供应链合作伙伴关系建立的因素有很多,既包括企业外部环境,如国家法律法规、政府有关政策、信息技术和社会环境等,又包括企业内部因素。但企业内部因素对供应链

合作伙伴关系建立的影响更为直接和深远，这些因素主要包括高层领导的态度、企业战略和文化、合作伙伴的能力和兼容性、相互信任程度、沟通和协调机制、冲突解决机制等。

1. 高层领导的态度

良好的供应链关系首先必须得到最高管理层的支持和协商。只有最高层负责人赞同合作伙伴，企业之间才能保持良好的沟通，建立相互信任的关系。

2. 企业战略和文化

解决企业结构和文化中社会、文化和态度之间的障碍，并适当地改变企业的结构和文化。在合作伙伴之间建立统一一致的运作模式或体制，解决业务流程和结构上存在的障碍。

3. 合作伙伴的能力和兼容性

总成本和利润的分配、文化兼容性、财务稳定性、合作伙伴的能力和定位、自然地理位置分布、管理的兼容性等。

4. 相互信任程度

信任是合作的基础，只有相互信任，才能进行有效的沟通和合作，供应链的整体价值才能得以实现。在供应链战略合作关系建立的实质阶段，需要进行期望和需求分析，相互之间需要紧密合作，加强库存、销售、需求等信息的共享，相互进行技术交流和提供设计支持。在实施阶段，相互之间的信任最为重要。

5. 沟通和协调机制

供应链各成员之间由于存在组织结构、文化、管理理念等方面的差异，相互之间的沟通效率要大大低于各成员企业内部的沟通效率。基于 Internet/Intranet 的供应链管理模式是供应链企业合作方式与委托代理实现的未来发展方向，不管是成员企业之间的信息共享，还是决策的协调，都需要沟通和协调机制的支持。有效的沟通和协调机制可以加快相互之间的信息交流和传播，避免相互之间对共享信息的误解，从而加强成员之间的合作。

6. 冲突解决机制

由于供应链各成员企业都是独立的经济个体，有着各自的企业利益，同时，各成员企业的企业文化、管理理念、方式方法等各不相同，因此供应链组织及各成员之间存在冲突和矛盾是很自然的。冲突既有破坏性的一面，也有建设性的一面。双方目标一致而手段不同导致的冲突多属于建设性的。双方目标或认识不同而导致的冲突多属于破坏性的。对冲突处理不好容易挫伤成员企业合作的积极性，引发供应链合作各方的信任危机，甚至会导致供应链合作联盟的解体。因此，是否拥有一个良好的冲突解决机制是影响供应链合作伙伴关系的重要因素。

除以上几点外，企业文化、组织结构、企业愿景等都是影响供应链合作伙伴关系建立的重要因素。在建立供应链合作伙伴关系之时，必须充分认识到这些影响因素，以确保真正实现供应链合作伙伴关系带来的利益。

第三节　供应链合作伙伴关系的选择

选择合适的对象(企业)作为供应链的合作伙伴，是加强供应链管理中最重要的一个基础，也是供应链成功的关键。

一、供应链合作伙伴关系的类型

在集成化供应链管理环境下，供应链合作伙伴关系的一个重要特征是减少供应商的数量，但是并不意味着单源供应商，制造商会在全球范围内寻找最杰出的合作伙伴。这样，供应链合作伙伴关系可以分为两个层次：重要合作伙伴和次要合作伙伴。重要合作伙伴是少而精的、与制造商关系密切的合作伙伴；次要合作伙伴是相对多的、与制造商关系不是很密切的合作伙伴。根据合作伙伴在供应链中的增值作用和其竞争实力，可以将合作伙伴分为四类：战略性合作伙伴、有影响力的合作伙伴、竞争性/技术性合作伙伴和普通合作伙伴，见图3-3。

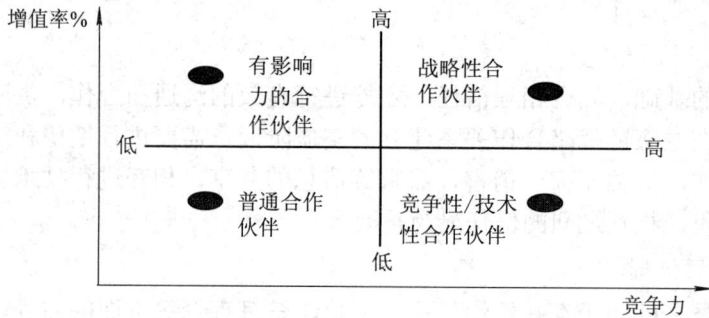

图 3-3　合作伙伴关系分类矩阵

1. 战略性合作伙伴

对于本企业而言，合作的增值性大且合作伙伴的市场竞争力强的企业是最理想的合作伙伴，需要考虑合作的持久性，建立战略性合作伙伴关系，实现"强-强"联合。

2. 有影响力的合作伙伴

对于本企业而言，合作的增值性大但合作企业的市场竞争力不强的企业属于理想性的合作伙伴，这类合作属于"强-弱"联合，称为有影响力的合作伙伴。

3. 竞争性/技术性合作伙伴

这类合作伙伴自身的市场竞争力较强，但合作的增值性并不大，因此，这类企业可能成为本企业的理想性合作伙伴，也有可能成为竞争对手。如果合作伙伴没有纵向一体化扩张的野心，由于他们的管理和技术都很好，在合作过程中，可以从他们那里学到很多有益的技术和经验，获得技术支持服务，属于理想性的合作伙伴，称为技术性合作伙伴关系。但如果合作伙伴倾向于纵向一体化扩张，更多体现竞争性关系，合作关系的紧密程度就大大降低，称为竞争性合作伙伴关系。这类合作伙伴在合作过程中要尤其注重合作风险。

4. 普通合作伙伴

对于本企业而言，还有一部分合作伙伴，合作的增值性较小且自身的竞争力不强，称为普通合作伙伴。对于普通合作伙伴，企业只需与他们保持供货交易关系，基于物流作业层面进行低层次往来，不必列为企业发展的合作伙伴，并希望有更多的这类伙伴参与投标，从而选择价位上最有利的一家保持交易关系。

在实际运作中，企业应根据不同的战略目标、价值取向选择不同类型的合作伙伴。比如，对于长期合作需求而言，应选择战略性合作伙伴；对于短期或某一短暂市场需求而言，只需选择普通合作伙伴即可；而对于中期需求，则要根据竞争力和增值作用，针对供应链的重要程度，相应地选择有影响力的或竞争性/技术性的合作伙伴。

二、供应链合作伙伴关系选择的方法

1. 直观判断法

直观判断法是根据征询和调查所得的资料并结合人的分析判断，对合作伙伴进行分析、评价的一种方法。这种方法主要是倾听和采纳有经验的采购人员的意见，或者直接由采购人员凭经验作出判断，常用于选择企业非主要原材料的合作伙伴。

2. 招标法

招标法可以是公开招标，也可以是指定竞标。公开招标对投标者的资格不予限制；指定竞标则由企业预先选择若干个可能的合作伙伴，再进行竞标和决标。招标方法竞争性强，企业能在更广泛的范围内选择适当的合作伙伴，以获得供应条件有利的、价低而适用的物资。

当订购数量大、合作伙伴竞争激烈时，可采用招标法来选择适当的合作伙伴。它是由企业提出招标条件，各招标合作伙伴进行竞标，然后由企业决标，与提出最有利条件的合作伙伴签定合同或协议。

招标法手续较繁杂，时间长，不能适应紧急订购的需要；订购机动性差，有时订购者对投标者了解不够，双方未能充分协商，造成货不对路或不能按时到货。

3. 协商选择法

协商选择法由企业先选出供应条件较为有利的几个合作伙伴，同他们分别进行协商，再确定适当的合作伙伴。与招标法相比，协商选择法由于供需双方能充分协商，因此在物资质量、交货日期和售后服务等方面较有保证。但由于选择范围有限，因此不一定能得到价格最合理、供应条件最有利的供应来源。当采购时间紧迫、投标单位少、竞争程度小、订购物资规格和技术条件复杂时，协商选择法比招标法更为适用。

4. 采购成本比较法

对质量和交货期都能满足要求的合作伙伴，则需要通过计算采购成本来进行比较分析。采购成本一般包括售价、采购费用、运输费用等各项支出的总和。采购成本比较法是通过计算分析针对各个不同合作伙伴的采购成本，选择采购成本较低的合作伙伴的一种方法。

5. ABC 成本法

基于活动的成本(Activity Based Costing Approach)分析法，简称 ABC 成本法，又称作业成本分析法，主要用于对现有流程的描述和成本分析。这种方法首先将现有的业务进行分解，找出基本活动，再着重分析各个活动的成本，特别是活动中所消耗的人工、资源等，通过计算合作伙伴的总成本来选择合作伙伴。

6. 层次分析法

该方法的基本原理是根据具有递阶结构的目标、子目标(准则)、约束条件、部门等来评价方案，采用两两比较的方法确定判断矩阵，然后把判断矩阵的最大特征相对应的特征向量的分量作为相应的系数，最后综合给出各方案的权重(优先程度)。由于该方法让评价者对照相对重要性函数表，给出因素两两比较的重要性等级，因此可靠性高、误差小，不足之处是遇到因素众多、规模较大的问题时，该方法容易出现问题，如判断矩阵难以满足一致性要求，往往难于进一步对其分组。

7. 人工神经网络算法

人工神经网络(Artificial Neural Network，ANN)是 20 世纪 80 年代后期迅速发展的一门新兴学科。ANN 可以模拟人脑的某些智能行为，如知觉、灵感和形象思维等，具有自学习、自适应和非线性动态处理等特征。

将 ANN 应用于供应链管理环境下合作伙伴的综合评价选择，意在建立更加接近于人类思维模式的定性与定量相结合的综合评价选择模型。通过对给定样本模式的学习，获取评价专家的知识、经验、主观判断及对目标重要性的倾向。当对合作伙伴作出综合评价时，该方法可再现评价专家的经验、知识和直觉思维，从而实现了定性分析与定量分析的有效结合，也可以较好地保证合作伙伴综合评价结果的客观性。

三、供应链合作伙伴关系选择的步骤

供应链合作伙伴关系的选择是一个复杂的过程，不仅是企业结构上的变化，而且在观念上也必须有相应的改变。所以，必须一丝不苟地选择合作伙伴，以确保真正实现供应链合作关系的利益。企业必须确定各个步骤的开始时间，每一个步骤对企业来说都是动态的(企业可自行决定先后和开始时间)，并且每一个步骤对于企业来说都是一次改善业务的过程，见图 3-4。

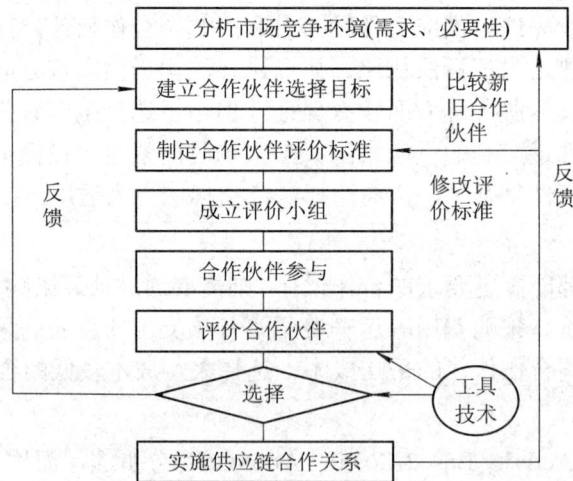

图 3-4　供应链合作伙伴选择步骤

1. 分析市场竞争环境(需求、必要性)

市场需求是企业一切活动的驱动源。建立基于信任、合作、开放性交流的供应链长期合作关系，必须首先分析市场竞争环境。目的在于找到针对哪些产品市场开发供应链合作关系才有效，必须知道现在的产品需求是什么，产品的类型和特征是什么，以确认用户的需求，确认是否有建立供应链合作关系的必要。如果已建立供应链合作关系，则根据需求的变化确认供应链合作关系变化的必要性，从而确认合作伙伴评价选择的必要性。同时分析现有合作伙伴的现状，分析、总结企业存在的问题。

2. 确立合作伙伴选择目标

企业必须确定合作伙伴评价程序如何实施、信息流程如何运作、谁负责，而且必须建立实质性、实际的目标。其中降低成本是主要目标之一，合作伙伴评价和选择并不是一个简单的评价、选择过程，而是企业自身和企业与企业之间的一次业务流程重构过程。

3. 制定合作伙伴评价标准

合作伙伴综合评价的指标体系是企业对合作伙伴进行综合评价、选择的依据和标准，是反映企业本身和环境所构成的复杂系统不同属性的指标，是按隶属关系、层次结构有序组成的集合。根据系统全面性、简明科学性、稳定可比性、灵活可操作性的原则，建立集成化供应链管理环境下合作伙伴的综合评价指标体系。虽然不同行业、企业、产品需求、不同环境下的合作伙伴的选择是不一样的，但不外乎都涉及到合作伙伴的业绩、设备管理、人力资源开发、质量控制、成本控制、技术开发、用户满意度、交货协议等可能影响供应链合作关系的方面。

4. 成立评价小组

企业必须建立一个小组以控制和实施合作伙伴评价。组员以来自采购、质量、生产、工程等与供应链合作关系密切的部门为主，组员必须有团队合作精神，具有一定的专业技能。评价小组必须同时得到制造商企业和合作伙伴企业最高领导层的支持。

5. 合作伙伴参与

一旦企业决定进行合作伙伴评价，评价小组必须与初步选定的合作伙伴取得联系，以确认他们是否愿意与企业建立供应链合作关系，是否有获得更高业绩水平的愿望。企业应尽可能早地让合作伙伴参与到评价的设计过程中来。然而，由于企业的力量和资源的有限性，企业只能与少数的、关键的合作伙伴保持紧密合作，因此参与的合作伙伴不能太多。

6. 评价合作伙伴

评价合作伙伴的一个主要工作是调查、收集有关合作伙伴的生产运作等全方面的信息。在收集合作伙伴信息的基础上，就可以利用一定的工具和技术方法进行合作伙伴的评价(如前面提出的人工神经网络技术评价)。值得注意的是，在服装供应链中，不同的合作伙伴有着不同的特点，同时在供应链中起着不同的作用，因此无论采取哪种评价与选择方法，其评价指标还是应该根据合作伙伴在供应链中的角色而进行具体选择。

在评价的过程后，有一个决策点，可根据一定的技术方法选择合作伙伴。如果选择成功，则可开始实施供应链合作关系；如果没有合适合作伙伴可选，则返回步骤 2 重新开始评价选择。

7. 实施供应链合作关系

在实施供应链合作关系的过程中，市场需求将不断变化，可以根据实际情况的需要及时修改合作伙伴评价标准，或重新开始合作伙伴评价选择。在重新选择合作伙伴的时候，应给予旧合作伙伴以足够的时间以适应变化。

四、供应链合作伙伴关系选择的误区

许多国际著名的大企业通过选择合适的合作伙伴，使其供应链获得了巨大成功。然而，在实际运作中，不少企业在如何进行合作伙伴选择以及围绕合作伙伴选择工作，企业该怎么做以及做些什么等问题上往往容易步入一些思维上或行动上的误区，以致不少企业在进行供应链合作伙伴选择时走了弯路，犯了很多错误，其结果不仅影响了供应链管理的绩效，而且还导致大量资金、时间的浪费。

误区之一：选择合作伙伴就是选择战略性合作伙伴

根据合作伙伴在供应链中的增值作用及其竞争实力，可以将合作伙伴分成4种类型：普通合作伙伴、有影响力的合作伙伴、竞争性/技术性合作伙伴和战略性合作伙伴。由于供应链战略性合作伙伴关系的形成，可以降低供应链总成本、降低供应链上的库存水平、增强信息共享水平、改善相互之间的交流、保持战略伙伴相互之间操作的一贯性，最终产生更大的竞争优势，进而实现供应链节点企业的财务状况、质量、产量、交货、用户满意度以及业绩的改善和提高，因此许多企业认为只有战略性合作伙伴才是真正的合作伙伴，选择合作伙伴就是选择战略性合作伙伴。事实上，不同的供应链目标需要选择不同类型的合作伙伴。

误区之二：所有的客户都应该成为合作伙伴

有些企业认为，既然供应链合作伙伴关系对供需双方来说具有重要意义，会形成一个双赢的局面，因而值得将合作伙伴关系推广到所有客户身上，即所有的客户都应该成为合作伙伴。持有这种观点的企业将合作伙伴关系视为经营客户关系的一个通用的、全方位的、全功能的策略。事实上，有许多看似确实不错的合作伙伴关系，最后获得的成效甚至无法弥补建立合作伙伴关系所花费的成本与精力。换言之，当企业关系只涉及到非常单纯的产品服务的传递，或是当基本的运送目标非常标准且固定时，合作伙伴关系的缔结就没有任何意义可言。毕竟，建立合作伙伴关系是一种高风险的策略，一旦失败将会导致大量的资源、机会与成本的浪费，比传统的供应商关系更加糟糕，因此企业必须有选择性地运用伙伴关系策略。

误区之三：只是把供应商纳入合作伙伴的选择范围

在涉及供应链合作伙伴选择的问题时，许多企业只是把供应链的上游企业——供应商列入合作伙伴的范围，而往往忽略了供应链的下游企业——分销商。目前，许多有关"供应链合作伙伴的选择"、"供应链合作伙伴关系的建立"等研究文献中也都是把供应商作为合作伙伴的研究对象，而很少提及分销商的选择、评价问题。事实上，合作伙伴关系不仅仅存在于供应商与制造商之间，也存在于制造商与分销商之间。分销商更贴近用户，更知道用户的喜好，从而能在新产品的需求定义方面提出更为恰当的建议，使得产品的设计能做到以用户需求来拉动，而不是传统地将产品推向用户。因此，在选择供应链合作伙伴时，切不可忽视分销商的选择问题。不但如此，还要与分销商建立合适的合作伙伴关系，保证企业的产品有畅通的出口，进而确保供应链的成功。

误区之四：把合作伙伴选择看成是一种阶段性行为

供应链合作伙伴关系一般具有很好的延续性和扩展性，这就需要企业在进行供应链合作伙伴选择之前就应该对整个供应链有一个宏观和长期的规划，也就是说要考虑得尽量全面、具体，并充分照顾到供应链未来的发展以方便合作伙伴关系的升级，这也是企业供应链的可持续发展问题。那种把合作伙伴当作冰箱彩电一样旧了就扔、扔了再买的想法是不正确的。因为供应链合作伙伴的选择是一项复杂的系统工程，对于可以进一步合作的伙伴简单地弃之不用，不仅会浪费企业的投资，还会付出时间、人工等资源的巨大浪费。因此，基于时间要求、资源利用和发展要求等因素，企业在进行供应链合作伙伴选择时应当首先做好总体规划，然后在此前提下再分步实施，把那些迫切需要加强合作的合作伙伴关系提前建立起来，把可以迟一步考虑的合作伙伴放在以后再进行链接。企业对供应链合作伙伴的阶段性需求与长远发展之间永远存在着矛盾，对于那些确实失去合作价值的合作伙伴，或者合作也不能提高企业供应链运作绩效的合作伙伴进行适时淘汰有时也是正确的决策。因此，如何正确评价与对待当前正在合作的合作伙伴是一个相机决策的问题。

误区之五：合作伙伴的数量越少越好

有些企业在选择供应商时，趋于采用更少甚至单一供应商，以便更好地管理供应商，与供应商建立长期稳定的供需合作关系。从理论上说，企业减少供应商的数量，一方面可以扩大供应商的供货量，从而使供应商获得规模效益，企业和供应商都可以从低成本中受益；另一方面有利于供需双方形成长期稳定的合作关系，质量更有保证。但是，采用更少甚至单一供应商，一方面由于发生意外情况、缺乏竞争意识，供应商可能中断供货，进而耽误企业生产；另一方面由于供应商是独立性较强的商业竞争者以及不愿意成为用户的一个原材料库存点，往往使企业选择单一供应商的愿望落空。因此，企业在选择供应商时，不能简单地认为选择越少(甚至单一供应商)的供应商越好，一定要结合双方的情况而定。

误区之六：把交易量作为选择合作伙伴更重要的标准

目前我国企业在选择合作伙伴时，主要的标准是产品质量，这与国际上重视质量的趋势是一致的。然而，在交易量与交易频率这两个标准的使用上却明显存在偏激，许多企业都倾向于将单次高交易量的客户作为合作伙伴的选择对象，而忽略了那些低交易量、高交易频率的客户。交易量是指企业与客户往来生意的金额大小；交易频率是指供应商与客户往来生意次数的多少，它们之间存在着本质的区别。从长远来看，企业与客户生意往来的频繁程度，对于合作伙伴关系的建立具有深远的影响。客户通常依照交易次数的频繁程度来看待一个供应商、分销商。如果往来不甚频繁，客户很难跳出传统交易关系的心理怪圈，也无法从不同的交易中寻找联系，因而他们很难从这些单独的交易中发现合作伙伴关系的价值所在。因此，对于企业而言，选择交易频繁的客户作为合作伙伴通常比选择交易量大的客户更容易成功，风险也更小。

误区之七：根据企业对合作对象的印象选择合作伙伴

选择合作伙伴的前提是要首先明确选择哪个(或哪些)企业作为合作的对象，即需要根据供应链的目标确定合作伙伴的选择标准，通过综合评价指标体系对合作对象进行筛选，进而确定合作伙伴。尽管许多文献对供应链合作伙伴评价选择标准、评价指标体系进行了研究，为企业选择供应链合作伙伴提供了参考，但许多企业在选择合作伙伴时主观的成分过多，有时往往根据企业的印象来确定合作伙伴的选择，选择时往往还存在一些个人的成分；同时所使用的选择标准不够全面，也没有形成一个全面的评价指标体系，因而不能对合作对象作出全面、具体、客观的评价,以致所选择的合作伙伴不能发挥应有的作用。因此,企业在选择合作伙伴之前,首先要有一套完整、科学、全面的供应链合作伙伴综合评价指标体系,使对合作对象的评价建立在全面、具体、客观的基础上。

本 章 小 结

供应链战略合作伙伴关系是供应链战略管理的核心内容。供应链合作伙伴关系可以定义为供应商与制造商之间、制造商与销售商之间在一定时期内的共享信息、共担风险、共同获利的协作关系。供应链合作伙伴关系的特点表现在合作与竞争并存、相对稳定性和运作的协调性上。

从传统的企业关系过渡到创新的合作伙伴关系模式,经历了从以生产物流相结合为特征的物流关系(20世纪70年代到80年代)到以战略协作为特征的合作伙伴关系(20世纪90年代以后)的过程。

供应链的合作伙伴关系的建立是一个复杂的过程,其构建步骤包括:建立供应链战略合作伙伴关系的需求分析;确定标准,选择供应商,选择合作伙伴;正式建立合作关系;实施和加强战略合作关系。

影响供应链合作伙伴关系建立的因素有很多,既包括企业外部环境,如国家法律法规、政府有关政策、信息技术和社会环境等,又包括企业内部因素。但企业内部因素对供应链合作伙伴关系建立的影响更为直接和深远,这些因素主要包括高层领导的态度、企业战略和文化、合作伙伴的能力和兼容性、相互信任程度、沟通和协调机制、冲突解决机制等。

根据合作伙伴在供应链中的增值作用和竞争实力,可以将合作伙伴分为四类:战略性合作伙伴、有影响力的合作伙伴、竞争性/技术性合作伙伴和普通合作伙伴。在实际运作中,企业应根据不同的战略目标、价值取向选择不同类型的合作伙伴。

供应链合作伙伴选择的方法有直观判断法、招标法、协商选择法、采购成本比较法、ABC成本法、层次分析法和人工神经网络算法。

供应链战略合作关系的选择是一个复杂的过程,不仅是企业结构上的变化,而且在观念上也必须有相应的改变。

课 后 复 习 题

1. 什么是供应链合作伙伴关系? 有哪些特点?
2. 供应链合作伙伴关系的发展阶段分为哪几个?
3. 供应链合作伙伴关系与传统企业间关系有哪些区别?
4. 为什么要建立供应链合作伙伴关系?
5. 供应链合作伙伴关系建立的影响因素是什么?
6. 供应链合作伙伴选择的方法有哪些?
7. 企业应如何选择好的供应链合作伙伴?

➤ 实训任务

选 择 供 应 商

1. 实训目的

通过实训，让学生认识供应链合作伙伴选择的重要意义，掌握供应商选择标准的建立，明确供应商选择的步骤和方法。

2. 实训步骤

(1) 教师将学生分成若干组，每组 5~6 名学生。给定学生几种商品大类，每组选定一类商品，要求学生到周边超市进行调研，根据调研结果，确定供应商选择标准和程序，设计供应商选择方案。

(2) 每组选择一家连锁企业，了解该企业的实际情况，并为其设计一份供应商调查表。调查表中至少要包含供应商的类型、供应商的选择方法、供应商的考评等内容。

(3) 通过调查，每组提交一份供应商调查和选择分析报告。

◈ 案例题

本田公司(Honda)与其供应商的合作伙伴关系

位于俄亥俄州的本田美国公司，强调与供应商之间的长期战略合作伙伴关系。本田公司总成本的大约 80%都是用在向供应商的采购上，这在全球范围内是最高的。因为它选择离制造厂近的供应源，所以能与供应商建立更加紧密的合作关系，能更好地保证 JIT 供货。制造厂库存的平均周转周期不到 3 小时。1982 年，27 个美国供应商为本田美国公司提供价值 1400 万美元的零部件，而到了 1990 年，有 175 个美国的供应商为它提供超过 22 亿美元的零部件。大多数供应商与本田的总装厂距离不超过 150 里。在俄亥俄州生产的汽车的零部件本地率达到 90%(1997 年)，只有少数的零部件来自日本。强有力的本地化供应商的支持是本田公司成功的原因之一。

本田公司与供应商之间是一种长期相互信赖的合作关系。如果供应商达到本田公司的业绩标准就可以成为它的终身供应商。本田公司还在以下几个方面提供支持，帮助供应商成为世界一流的供应商：

① 2 名员工协助供应商改善员工管理；

② 40 名工程师在采购部门协助供应商提高生产率和质量；

③ 质量控制部门配备 120 名工程师解决进厂产品和供应商的质量问题；

④ 在塑造技术、焊接、模铸等领域为供应商提供技术支持；

⑤ 成立特殊小组帮助供应商解决特定的难题；

⑥ 直接与供应商上层沟通，确保供应商的高质量；

⑦ 定期检查供应商的运作情况，包括财务和商业计划等；

⑧ 外派高层领导人到供应商所在地工作，以加深本田公司与供应商相互之间的了解及沟通。

本田与唐纳利(Donnelly)公司的合作关系就是一个很好的例子。本田美国公司从 1986

年开始选择唐纳利为它生产全部的内玻璃，当时唐纳利的核心能力就是生产车内玻璃，随着合作的加深，相互的关系越来越密切(部分原因是相同的企业文化和价值观)，本田公司开始建议唐纳利生产外玻璃(这不是唐纳利的强项)。在本田公司的帮助下，唐纳利建立了一个新厂生产本田的外玻璃。他们之间的交易额在第一年为 500 万美元，到 1997 年就达到 6000 万美元。在俄亥俄州生产的汽车是本田公司在美国销量最好、品牌忠诚度最高的汽车。事实上，它在美国生产的汽车已经部分返销日本。本田公司与供应商之间的合作关系无疑是它成功的关键因素之一。

分析讨论:

1. 分析本田公司与其供应商之间的供应链合作伙伴关系是如何取得成功的?
2. 你认为企业应该如何选择合适的供应链合作伙伴?

第四章　供应链生产管理

【学习目标】了解生产计划、生产控制的概念；识别传统的生产计划与控制和供应链管理下生产计划与控制各自的特点及其差距；理解供应链环境下生产管理组织模式和集成生产计划与控制模型；理解供应链环境下生产系统的协调机制。

引例

惠普台式打印机供应链的构建

惠普公司成立于 1939 年。惠普台式机于 1988 年开始进入市场，并成为惠普公司的主要成功产品之一。DeskJet 打印机是惠普的主要产品之一，该公司有 5 个位于不同地点的分支机构负责该种打印机的生产、装配和运输。从原材料到最终产品，生产周期为 6 个月。在以往的生产和管理方式下，各成品厂装配好通用打印机之后直接进行客户化包装。为了保证顾客订单 98% 的即时满足率，各成品配送中心需要保证大量的安全库存(一般需要 7 周的库存量)。产品将分别销往美国、欧洲和亚洲。

存在的问题

惠普打印机的生产、研究开发节点分布 16 个国家，销售服务部门节点分布 110 个国家，而其总产品超过 22 000 类。欧洲和亚洲地区对于台式打印机电源供应(电压 110 伏和 220 伏的区别以及插件的不同)、语言(操作手册)等有不同的要求。以前这些都由温哥华的公司完成，北美、欧洲和亚太地区是它的三个分销中心。这样一种生产组织策略，我们称之为工厂本地化(Factory Localization)。惠普的分销商都希望尽可能降低库存，同时尽可能快地满足客户的需求。这样导致惠普公司感到保证供货及时性的压力很大，从而不得不采用备货生产(Make-To-Stock)的模式以保证对分销商供货准时的高可靠性，因而分销中心成为有大量安全库存的库存点。制造中心是一种拉动式的，计划的生成是为了通过 JIT 模式满足分销中心的目标安全库存，同时它本身也必须拥有一定的零部件、原材料安全库存。零部件原材料的交货质量(到货时间推迟、错误到货等问题是否存在)、内部业务流程、需求等的不确定性是影响供应链运作的主要因素。这些因素导致不能及时补充分销中心的库存，需求的不确定性导致库存堆积或者分销中心的重复订货。需要用大约一个月的时间将产品海运到欧洲和亚太分销中心，这么长的提前期导致分销中心没有足够的时间去对快速变化的市场需求作出反应，而且欧洲和亚太地区只能以大量的安全库存来保证对用户需求的满足。占用了大量的流动资金；若某一地区产品缺货，为了应急，可能会将原来为其他地区准备的产品拆开重新包装，造成更大浪费。提高产品需求预测的准确性也是一个主要难点。

解决方案

减少库存同时提供高质量的服务成为温哥华惠普公司管理的重点，并着重于供应商管理以降低供应的不确定性，减少机器闲置时间。企业管理者希望在不牺牲顾客服务水平前提下改善这一状况。因此，惠普公司重新设计了供应链结构和生产流程，在新的供应链中，主要的生产制造过程由在温哥华的惠普公司完成，包括印刷电路板组装与测试(PCAT，Printed Circuit Board Assembly And Test)和总机装配(FAT，Final Assembly And Test)。

PCAT 过程中，电子组件(诸如 ASICs、ROM 和粗印刷电路板)组装成打印头驱动板，并进行相关的测试；FAT 过程中，电动机、电缆、塑料底盘和外壳、齿轮、印刷电路板总装成打印机，并进行测试。其中的各种零部件原材料由惠普的子公司或分布在世界各地的供应商供应。在温哥华生产通用打印机，通用打印机运输到欧洲和亚洲后，再由当地分销中心或代理商加上与地区需求一致的变压器、电源插头和用当地语言写成的说明书，完成整机包装后由当地经销商送到消费者手中，通过将定制化工作推迟到分销中心进行(延迟策略)，实现了根据不同用户需求生产不同型号产品的目的。这样一种生产组织策略，称之为分销中心本地化(DC-Localization)，并且在产品设计上做出了一定变化，电源等客户化需求的部件设计成了即插即用的组件，从而改变了以前由温哥华的总机装配厂生产不同型号的产品，保持大量的库存以满足不同需求的情况。为了达到98%的订货服务目标，原来需要7周的成品库存量现在只需要5周的库存量，一年大约可以节约3000万美元，电路板组装与总装厂之间也基本实现无库存生产。同时，打印机总装厂对分销中心实施 JIT 供应，以使分销中心保持目标库存量(预测销售量+安全库存量)。通过供应链管理，惠普公司实现了降低打印机库存量的目标并提高了服务水平。通过改进供应商管理，减少了因原材料供应而导致的生产不确定性和停工等待时间。

思考

1. 惠普打印机前后供应链的区别在哪里？
2. 改进后的惠普公司采用了什么策略？有什么好处？

第一节　供应链管理环境下的生产计划和控制

一、生产计划和生产控制的概念

生产计划是指企业在计划期内应达到的产品品种、质量、产量和产值等生产方面的指标、生产进度及相应的布置。企业生产计划是指导企业计划期内生产活动的纲领性方案。生产计划分为长期计划、中期计划和短期计划。长期计划一般以年为单位，计划期一般为3~5年；中期计划一般以月为单位，计划期一般为1年；短期计划一般以周或日为计划，计划期一般为1个月。不同的企业会根据产品生产和需求特性的不同选择不同的计划期。对于品种少、生产批量大、产品更新换代慢的企业，往往选择以月或周为单位制定生产计划；对于品种多、生产批量小且产品更新换代速度快的企业，往往选择以周或日为单位制定生产计划。

生产控制是指根据生产计划，对生产进度、生产过程、零部件投入时间、数量等进行监督管理，使实际运行与生产计划相一致的管理活动。

二、传统生产计划和控制概述

传统的企业生产计划是以某个企业的物料需求为中心展开的,在计划的制定过程中仅考虑本企业的资源和能力,缺乏和供应商的协调,也没有考虑供应商以及分销商的实际情况,不确定性对库存和服务水平影响较大,库存控制策略也难以发挥作用。供应链上任何一个企业的生产和库存决策都会影响供应链上其他企业的决策。因此,一个企业的生产计划与库存优化控制不但要考虑某企业内部的业务流程,更要从供应链的整体出发,进行全面的优化控制,跳出以某个企业物料需求为中心的生产管理界限,充分了解用户需求并与供应商在经营上协调一致,实现信息的共享与集成,以顾客化的需求驱动顾客化的生产计划,获得柔性敏捷的市场响应能力。

供应链管理思想对企业的生产计划与控制模式提出了巨大挑战,因为其要求企业决策者进行思维方式的转变,即从传统的、封闭的纵向思维方式转为横向的、开放的思维方式。企业的经营活动是以顾客需求为驱动、以生产计划与控制活动为中心而展开的,只有通过建立面向供应链管理的生产计划与控制系统,企业才能真正从传统的管理模式转向供应链管理模式。我们探讨现行生产计划和控制模式与供应链管理思想的差距,目的就是要找出现行生产计划和控制模式与供应链管理思想不相适应的地方,从而提出新的适应供应链管理的生产计划与控制模式,为供应链管理运行机制的建立提供保证。

三、传统生产计划和控制模式与供应链管理模式的差距

1. 决策信息来源的差距(信息的多源化)

生产计划的制定要依据一定的决策信息,即基础数据。传统的生产计划与控制是针对企业内部资源的优化配置。在传统的生产计划决策模式中,计划决策的信息来自两个方面,一方面是需求信息,另一方面是资源信息。需求信息又来自两个方面,一个是用户订单,另一个是需求预测。通过对这两方面信息的综合,得到制定生产计划所需要的需求信息。资源信息则是指生产计划决策的约束条件,包括企业内部的设施设备、人员、资金等。而在供应链管理环境中,企业的生产计划与控制不能再只着眼企业内部资源的有效利用,而要将其他上下游相关企业(包括供应商、分销商和用户)的资源包括进来。同时,约束条件也放宽了,除了能力约束、物料约束、需求约束、运输资源约束、财务资金约束外,还要考虑供应商资源约束、分销资源约束。资源的扩展使生产计划的优化空间扩大了。因此信息多源化是供应链管理环境下的主要特征,多源信息是供应链环境下生产计划的特点。

2. 决策模式的差距(决策的群体性、分布性)

传统的生产计划是一种基于"控制权"的集中式决策,是在单一企业内进行的生产决策,决策的方案以及相应的计划是带有指令性的,是必须按照执行的。而供应链管理环境下的决策模式是分布式的、群体决策过程。供应链环境下的各个节点企业是相互独立的,是不能直接控制的。各个节点企业具有相同的地位,有本地数据库和领域知识库,在形成供应链时,各节点企业拥有暂时性的监视权和决策权,每个节点企业的生产计划决策都受到其他企业生产计划决策的影响,需要一种协调机制和冲突解决机制。当一个企业的生产计划发生改变时需要其他企业的计划也作出相应的改变,这样供应链才能获得同步化的响应。

3. 资源共享的差距(全方位共享)

传统的生产计划与控制对于信息的共享程度非常低，企业的信息主要涉及企业内部，各个信息都是分散的，企业与企业之间往往是一个个"信息孤岛"，没有将信息资源充分利用。而在如今激烈的竞争环境下，这种情况是非常危险的。在供应链管理环境下，各节点企业不但要将内部的信息共享，甚至要将整个供应链上的企业实现信息资源全方位共享，才能够为供应链上的企业制定生产计划提供必要的信息，保证企业间的同步化运作。

4. 信息反馈机制的差距(并行、网络的反馈机制)

企业的计划能否得到很好的贯彻执行，需要有效的监督控制机制作为保证。要进行有效的监督控制必须建立一种信息反馈机制。传统的企业生产计划的信息反馈机制是一种链式反馈机制，也就是说，信息反馈是企业内部从一个部门到另一个部门的直线性的传递。由于递阶组织结构的特点，信息的传递一般是从底层向高层信息处理中心(权力中心)反馈，形成和组织结构平行的信息递阶的传递模式。信息传递的长鞭效应使企业的生产计划与客户需求之间存在较大的差异，常常呈现很大的波动性。

供应链管理环境下企业信息的传递模式和传统企业的信息传递模式不同。以团队工作为特征的多代理组织模式使供应链具有网络化结构特征，因此供应链管理模式不是递阶管理，也不是矩阵管理，而是网络化管理。生产计划信息的传递不是沿着企业内部的递阶结构(权力结构)，而是沿着供应链不同的节点方向(网络结构)传递。为了做到供应链的同步化运作，供应链企业之间信息的交互频率也比传统企业信息传递的频率大得多，因此应采用并行化信息传递模式。

5. 生产计划运行环境的差异(不确定性、动态性)

供应链管理的目的是使企业能够适应剧烈多变的市场环境需要。复杂多变的环境，增加了企业生产计划运行的不确定性和动态性因素。供应链管理环境下的生产计划是在不稳定的运行环境下进行的，因此要求生产计划与控制系统具有更高的柔性和敏捷性，比如提前期的柔性、生产批量的柔性等。传统的 MRPII 就缺乏柔性，因为它以固定的环境约束变量应付不确定的市场环境，这显然是不行的。供应链管理环境下的生产计划涉及到的多是订单化生产，这种生产模式动态性更强。因此生产计划与控制要更多地考虑不确定性和动态性因素，使生产计划具有更高的柔性和敏捷性，使企业能对市场变化作出快速反应。

四、供应链管理下的生产计划

(一) 生产计划制定的约束条件

供应链管理环境下的生产计划与传统生产计划有显著不同，是因为在供应链管理下，与企业具有战略合作伙伴关系的企业的资源通过物资流、信息流和资金流的紧密合作而成为企业制造资源的拓展。在制定生产计划的过程中，主要面临以下三方面的问题。

1. 柔性约束

企业制定生产计划的目的是为了更准确更快速地满足顾客的需求。柔性是指系统适应内外部环境变化的能力。也就是说当顾客需求发生变化的时候，企业的生产计划和生产系统能不能对顾客需求的变化作出快速的反应，从而满足顾客的需求。

柔性实际上是对承诺的一种完善。承诺是企业对合作伙伴的保证，只有在这个基础上企业间才能具有基本的信任，合作伙伴也因此获得了相对稳定的需求信息。然而，由于承诺的下达在时间上超前于承诺本身付诸实施的时间，因此尽管承诺方一般来讲都尽力使承诺与未来的实际情况接近，误差却是难以避免的。柔性的提出为承诺方缓解了这一矛盾，使承诺方有可能修正原有的承诺。可见，承诺与柔性是供应合同签订的关键要素。

对生产计划而言，柔性具有多重含义：

(1) 柔性是双方共同制定的一个合同要素。显而易见，如果仅仅根据承诺的数量来制定计划是容易的，但是柔性的存在使这一过程变得复杂了。对于需方而言，它代表着对未来变化的预期；而对供方而言，它是对自身所能承受的需求波动的估计。本质上供应合同使用有限的可预知的需求波动代替了可以预测但不可控制的需求波动。

(2) 柔性影响着企业产量。下游企业的柔性对企业的计划产量造成的影响在于：企业必须选择一个在已知的需求波动下最为合理的产量。企业的产量不可能覆盖整个需求的变化区域，否则会造成不可避免的库存费用。在库存费用与缺货费用之间取得一个均衡点是确定产量的一个标准。

(3) 柔性意味着企业在确定生产计划时还必须考虑上游企业的利益。在与上游企业的供应合同之中，上游企业表达的含义除了对自身所能承受的需求波动的估计外，还表达了对自身生产能力的权衡。可以认为，上游企业合同中反映的是相对于该下游企业的最优产量。之所以提出是相对于该下游企业，是因为上游企业可能同时为多家企业提供产品。因此，下游企业在制定生产计划时应该尽量使需求与合同的承诺量接近，帮助供应企业达到最优产量。

2．生产进度

生产进度信息是企业检查生产计划执行状况的重要依据，也是滚动制定生产计划过程中用于修正原有计划和制定新计划的重要信息。在供应链管理环境下，生产进度计划属于可共享的信息。这一信息的作用在于：

(1) 供应链上游企业通过了解下游企业的生产进度情况实现准时供应。企业的生产计划是在对未来需求做出的预测的基础上制定的，它与生产过程的实际进度一般是不同的，生产计划信息不可能实时反映物流的运动状态。供应链企业可以借助现代网络技术，使实时的生产进度信息能为合作方所共享。上游企业可以通过网络和双方通用的软件了解下游企业真实的需求信息，并准时提供物资。在这种情况下，下游企业可以避免不必要的库存，而上游企业可以灵活主动地安排生产和调拨物资。

(2) 供应链下游企业通过了解上游企业的生产进度情况调节生产进度。原材料和零部件的供应是企业进行生产的首要条件之一，在供应链管理下，企业可以了解到上游企业的生产进度，然后适当调节生产计划，使供应链上的各个环节紧密地衔接在一起。其意义在于可以避免企业与企业之间出现供需脱节的现象，从而保证了供应链上的整体利益。

3．生产能力

生产能力是指生产设备在一定的时间内所能生产的产品数量，产能通常以标准直接工时为单位。在供应链的模式下，所有企业的生产能力之和并不等于总的生产能力，需要进行在供应链上下游企业之间进行生产能力的匹配和协调。

企业完成一份订单不能脱离上游企业的支持，因此，在编制生产计划时要尽可能借助外部资源，有必要考虑如何利用上游企业的生产能力。任何企业在现有的技术水平和组织条件下都具有一个最大的生产能力,但最大的生产能力并不等于最优生产负荷。在上下游企业间稳定的供应关系形成后,上游企业从自身利益出发,更希望所有与之相关的下游企业在同一时期的总需求与自身的生产能力相匹配。上游企业的这种对生产负荷量的期望可以通过合同、协议等形式反映出来,即上游企业提供给每一个相关下游企业一定的生产能力,并允许一定程度上的浮动。这样,在下游企业编制生产计划时就必须考虑到上游企业的这一能力上的约束。

(二) 生产计划制定的特点

供应链是由不同的企业组成的企业网络,有紧密型的联合体成员,有协作型的伙伴企业,有动态联盟型的战略伙伴。作为供应链的整体,以核心企业为龙头,把各个参与供应链的企业有效地组织起来,优化整个供应链的资源,以最低的成本和最快的速度生产最好的产品,最快地满足用户需求,以达到快速响应市场和用户需求的目的,这是供应链企业计划的最根本的目的和要求。

在供应链管理下,企业的生产计划编制过程有了较大的变动,在原有的生产计划制定过程的基础上增添了新的特点。

1. 具有纵向和横向的信息集成过程

这里的纵向指供应链由下游向上游的信息集成,而横向指生产相同或类似产品的企业之间的信息共享。

在生产计划过程中,上游企业的生产能力信息在生产计划的能力分析中独立发挥作用。通过在主生产计划和投入出产计划中分别进行的粗、细能力平衡,上游企业承接订单的能力和意愿都反映到了下游企业的生产计划中。同时,上游企业的生产进度信息也和下游企业的生产进度信息一道作为滚动编制计划的依据,其目的在于保持上下游企业间生产活动的同步。

外包决策和外包生产进度分析是集中体现供应链横向集成的环节。在外包中所涉及的企业都能够生产相同或类似的产品,或者说在供应链网络上是属于同一产品级别的企业。企业在编制主生产计划时所面临的订单,在两种情况下可能转向外包:一是企业本身或其上游企业的生产能力无法承受需求波动所带来的负荷;二是所承接的订单通过外包所获得的利润大于企业自己进行生产的利润。无论在何种情况下,都需要承接外包的企业的基本数据来支持企业的获利分析,以确定是否外包。同时,由于企业对该订单的客户有着直接的责任,因此也需要承接外包的企业的生产进度信息来确保对客户的供应。

2. 丰富了能力平衡在计划中的作用

在通常的概念中,能力平衡只是一种分析生产任务与生产能力之间差距的手段,再根据能力平衡的结果对计划进行修正。在供应链管理下制定生产计划过程中,能力平衡发挥了以下作用:

(1) 为修正主生产计划和投入出产计划提供依据,这也是能力平衡的传统作用;

(2) 能力平衡是进行外包决策和零部件(原材料)急件外购的决策依据;

(3) 在主生产计划和物料需求计划中所使用的上游企业能力数据,反映了其在合作中所愿意承担的生产负荷,可以为供应链管理的高效运作提供保证。

(4) 在信息技术的支持下,对本企业和上游企业的能力状态的实时更新使生产计划具有较高的可行性。

3. 计划的循环过程突破了企业的限制

在企业独立运行生产计划系统时，一般有三个信息流的闭环，而且都在企业内部：

(1) 主生产计划——粗能力平衡——主生产计划；

(2) 物料需求计划——能力需求分析(细能力平衡)——物料需求计划；

(3) 物料需求计划——车间作业计划——生产进度状态——物料需求计划。

在供应链管理下生产计划的信息流跨越了企业，从而增添了新的内容：

(1) 主生产计划——供应链企业粗能力平衡——主生产计划；

(2) 主生产计划——外包工程计划——外包工程进度——主生产计划；

(3) 外包工程计划——主生产计划——供应链企业生产能力平衡——外包工程计划；

(4) 物料需求计划——供应链企业能力需求分析(细能力平衡)——物料需求计划；

(5) 物料需求计划——上游企业生产进度分析——物料需求计划；

(6) 物料需求计划——车间作业计划——生产进度状态——物料需求计划。

【知识阅读 4-1】

主生产计划(Master Production Schedule，MPS)是确定每一具体的最终产品在每一具体时间段内生产数量的计划。简单的说，主生产计划说明了在可用资源条件下，企业在一定时间内，生产什么？生产多少？什么时间生产？这里的最终产品是指对于企业来说最终完成、要出厂的完成品，它要具体到产品的品种、型号。这里的具体时间段，通常是以周为单位，在有些情况下，也可以是日、旬、月。主生产计划详细规定生产什么、什么时段应该产出，它是独立需求计划。主生产计划根据客户合同和市场预测，把经营计划或生产大纲中的产品系列具体化，使之成为展开物料需求计划的主要依据，起到了从综合计划向具体计划过渡的承上启下作用。

物料需求计划(Material Requirement Planning，MRP)是指根据产品结构各层次物品的从属和数量关系，以每个物品为计划对象，以完工时期为时间基准倒排计划，按提前期长短区别各个物品下达计划时间的先后顺序，是一种工业制造企业内物资计划管理模式。MRP 是根据市场需求预测和顾客订单制定产品的生产计划，然后基于产品生成进度计划，组成产品的材料结构表和库存状况，通过计算机计算所需物资的需求量和需求时间，从而确定材料的加工进度和订货日程的一种实用技术。

需要说明的是，以上各循环中的信息流都只是各自循环所必需的信息流的一部分，但可对计划的某个方面起决定性的作用。

五、供应链管理下的生产控制

供应链环境下的企业生产控制和传统的企业生产控制模式不同。前者需要更多的协调机制(企业内部和企业之间的协调)，体现了供应链的战略伙伴关系原则。供应链环境下的生产协调控制包括如下几个方面的内容：

(1) 生产进度控制。生产进度控制的目的在于依据生产作业计划，检查零部件的投入和出产数量、出产时间和配套性，保证产品能准时装配出厂。供应链环境下的进度控制与传统生产模式的进度控制不同，因为许多产品是协作生产的和转包的业务，和传统的企业内部的进度控制相比，其控制的难度更大，所以必须建立一种有效的跟踪机制进行生产进度信息的跟踪和反馈。生产进度控制在供应链管理中有重要作用，因此必须研究解决供应链企业之间的信息跟踪机制和快速反应机制。

(2) 供应链的生产节奏控制。供应链的同步化计划需要解决供应链企业之间的生产同步化问题。只有各供应链企业之间以及企业内部各部门之间保持步调一致，供应链的同步化才能实现。供应链形成的准时生产系统，要求上游企业准时为下游企业提供必需的零部件。如果供应链中任何一个企业不能准时交货，都会导致供应链不稳定或中断，导致供应链对用户的响应性下降，因此严格控制供应链的生产节奏对供应链的敏捷性是十分重要的。

(3) 提前期管理。基于时间的竞争是 20 世纪 90 年代一种新的竞争策略，具体到企业的运作层，主要体现为提前期的管理，这是实现 QR、ECR 策略的重要内容。供应链环境下的生产控制中，提前期管理是实现快速响应用户需求的有效途径。缩小提前期，提高交货期的准时性是保证供应链获得柔性和敏捷性的关键。缺乏对供应商不确定性有效控制是供应链提前期管理中一大难点，因此，建立有效的供应提前期的管理模式和交货期的设置系统是供应链提前期管理中值得研究的问题。

(4) 库存控制和在制品管理。库存在应付需求不确定性时有其积极的作用，但是库存又是一种资源浪费。在供应链管理模式下，实施多级、多点、多方管理库存的策略，对提高供应链环境下的库存管理水平、降低制造成本有着重要意义。这种库存管理模式涉及的部门不仅仅是企业内部。基于 JIT 的供应与采购、供应商管理库存(Vendor Managed Inventory，VMI)、联合库存(Pooling)管理等是供应链库存管理的新方法，对降低库存有重要作用。因此，建立供应链管理环境下的库存控制体系和运作模式对提高供应链的库存管理水平有重要作用，是供应链企业生产控制的重要手段。

第二节　供应链管理环境下的延迟制造策略

一、延迟制造的概念和类型

早在 1950 年美国营销学家安德森(Anderson)在《营销效率和延迟原理》一文中就提出了延迟的概念。他认为，延迟是为了降低时间所造成的风险及需求的不确定性，消除因为市场的不同所造成的浪费，而这些不确定性都是由于产品本身或存货地理位置分散所造成的。Bucklin 于 1965 年延伸了 Anderson 的概念，更进一步地将延迟策略应用到生产作业及物流作业上，这样，原本执行这些作业所带来的不确定性和风险都能被降低，甚至于完全消除，因此延迟策略可被视作降低风险的概念。随着大规模定制生产的产生和发展，管理全球产品的需要迫使许多行业的管理者把延迟作为大规模定制得以有效开展的供应链策略来认真考虑。延迟也被看做所有敏捷性战略中的关键要素之一，以及减少并控制需求不确定性的一个有效策略。它在保持企业成本竞争力的同时增强了企业在时间上竞争的能力。延迟增加了公司应对来自不同细分市场需求变化的灵活性。公司能够提高对订单的反应能力或减少其库存投资。通过采取延迟并结合整体的观点，一些公司已设法提高了供应链的成效。这增加了人们对延迟利益的研究兴趣。

延迟(Postponement)就是通过设计产品和生产工艺,把制造某种具体产品时的差异化的决策延迟到开始生产之时。一般来说,多个产品在生产流程的初始阶段可以共享一些共同的工艺和(或)零部件,在工艺流程的某一点或某些点上使用确定的工艺和部件来定制加工半成品,这样,一个通用产品直到流程的这一点之后就成为不同的产成品,这一点通常就是产品差异点。 延迟的实质就是在生产过程中,寻找不同产品差异点,尽可能延迟差异点产生的时间,这样就减少了制造上的复杂性,同时可使预测误差减小,降低需求不稳定性,提高企业整体效益。

一个很显然的道理,产品被生产出来后,如果不是消费者需要的,要想将其改变成其他样式的产品,几乎是不可能的。比如衣服不可能改款式,小瓶可乐几乎不可能换成大瓶可乐。为了避免生产消费者不需要的产品,就要采取延迟制造策略:先准备好原料,在掌握了消费者需求之后,再制造消费者需要的产品。

延迟实现了大规模生产和定制化生产的有机结合。大规模生产能够带来规模经济,而定制化能够获得范围经济,从而在满足客户多样化需求的同时,提高了快速响应能力。当接到客户订单时,企业便能以最快的速度完成产品的差异化过程与交付过程,以不变应万变,从而缩短产品的交货提前期,降低供应链运作的不确定性,提高企业竞争力。延迟是对供应链业务流程的一种创新。

延迟制造最大的好处是减少了产品滞销风险,因此可以帮助降低供应链库存。降低库存对于供应链管理来说是非常重要的,因为库存对于企业的经营是有非常大的影响的。比如服装行业,很多经销商赚了很多钱,但是都是库存,资金周转不过来,生意几乎无法开展。所以美特斯邦威老总说:"尽量减少库存是服装企业进入良性循环的基础。"另外一个方面,延迟制造强调根据消费者需求响应,可以促进销售。DELL 公司就是根据客户订单生产,这是 DELL 能够显著降低库存的一个重要原因。

延迟制造本质上是延迟差异化:消费者的需求有时间上的差异、地点上的差异和产品上的差异。因此,延迟差异化包括产品制造上的延迟、时间上的延迟和地点上的延迟。

延迟制造只是延迟产品上的差异化:在知道客户要什么产品之后再制造出来,而不是先制造出来,等客户来买。客户不喜欢的话,就是库存了。

时间上的延迟差异化:在消费者需要产品的时候卖产品,比如天热的时候穿的 T 恤衬衫,不要在天还远没有热的时候就摆上柜台。这是一个很简单的道理,但是现实中很多服装企业没有解决这个问题,因为全国各地温度气候差别大,要在每个地方都刚好卖当地适合穿的衣服,是一个巨大的挑战,也是一个巨大的改进空间。

地点上的差异化:把产品送到消费者需要的地方。反应在供应链运作上,就是库存位置的问题。大的消费品企业往往在各地都有仓库,如果把产品储备在 A 仓库,而 A 仓库覆盖的区域对产品需求并不大,其他仓库覆盖区域需求大,就不能满足需求了,就需要调货增加物流费用。从延迟差异化的观点来看,在物流运作策略上就是建立配送中心,减少中转仓库。有些供应链管理得好的消费品企业在全国只有 1~3 个配送中心,虽然物流费用不一定最低,但是能更好地适应不同地域对产品的需求,能够降低库存,成为物流发展的趋势。

二、延迟制造的实施条件

延迟制造能将供应链上的产品生产过程分为"不变"和"变"两个阶段,将不变的通用化生产过程最大化，生产具有通用性的标准部件，当接到客户订单时，企业便能以最快的速度完成产品的差异化过程和交付过程，以不变应万变，从而缩短产品的交货提前期，并降低供应链运作的不确定性。但并非所有的产品生产过程都可以采用延迟制造，延迟制造的实施必须具备以下几个条件：

(1) 产品的可模块化生产。产品在设计时，可以分解成几个较大的模块，这几个模块经过组合或加工便能形成多样化的最终产品，这是延迟制造实施的重要前提。

(2) 零部件可标准化、通用化。产品模块化只是一个先决条件，更重要的是零部件具有标准化与通用化的特性，这样才能彻底从时间上与空间上将产品的生产过程分解为通用化阶段和差异化阶段，并保证最后产品的完整。

(3) 最后加工过程的易执行性。延迟制造将中间产品生产与最终产品生产分离开来，最终产品的生产可能被放在离顾客很近的地方执行，这就要求最终的加工过程的技术复杂性和加工范围应当有限，易于执行，加工时间短，无须耗费过多的人力。

(4) 经济上的可行性。实施延迟制造一般会增加产品的制造成本，除非它的收益大于成本，否则延迟制造没有必要执行。如果最终产品的制造在重量、体积和品种上的变化很大，推迟最终的产品加工成型工作，能节省大量的运输成本和减少库存产品的成本，并简化管理工作，那么延迟策略的实施便会带来巨大的经济利益。

(5) 适当的交货提前期。通常来说，过短的提前期不利于延迟制造，因为延迟制造要求给最终的生产和加工过程留有一定的时间余地，过长的提前期则无须延迟制造。

(6) 市场的不确定程度高。市场的不确定性高，细分市场多，顾客的需求难以预测，产品的销售量、配置、规格、包装尺寸不能事先确定时，有利于采用延迟制造来减少市场风险。

三、实施延迟制造的途径

(1) 工艺重构。工艺重构即对产品的生产工艺或步骤进行修改和调整，使差异化生产工序尽可能往后延迟。重新设计工艺流程，将其分解为多种工序能够很好的实施延迟策略，这是因为：一些工序可以延迟到离客户较近的地点来进行，就像物流式延迟一样；这些分解的工序可以重新排序，以产生新的去耦点；一些分解的工序还可以进行标准化以实现结构式延迟。

(2) 通用化。通用化是指采用通用零部件或工艺以减少产品和工艺的复杂性，提高在制品库存的柔性。

(3) 模块化。模块化是指将一个完整的产品分解为一些便于组装在一起的模块，而在设计阶段，将各种功能放进各个模块。模块化将最终产品的形成过程分为两个阶段，一个是普通的具有共性的零部件和装配的工序；另一个是零部件和装配都不相同的过程。这种分化使得具有共性的零部件和装配可以在生产过程的较早阶段进行，使得这一阶段能够有效地实施标准化，产生规模效应。

(4) 标准化。标准化即用标准产品替代一个产品系列，实现标准化的方法之一是建立特定顾客可能需要的几个备选方案。

第三节　供应链管理环境下的生产系统的协调机制

一、供应链的协调控制机制

要实现供应链的同步化运作，需要建立一种供应链的协调机制。协调供应链的目的在于使信息能无缝(Seamless)地、顺畅地在供应链中传递，减少因信息失真而导致过量生产、过量库存现象的发生，使整个供应链能根据顾客的需求而步调一致，也就是使供应链获得同步化响应市场需求变化。

供应链的协调机制有两种划分方法。根据协调的职能可划分为两类：一是不同职能活动之间的协调与集成，如生产-供应协调、生产-销售协调、库存-销售协调等协调关系；另一类是根据同一职能不同层次活动的协调，如多个工厂之间的生产协调。根据协调的内容划分，供应链的协调可划分为信息协调和非信息协调。

二、供应链的协调控制模式

供应链的协调控制模式分为中心化协调、分散协调和混合协调 3 种。

中心化协调控制模式(如图4-1所示)把供应链作为一个整体纳入一个系统，采用集中方式决策，因而忽视了代理的自主性，也容易导致"组合约束爆炸"，对不确定性的反应比较迟缓，很难适应市场需求的变化。

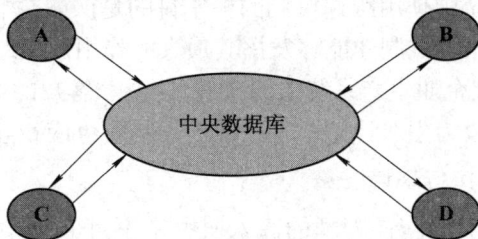

图 4-1　中心化协调控制模式

分散协调控制模式(如图 4-2 所示)过分强调代理模块的独立性，对资源的共享程度低，缺乏通信与交流，很难做到供应链的同步化。

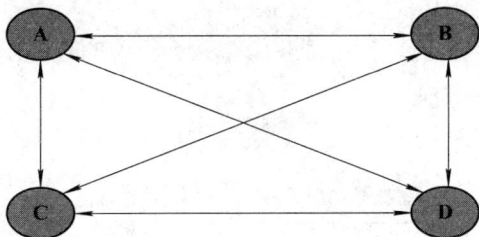

图 4-2　分散协调控制模式

比较好的控制模式是分散与集中相结合的混合协调控制模式。各个代理一方面保持各自的独立性运作，另一方面参与整个供应链的同步化运作体系，保持了独立性与协调性的统一。图 4-3 就充分体现了这种控制的特点。

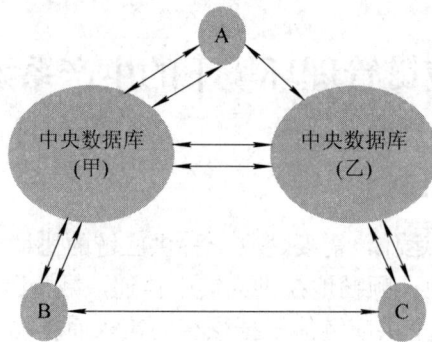

图 4-3 混合协调控制模式

三、供应链的服务跟踪机制

供应链各个代理之间的关系是服务与被服务的关系，服务信号的跟踪和反馈机制可使企业生产与供应关系同步进行，消除不确定性对供应链的影响。因此应该在供应链系统中建立服务跟踪机制以降低不确定性对供应链同步化的影响。

供应链的服务跟踪机制为供应链提供两方面的协调辅助：信息协调和非信息协调。非信息协调主要指完善供应链运作的实物供需条件，采用 JIT 生产与采购、运输调度等；信息协调主要通过企业之间的生产进度的跟踪与反馈来协调各个企业的生产进度，保证按时完成用户的订单，及时交货。

供应链企业在生产系统中使用跟踪机制的根本目的是保证对下游企业的服务质量。在企业集成化管理的条件下，跟踪机制才能够发挥其最大的作用。跟踪机制在企业内部表现为客户(上游企业)的相关信息在企业生产系统中的渗透。其中，客户的需求信息(订单)成为贯穿企业生产系统的一条线索，成为生产计划、生产控制、物资供应相互衔接和协调的手段。

(一) 跟踪机制的外部运行环境

跟踪机制的提出是与对供应链管理的深入研究密不可分的。供应链管理下企业间的信息集成从以下 3 个部门展开，即采购部门与销售部门、制造部门和生产计划部门(见图 4-4)。

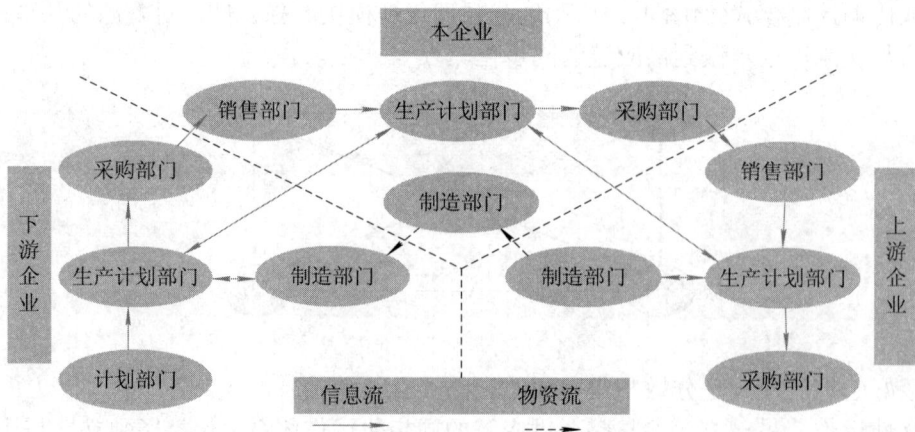

图 4-4 跟踪机制的外部运行环境

1. 采购部门与销售部门

采购部门与销售部门是企业间传递需求信息的接口。需求信息总是沿着供应链从下游传至上游，从一个企业的采购部门传向另一个企业的销售部门。由于我们讨论的是供应链管理下的销售与采购环节，稳定而长期的供应关系是必备的前提，因此可将注意力集中在需求信息的传递上。

从常用的概念来看，企业的销售部门应该对产品交货的全过程负责，即从订单下达到企业开始，直到交货完毕的全过程。然而，在供应链管理下的战略合作伙伴关系建立以后，销售部门的职能简化了。销售部门在供应链上下游企业间的作用仅仅是一个信息的接口。它负责接收和管理有关下游企业需求的一切信息。除了单纯意义上的订单外，还有下游企业对产品的个性化要求，如质量、规格、交货渠道、交货方式等等。这些信息是企业其他部门的工作所必需的。

同销售部门一样，采购部门的职责也得以简化。采购部门原有的工作是保证生产所需的物资供应。它不仅要下达采购订单，还要确保采购物资保质保量按时入库。在供应链管理下，采购部门的主要工作是将生产计划系统的采购计划转换为需求信息，以电子订单的形式传递给上游企业。同时，它还要从销售部门获取与所采购的零部件和原材料相关的客户个性化要求，并传达给上游企业。

2. 制造部门

制造部门的任务不仅仅是生产，还包括对采购物资的接收以及按计划对下游企业配套件的供应。在这里，制造部门实际上兼具运输服务和仓储管理两项辅助功能。制造部门能够完成如此复杂的工作，原因在于生产计划部门对上下游企业的信息集成，同时也依赖于战略合作伙伴关系中的质量保证体系。

此外，制造部门还负责在制造过程中实时收集订单的生产进度信息，经过分析后提供给生产计划部门。

3. 生产计划部门

在集成化管理中，企业的生产计划部门肩负着大量的工作，集成了来自上下游生产计划部门、企业自身的销售部门和制造部门的信息。其主要功能有：

(1) 滚动编制生产计划。来自销售部门的新增订单信息，来自企业制造部门的订单生产进度信息和来自上游企业的外购物资的生产计划信息，以及来自上游企业的需求变动信息，这四部分信息共同构成了企业滚动编制生产计划的信息支柱。

(2) 保证对下游企业的产品供应。下游企业的订单并非一成不变，从订单到达时起，供方和需方的内外环境就一直不断变化着，最终的供应时间实际上是双方不断协调的结果，其协调的工具就是双方不断滚动更新的生产计划。生产计划部门按照最终的协议指示制造部门对下游企业进行供应。这种供应是与下游企业生产计划相匹配的准时供应。由于生产出来的产品不断发往下游企业，因此制造部门不会有过多的在制品和成品库存压力。

(3) 保证上游企业对本企业的供应。这一功能是与上一功能相对应的。生产计划部门在制造部门提供的实时生产进度分析的基础上结合上游企业传来的生产计划(生产进度分析)信息，与上游企业协商确定各批订单的准确供货时间。上游企业将按照约定的时间将物资发送到本企业。采购零部件和原材料的准时供应降低了制造部门的库存压力。

(二) 生产计划中的跟踪机制

工作流程包括:

(1) 建立订货档案。在接到下游企业的订单后,建立针对上游企业的订单档案,其中包含了用户对产品的个性化要求,如规格、质量、交货期、交货方式等具体内容。

(2) 分解订单。对主生产计划进行外包分析,将订单分解为外包子订单和自制件子订单。

(3) 主生产计划对子订单进行规划。改变子订单在期与量上的设定,但保持了子订单与订单的对应关系。

(4) 投入产出计划的跟踪。

(5) 车间作业计划的跟踪。车间作业计划用于指导具体的生产活动,具有高度的复杂性,一般难以严格按子订单的划分来调度生产,但可要求在加工路线单上注明本批生产任务的相关子订单信息和相关度信息。在整个生产过程中实时地收集和反馈子订单的生产数据,为跟踪机制的运行提供来自基层的数据。

(6) 采购计划的跟踪。采购部门接收的是按子订单下达的采购信息,他们可以使用不同的采购策略来完成采购计划。

(三) 生产进度控制中的跟踪机制

生产进度控制是生产管理的重要职能,是实现生产计划和生产作业管理的重要手段。虽然生产计划和生产作业计划对生产活动已作了比较周密而具体的安排,但随着时间的推移,市场需求往往会发生变化。此外,由于各种生产准备工作不周全或生产现场偶然因素的影响,也会使计划产量和实际产量之间产生差异。因此,必须及时对生产过程进行监督和检查,发现偏差,进行调节和校正,以保证计划目标的实现。生产进度控制的主要任务是依照预先制定的作业计划,检查各种零部件的投入和产出时间、数量以及配套性,保证产品能准时产出,按照订单上承诺的交货期将产品准时送到用户手中。

由于建立了生产计划中的跟踪机制,生产进度控制中的相应工作就是在加工路线单中保留子订单信息。此外,在生产进度控制中运用了多种分析方法,如在生产预计分析中的差额推算法、生产均衡性控制中的均衡系数法、生产成套性控制中的甘特图法等等。这些方法同样可以运用到跟踪机制中,只不过分析的目标不再仅是计划的执行状况,还包括了对各子订单的分析。

在没有跟踪机制的生产系统中,由于生产计划中隐去了子订单信息,生产控制系统无法识别生产过程与子订单的关系,也无法将不同的子订单区别开来,因此仅能控制产品的按计划投入和产出。使用跟踪机制的作用在于对子订单的生产实施控制,保证对客户的服务质量。

第四节　供应链管理环境下的生产计划与控制总体模型

一、供应链管理环境下的集成生产计划与控制系统的总体构想

在生产计划与控制系统的集成研究中,到目前为止,较完善的理论模型是马士华教授

于 1995 年提出的一个三级集成计划与控制系统模型,即把主生产计划(MPS)、物料需求计划(MRP)和作业计划三级计划与订单控制、生产控制和作业控制三级控制系统集成于一体。该模型的核心在于提出了制造资源网络和能力状态集的概念,并对制造资源网络的建立和生产计划提前期的设置提出了相应的模型和算法,并在制造资源计划(MRPII)软件开发中运用了这一模型。在集成化供应链的概念没有出现之前,这一理论模型是完善的。但是理论总要随实际需求而不断发展,随着集成供应链管理思想的出现,该模型对资源概念、能力概念的界定都没有体现出供应链管理思想,没有体现扩展企业模型的特点。因此我们需要研究出新的体现集成化供应链管理思想的生产计划与控制理论模型,以适应全球化制造环境下的全球供应链管理企业生产管理模式的要求。

1. 供应链管理对资源(Resource)概念内涵的拓展

传统的制造资源计划 MRPII 对企业资源这一概念的界定是局限于企业内部的,并统称为物料(Materials),因此 MRPII 的核心是物料需求计划(MRP)。在供应链管理环境下,资源分为内部资源(In-Source)和外部资源(Out-Source),因此在供应链环境下,资源优化的空间由企业内部扩展到企业外部,即从供应链整体系统的角度进行资源的优化。

2. 供应链管理对能力(Capacity)概念内涵的拓展

生产能力是企业资源的一种,在 MRPII 系统中,常把资源问题归结为能力需求问题,或能力平衡问题。但正如对资源概念一样,MRPII 对能力的利用也是局限于企业内部的。供应链管理把资源的范围扩展到供应链系统,其能力的利用范围也因此扩展到了供应链系统全过程。

3. 供应链管理对提前期(Lead Time)概念内涵的扩展

提前期是生产计划中一个重要的变量,在 MRPII 系统中这是一个重要的设置参数。但 MRPII 系统中一般把它作为一个静态的固定值来对待(为了反映不确定性,后来人们又提出了动态提前期的概念)。在供应链管理环境下,并不强调提前期的固定与否,重要的是交货期(Delivery Time),准时交货,即供应链管理强调准时:准时采购、准时生产、准时配送。

二、生产计划与控制总体模型及其特点

根据前面的分析,我们提出供应链管理环境下的生产计划与控制总体模型(见图 4-5)。

(一) 生产计划的特点

(1) 本模型首次在 MRPII 系统中提出了基于业务外包和资源外用的生产决策策略和算法模型,使生产计划与控制系统更适应以顾客需求为导向的多变的市场环境的需要。生产计划控制系统更具灵活性与柔性,更能适应订货型企业(MTO 企业)的需要。

(2) 本模型把成本分析纳入了生产作业计划决策过程中,真正体现以成本为核心的生产经营思想。而传统的 MRPII 系统中虽然有成本核算模块,但仅仅是用于事后结算和分析,并没有真正起到成本计划与控制的作用,这是对 MRPII 系统的一个改进。

(3) 基于该模型的生产计划与控制系统充分体现了本书提出的关于供应链管理思想,即基于价值增值与用户满意的供应链管理模式。

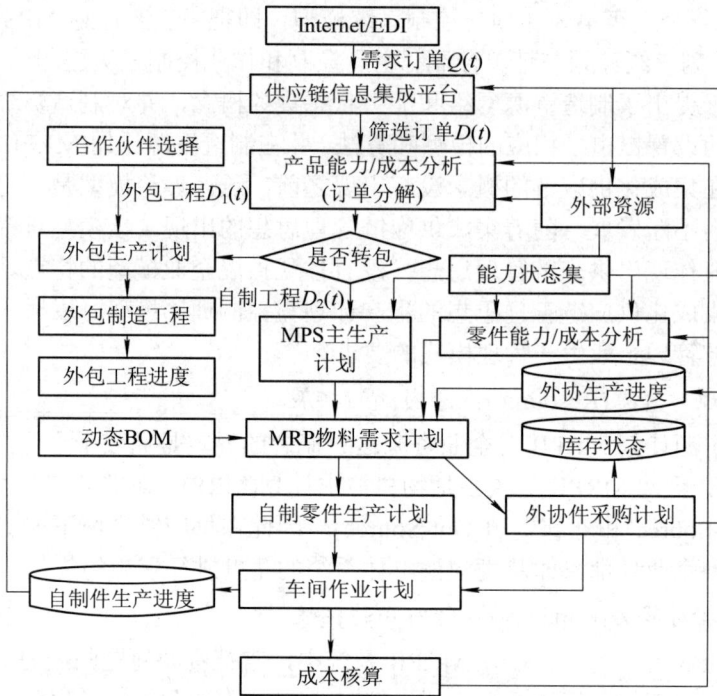

图 4-5　供应链管理环境下的生产计划与控制总体模型

(二) 生产控制模式的特点

1. 订货决策与订单分解控制

在对用户订货与订单分解控制决策方面，模型设立了订单控制系统。用户订单进入该系统后，要进行三个决策过程：① 价格/成本比较分析；② 交货期比较分析；③ 能力比较分析。最后进行订单的分解决策，分解产生出两种订单：外包订单和自制订单(见图 4-6)。

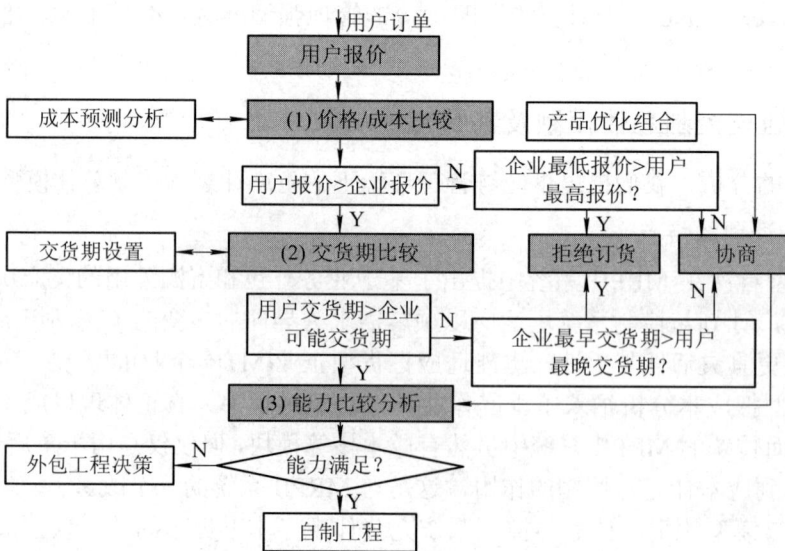

图 4-6　订货决策与订单分解流程图

2. 面向对象的、分布式、协调生产作业控制模式

从宏观上讲,企业是这样的对象体:它既是信息流、物流、资金流的始点,也是三者的终点。对生产型企业对象作进一步分析可知,企业对象由产品、设备、材料、人员、订单、发票、合同等各种对象组成,企业之间最重要的联系纽带是订单,企业内部及企业间的一切经营活动都是围绕着订单而运作,通过订单驱动其他企业活动,如采购部门围绕采购订单而运作,制造部门围绕制造订单而运作,装配部门围绕装配订单而运作,这就是供应链的订单驱动原理(见图4-7)。

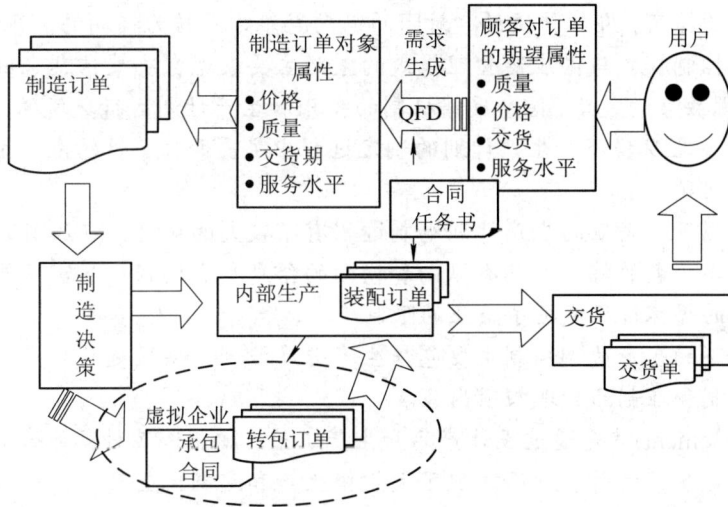

图4-7 订单运行流程图

面向对象的生产作业控制模式从订单概念的形成开始,就考虑了物流系统各目标之间的关系,形成面向订单对象的控制系统。

订单在控制过程中主要完成如下几个方面的作用和任务:

(1) 对整个供应链过程(产供销)进行面向订单的监督和协调检查;

(2) 规划一个订单工程的计划完成日期和完成工作量指标;

(3) 对订单工程对象的运行状态进行跟踪监控;

(4) 分析订单工程的完成情况,与计划进行比较分析;

(5) 根据顾客需求变化和订单工程完成情况提出切实可行的改进措施。

面向对象的、分布式、协调生产作业控制模式有如下的特点:

(1) 体现了供应链的集成观点,从用户订单输入到订单完成,供应链各部门的工作紧紧围绕订单来运作;

(2) 业务流程和信息流保持一致,有利于供应链信息跟踪与维护;

(3) 资源的配置原则更为明确统一,有利于资源的合理利用和管理;

(4) 采用模糊预测理论和QFD相结合,将顾客需求订单转化为生产计划订单,使生产计划更接近顾客需求;

(5) 体现"X"模式的纵横一体化企业集成思想,在供应链的横向以订单驱动的方式,而在纵向则采用MRP/OPT基于资源约束的生产控制方法。

供应链环境下这种面向对象的、分布式、协调生产作业控制模式，最主要的特点是信息的相互沟通与共享。建立供应链信息集成平台(协调信息的发布与接收)，及时反馈生产进度的有关数据，修正生产计划，以保持供应链各企业都能同步执行。

本 章 小 结

供应链管理思想对企业的生产计划与控制模式提出了巨大挑战，因为其要求企业决策者进行思维方式的转变，即从传统的、封闭的纵向思维方式转为横向的、开放的思维方式。传统生产计划和控制模式与供应链管理模式的差距主要表现在决策信息来源的差距、决策模式的差距、资源共享的差距、信息反馈机制的差距和生产计划运行环境的差异(不确定性、动态性)。供应链管理环境下，生产计划的制定过程中主要面临柔性约束、生产进度和生产能力三个方面的问题。

在供应链管理下，企业的生产计划编制过程有了较大的变动，在原有的生产计划制定过程的基础上增添了新的特点：具有纵向和横向的信息集成过程；丰富了能力平衡在计划中的作用；计划的循环过程突破了企业的限制。

供应链环境下的生产协调控制主要包括生产进度控制、供应链的生产节奏控制、提前期管理、库存控制和在制品管理四项内容。

延迟(Postponement)就是通过设计产品和生产工艺，把制造某种具体产品、使其差异化的决策延迟到开始生产之时。延迟实现了大规模生产和定制化生产的有机结合。延迟制造本质上是延迟差异化：消费者的需求有时间上的差异、地点上的差异和产品上的差异，因此，延迟差异化包括产品制造上的延迟、时间上的延迟和地点上的延迟。

延迟制造的实施必须具备产品的可模块化、生产零部件可标准化、通用化、最后加工过程的易执行性、经济上的可行性、适当的交货提前期和市场的不确定程度高等几个条件。

实施延迟制造的途径包括工艺重构、通用化、模块化和标准化。

要实现供应链的同步化运作，需要建立一种供应链的协调机制。供应链的协调机制有两种划分方法。根据协调的职能可划分为两类：一类是不同职能活动之间的协调与集成；另一类是根据同一职能不同层次活动的协调。供应链的协调控制模式分为中心化协调、分散协调和混合协调3种。

供应链各个代理之间的关系是服务与被服务的关系，因此应该在供应链系统中建立服务跟踪机制以降低不确定性对供应链同步化的影响。

供应链管理下企业间的信息集成从以下3个部门展开，即采购部门与销售部门、制造部门和生产计划部门。供应链企业在生产系统中使用跟踪机制的根本目的是保证对下游企业的服务质量。

在生产计划与控制系统的集成研究中，到目前为止，较完善的理论模型是马士华教授于1995年提出的一个三级集成计划与控制系统模型，即把生产计划(MPS)、物料需求计划(MRP)和作业计划三级计划与订单控制、生产控制和作业控制三级控制系统集成于一体。

课后复习题

1. 传统企业生产计划和控制与供应链管理思想的差距体现在哪些方面?

2. 制定供应链生产计划面临哪些方面的问题? 柔性约束对生产计划而言有什么含义?

3. 供应链管理环境下生产计划制定的特点有哪些?

4. 供应链下的生产控制包括哪些内容?

5. 什么叫延迟制造? 它的实施条件有哪些?

6. 供应链生产计划的制定与控制步骤是什么?

7. 为什么要进行订单分解?

8. 供应链管理环境下的生产计划与控制总体模型及其特点是什么?

➢ 实训任务

供应链管理——生产管理

1. 实训目的

通过软件模拟,学生应学会用供应链管理软件完成企业的生产管理任务,掌握生产计划的制定,掌握生产与其他各环节的衔接。

2. 实训步骤

(1) 利用供应链管理软件,学生将手动制定的电动自行车生产计划在软件上进行模拟实践。

(2) 利用供应链管理软件,学生自行制定电动自行车零部件的采购计划,安排生产任务。

(3) 通过实训操作,学生应学会分析供应链生产计划与控制的特点及其与传统生产计划与控制的区别。

◇ 案例题

戴尔(DELL)如何实施按单定制

当今市场全球化,企业所面对的竞争越来越激烈,竞争来自产品质量、价格、响应速度和多样化等各个方面,这使得企业按传统的运作策略去运营的利润空间越来越小,形势要求企业寻求更有效的运作策略以适应新的市场竞争环境。

大规模定制作为一个既能满足市场多样化需求又能满足企业降低生产成本、提高响应速度的策略已经被许多一流企业作为运营目标。为实现大规模定制,实现快速满足多样化需求,许多企业都在实施一种按单定制(BTO)供应链(BOSC)。DELL 公司作为最早也是最成功实施 BOSC 的企业之一,就是通过 BTO 快速提供按客户需求配置的个人电脑而在 PC

市场中异军突起，成为如今 PC 市场中的霸主之一的。同样，BMW 允许顾客在最终组装之前 6 天内改变所定购汽车的需求。在这些企业成功实施 BOSC 之后，加之 Internet 的普及，推动电子商务的更加成熟，为企业实施 BOSC 提供了更多的技术和市场支持，使得越来越多不同行业的企业加入到实施 BOSC 的队伍中来。

BOSC 是为了满足越来越多样化的市场需求以及顾客所需的更快的响应时间而提出的一种供应链。一方面，为了快速应对客户对产品的多样化需求，企业需要采用敏捷制造的思想，应对变动的多样化的需求；另一方面，为降低库存和生产调节成本，企业需要用精益生产的思想控制生产。如何将这两个看似冲突的策略结合起来，是 BOSC 实施中最重要的问题。

DELL 公司的特点是其以直销模式给客户提供多样化可定制的产品，并且对比其他的个人电脑制造商如 IBM、HP，DELL 的另一个优势是能够保持一个较低的库存，一般为 4 天的库存，即一年的库存周转率为 91.25，而大部分同行业企业还在追求超过 10 的库存周转率。对于个人电脑这种更新率很高的产品来说，相差这么大的库存周转率可以降低库存风险，带来很大的成本优势。DELL 公司的这些优势正是建立在其按单定制供应链的基础上的，其理念就是"我们只有当拿到订单后才会生产"。那么 DELL 公司是如何成功实施其 BOSC 的呢？

1. 供应链实体模型

供应链的理念是 Buy-to-Plan 和 Build-to-Order。Buy-to-Plan 说明不同于生产过程的按单定制，采购零配件并不是在收到订单后才开始，而是会提前做计划，这样就缩短了满足顾客需求的提前期。这里 Buy-to-Plan 是一个 Push 的过程，而 Build-to-Order 则是一个 PULL 的过程，而两者的结合点即配置点就是 DELL 供应链中的供应商物流中心(Supplier Logistic Center：SLC 或 Hub)。SLC 是 DELL 供应链中除了供应商、DELL 工厂和顾客之外保证 DELL 能够以 45 天的采购提前期满足顾客订货 5 天的提前期的一个重要节点。SLC 作为供应商零配件的一个缓冲区，一般就建立在 DELL 工厂的旁边，当工厂收到订单后，立即能够从 SLC 里面取零配件进行生产。

在图 4-8 中，DELL 的库存只有在虚线的右边，也就是说只有当零配件进入 DELL 工厂以后，才成为 DELL 的库存。而工厂每天根据订单量制定需从 SLC 里面 Pull 的零配件数量，这就是为什么 DELL 能够保持低库存的原因。而让供应商为 DELL 通过 SLC 分担库存依靠的则是 DELL 的一套强大需求计划机制，否则，供应商承担过高的库存费用和风险，整个供应链合作是不能达成的。

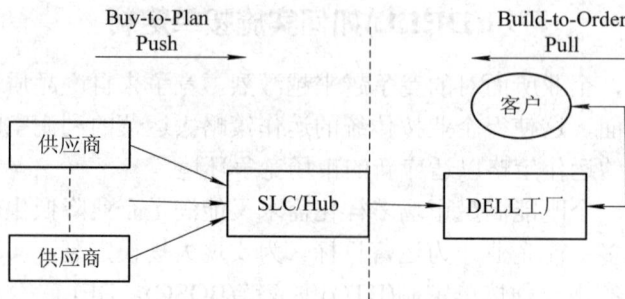

图 4-8　DELL 供应链实体模型

2. 需求计划机制

DELL 公司的 BOSC 并不是完全按客户订单拉动的供应链，而是需要需求计划支撑的，而且很大程度上是依赖于需求计划制定的好坏的。DELL 公司的需求计划机制可以分为战略、计划和执行三个层次，每一层由上一层驱动，互相影响。战略层和部分计划层一般时间段比较长，是全球性的；而部分计划层和执行层时间段较短，是区域性的。图 4-9 显示了战略层和计划层的一些主要计划。

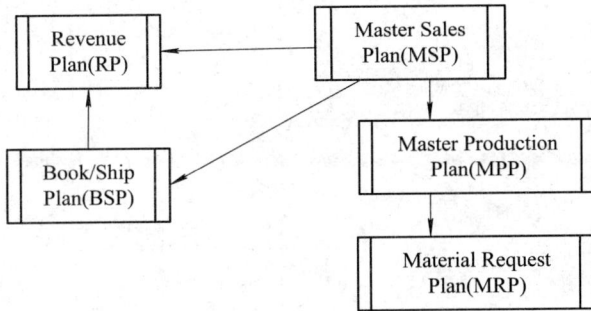

图 4-9　需求计划机制(战略层、计划层)

收入计划 RP，是一个两年的财政计划，每个季度会更新一次；总销售计划 MSP 则是市场部门为实现收入计划而确定的销售计划；这两个计划属于战略层。计划层包括 MPP、MRP 和 BSP，其中主生产计划 MPP 根据 MSP 制定，MPP 一般时间段为 12 个月；根据 MPP 和物料清单(BOM)可以制定物料需求计划 MRP，采购人员每周根据 MRP 向供应商下订单；BSP 是每周制定的，是用于给管理层监控收入计划 RP 执行进程的计划。

在执行层，采购人员需要每天查看 SLC 的零配件数量，其衡量指标为库存可销售天数(Daily Sales Inventory，DSI)。DSI 是根据 SLC 里面的库存以及预测日需求量计算出来的，这也是公司考核采购人员的一个主要指标。DELL 公司将 DSI 划分为三类，小于 3、3~7和大于 7，在采购人员每天所做的 RYG 报告中分别将三类 DSI 标识为红、黄、绿以表示供应的紧急程度，并据此与供应商协商向 SLC 发货。

正是通过战略层、计划层和执行层的配合，DELL 公司成功地做到了用较小的库存快速满足顾客多样化的需求，在 PC 行业中脱颖而出。值得一提的是，DELL 公司这种内部之间和内部与外部供应商之间的合作是建立在一套强大的信息系统的基础上的，只有这样才能在全球范围内进行实时信息共享、协作。Buy-to-Plan 这一理念所包含的一整套需求计划体系正是市场需求管理方法的体现，正是通过 Buy-to-Plan 和 Build-to-Order 这两种理念的结合，DELL 公司成功地将精益生产和敏捷制造结合起来。同样，在 DELL 的 BOSC 中，供应商联盟是一个不可或缺的部分，保证及时供应、分担库存风险是 DELL 对供应商的要求，也是供应商对 DELL 信任的体现。虽然 PC 业目前已经趋于成熟，然而回顾 PC 行业的发展，其产品设计同样是朝模块化和差异延迟方向发展的，这样才能以更快的响应速度满足顾客多样化的需求。

实施 BOSC 需要在产品、供应链流程、服务等的重新设计以及培训员工等方面做很大的投资，企业在决策是否实施 BOSC 的时候，应该根据自身所处行业的实际情况，结合产品的特性进行分析；而在设计 BOSC 的过程中，主要应该从市场需求管理、产品设计和发展供应商联盟三个方面考虑实施方法。

分析讨论：

1. 戴尔的生产计划和控制模式有何独到之处？
2. 戴尔的案例对我国生产企业有何启示？

第五章　供应链采购管理

【学习目标】通过本章的学习，应当能够掌握供应链管理下采购的含义与特点；了解供应链采购与传统采购的区别以及供应链管理环境下采购管理的特点；了解供应链管理环境下采购的原则、方式和策略；掌握供应链管理环境下的采购管理的基本流程与准时制采购的条件、特点与方法。

引例

例：某企业

总销售额	10 000 000.00 元
物料和服务采购成本	7 000 000.00 元
工资	2 000 000.00 元
管理费用	500 000.00 元

因此，利润 = 500 000.00 元。使利润翻倍、达到 100 万元的方法有：

● 将销售收入增加 100%；
● 将工资减少 25%；
● 将管理费用减少 100%；
● 将采购成本减少 7.1%。

采购管理的经济杠杆作用及重要性明显可知。

第一节　供应链管理环境下采购管理的基本流程

采购管理是物流管理的重点内容之一，它在供应链企业之间、原材料和半成品生产合作交流方面架起一座桥梁，沟通生产需求与物资供应的联系。为使供应链系统能够实现无缝连接，并提高供应链企业的同步化运作效率，就必须加强采购管理。在供应链管理模式下，采购工作必须做到准时制，即供应商要按照买方所需物料的时间与数量进行供货，从而在适当的时间、地点，以适当的数量和质量提供买方所需的物料。其中，对供应商的选择和质量控制是关键。采购方式是订单驱动，用户需求订单驱动制造订单，制造订单驱动采购订单，采购订单再驱动供应商。这就使供产销过程一体化，采购管理由被动(库存驱动)变为主动(订单驱动)，真正做到了对用户需求的准时响应。从而使采购、库存成本得到大幅度的降低，提高了流动资金周转的速度。

一、供应链采购与传统采购的区别

供应链采购是指供应链内部企业之间的采购，它是供应链内部的需求企业向供应商企业采购订货，供应商企业将货物供应给需求企业的过程。在供应链管理模式下，采购工作要做到五个恰当：恰当的数量、恰当的时间、恰当的地点、恰当的价格和恰当的来源。

与传统的采购相比，物资供需关系没变，采购的概念没变，但由于供应链各企业间是一种战略伙伴关系，所以采购的观念和采购的操作都发生了很大的变化。在供应链管理的环境下，企业的采购方式和传统的采购方式有所不同，见表 5-1。

表 5-1　供应链采购与传统采购的区别

比较项目	传统采购	供应链采购
基本性质	基于库存的采购，是一种对抗型采购	基于需求的采购，是一种外部资源管理
考虑因素	价格、质量、交货期等，并考虑价格为主要因素	价格不是主要因素，质量是最重要的标准
与供应商的关系	竞争多于合作	战略伙伴关系
谈判重点	价格	建立战略联盟
响应能力	响应客户需求的能力迟钝	即时化订单驱动模式
信息沟通方式	非信息对称的博弈过程	准确和实时信息共享
货检工作	严格检查	基本免检
采购批量	大批量少频次	小批量多频次
库存关系	库存水平较高	实现零库存
供应商数量	采用较多的供应商	采用较少的供应商

从表 5-1 可以看出，与传统采购相比，供应链采购具有下列特点：

1. **本质是以订单驱动需求的采购**

传统的采购是为库存而采购的。按库存需要的采购从二十世纪二三十年代一直延续到六七十年代，这一阶段标志着大规模工业化生产阶段的形成，这时的采购宗旨主要为了保障标准化产品生产的顺利进行和充分供应使得规模生产不断延续，所以这一阶段的采购行为大多是成批、标准化采购，采购的目的很简单，就是为了补充库存。采购部门并不关心企业的生产过程，不了解生产的进度和产品需求的变化，因此采购过程缺乏主动性，采购部门制订的采购计划很难适应制造需求的变化。

传统采购业务原理如图 5-1 所示。

在供应链管理模式下，采购活动是以订单驱动方式进行的，制造订单的产生是在用户需求订单的驱动下产生的，然后，制造订单驱动采购订单，采购订单再驱动供应商，如图5-2 所示。

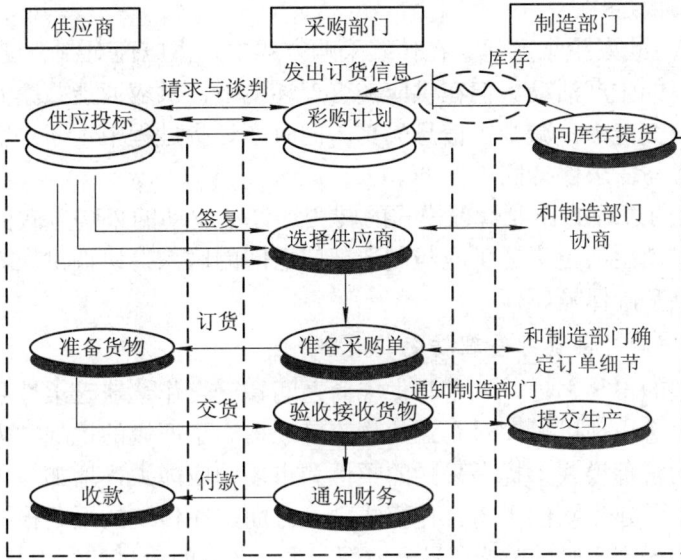

图 5-1 传统采购业务原理

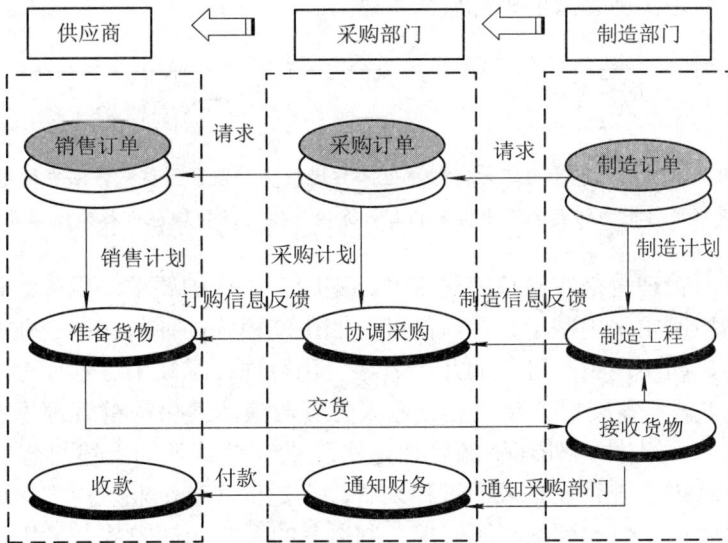

图 5-2 订单驱动模式图

这种准时制的订单驱动模式，使供应链系统得以准时响应用户的需求，从而降低了库存成本，提高了物流的速度和库存周转率。订单驱动的采购方式有如下特点：

(1) 由于供应商与制造商建立了战略合作伙伴关系，签订供应合同的手续大大简化，不再需要双方的询盘和报盘的反复协商，因此交易成本也大为降低。

(2) 在同步化供应链计划的协调下，制造计划、采购计划、供应计划能够并行进行，缩短了用户响应时间，实现了供应链的同步化运作。采购与供应的重点在于协调各种计划的执行。

(3) 采购物资直接进入制造部门，减少了采购部门的工作压力和非增值的活动过程，实现了供应链精细化运作。

(4) 信息传递方式发生了变化。在传统采购方式中，供应商对制造过程的信息不了解，也无需关心制造商的生产活动。但在供应链管理环境下，供应商能共享制造部门的信息，提高了供应商的应变能力，减少了信息失真。同时在订货过程中不断进行信息反馈，修正订货计划，使订货与需求保持同步。

(5) 实现了面向过程的作业管理模式的转变。订单驱动的采购方式简化了采购工作流程，采购部门的作用主要是沟通供应与制造部门之间的联系，协调供应与制造的关系，为实现精细采购提供基础保障。

2. 从采购管理向外部资源管理转变

传统采购管理的不足之处，就是与供应商之间缺乏合作，缺乏柔性和对需求快速响应的能力。准时制思想出现以后，对企业的物流管理提出了严峻的挑战，需要改变传统的单纯为库存而采购的管理模式，提高采购的柔性和市场响应能力，增加与供应商的信息联系和相互之间的合作，建立新的供需合作模式。一方面，在传统的采购模式中，供应商对采购部门的要求不能得到实时的响应；另一方面，关于产品的质量控制也只能进行事后把关，不能进行实时控制，这些缺陷使供应链企业无法实现同步化运作。为此，供应链管理采购模式的第二特点就是实施有效的外部资源管理。

【知识阅读 5-1】

在建筑行业中，当采用工程业务承包时，为了对承包业务的进度与工程质量进行监控，负责工程项目的部门会派出有关人员深入到承包工地，对承包工程进行实时监管。这种方法也适用于制造企业的采购业务活动，这是将事后把关转变为事中控制的有效途径。供应链管理也可称为外部资源管理。

实施外部资源管理也是实施精细化生产、零库存生产的要求。供应链管理中一个重要思想，是在生产控制中采用基于订单流的准时制生产模式，使供应链企业的业务流程朝着精细化生产努力，即实现生产过程的几个"零"化管理：零缺陷、零库存、零交货期、零故障、零(无)纸文书、零废料、零事故、零人力资源浪费。供应链管理思想就是系统性、协调性、集成性、同步性，外部资源管理是实现供应链管理的上述思想的一个重要步骤——企业集成。从供应链企业集成的过程来看，它是供应链企业从内部集成走向外部集成的重要一步。要实现有效的外部资源管理，制造商的采购活动应从以下几个方面着手进行改进。

(1) 和供应商建立一种长期的、互惠互利的合作关系。这种合作关系保证了供需双方能够有合作的诚意和共同解决问题的积极性。

(2) 通过提供信息反馈和教育培训支持，在供应商之间促进质量改善和质量保证。传统采购管理的不足在于没有给予供应商在有关产品质量保证方面的技术支持和信息反馈。在强调顾客需求的今天，产品的质量是由顾客的要求决定的，而不是简单地通过事后把关所能解决的。因此在这样的情况下，质量管理的工作需要下游企业提供相关质量要求的同时，应把供应商的产品质量问题及时反馈给供应商，以便其及时改进。对个性化的产品质量要提供有关技术培训，使供应商能够按照要求提供合格的产品和服务。

(3) 参与供应商的产品设计和产品质量控制过程。同步化运营是供应链管理的一个重要思想。通过同步化的供应链计划使供应链各企业在响应需求方面取得一致性的行动，增加供应链的敏捷性。实现同步化运营的措施是并行工程。制造商企业应该参与供应商的产品设计和质量控制过程，共同制定有关产品质量标准等，使需求信息能很好地在供应商的业务活动中体现出来。

(4) 协调供应商的计划。一个供应商有可能同时参与多条供应链的业务活动，在资源有限的情况下必然会造成多方需求争夺供应商资源的局面。在这种情况下，下游企业的采购部门应主动参与供应商的协调计划。在资源共享的前提下，保证供应商不至于因为资源分配不公或出现供应商"抬杠"的矛盾，保证供应链的正常供应关系，维护企业的利益。

(5) 建立一种新的、有不同层次的供应商网络，并通过逐步减少供应商的数量，致力于与供应商建立合作伙伴关系。在供应商的数量方面，一般而言，供应商越少越有利于双方的合作。但是，企业的产品对零部件或原材料的需求是多样的，因此不同的企业供应商的数目不同，企业应该根据自己的情况选择适当数量的供应商，建立供应商网络，并逐步减少供应商的数量，致力于和少数供应商建立战略伙伴关系。

外部资源管理并不是采购一方(下游企业)的单方面努力就能取得成效的，需要供应商的配合与支持，为此，供应商也应该从以下几个方面提供协作：

(1) 帮助拓展用户(下游企业)的多种战略；

(2) 保证高质量的售后服务；

(3) 对下游企业的问题做出快速反应；

(4) 及时报告所发现的可能影响用户服务的内部问题；

(5) 基于用户的需求，不断改进产品和服务质量；

(6) 在满足自己的能力需求的前提下提供一部分能力给下游企业——能力外援。

3. 从一般买卖关系向战略协作伙伴关系转变

供应链管理模式下采购管理的第三个特点，是供应与需求的关系从简单的买卖关系向双方建立战略合作伙伴关系转变。在传统的采购模式中，供应商与需求企业之间是一种简单的买卖关系，因此无法解决一些涉及全局性、战略性的供应链问题，而基于战略伙伴关系的采购方式为解决这些问题创造了条件。这些问题是：

(1) 库存问题。在传统的采购模式下，供应链的各级企业都无法共享库存信息，各级节点企业都独立地采用订货点技术进行库存决策(在库存管理一章中有详细论述)，不可避免地产生需求信息的扭曲现象，因此供应链的整体效率得不到充分提高。但在供应链管理模式下，通过双方的合作伙伴关系，供应与需求双方可以共享库存数据，因此采购的决策过程变得透明多了，减少了需求信息的失真现象。

(2) 风险问题。供需双方通过战略性合作关系，可以降低由于不可预测的需求变化带来的风险，比如运输过程的风险、信用的风险、产品质量的风险等。

(3) 通过合作伙伴关系可以为双方共同解决问题提供便利的条件，通过合作伙伴关系，双方可以为制定战略性的采购供应计划共同协商，不必为日常琐事消耗时间与精力。

(4) 降低采购成本问题。通过合作伙伴关系，供需双方都从降低交易成本中获得好处。避免了许多不必要的手续和谈判过程，信息的共享避免了信息不对称决策可能造成的成本损失。

(5) 战略性的伙伴关系消除了供应过程的组织障碍，为实现准时制采购创造了条件。

二、供应链管理环境下采购的原则

采购工作在具体执行过程中，必须依据一定的原则，其原则要求包括以下几点：

(1) 适价。大量采购与少量采购，长期采购与短期采购往往存在价格差异，决策一个适宜的价格必须经过以下步骤：

① 多渠道询价。企业在采购前，应多方面了解市场行情，包括最高价、最低价和平均价。

② 比价。分析供应商提供的货物或商品的规格、品性、功能、适宜比价标准。

③ 自行估价。企业成立估价机构或小组，由采购、业务、技术和会计人员组成，估算出符合企业要求的、较为准确的基本资料。

④ 议价。根据基本资料、市场情报、货物用料、采购量多少、付款方式及时间长短等与供应商协商制定出一个令双方满意且愿意接受的价格。

(2) 适时。由于企业之间竞争异常激烈，企业必须制定非常严密的采购计划，不折不扣地认真执行。特别是要充分掌握进货时间，既能保证生产有序进行，又能保证货物流畅，只有这样，才能合理节约采购成本，提高市场竞争能力。

(3) 适量。一般而言，采购货物的数量与价格有一定关系，在一定范围内，采购数量越多，价格越低，但并不是采购越多越好。资金成本、货物储存成本都直接影响采购成本，应综合考虑其因素，计算出最佳经济采购量。

(4) 适质。货物的质量非常重要，直接影响最终产品的质量。如果货物的质量不能符合生产或销售的需要，将会造成一系列后果：经常性退货，管理费用增加；影响生产和销售的连续性，影响成交期，降低企业信誉和竞争能力；增加检查人员和检验次数，增加人员成本。

(5) 适地。供应商离企业越近越好，这样可以降低运输费用，同时采购工作的其他事宜的沟通也会很方便，企业成本也就降低了。

三、供应链管理环境下采购的基本流程

采购作业过程常常会因采购货物来源、采购方式以及采购对象等不同，在具体细节上存在若干差异或不同，但是基本作业过程大同小异。通常采购流程由以下 7 个步骤组成：

(1) 采购申请。采购申请由货物控制部门根据货物分析表计算出货物需求量，填写请购单，依据签核流程，送交不同审核主管批准。(请购单必须登记编号，以便未来查询和确认，这样可以减少和防止随意性和盲目性。)

(2) 选择供应商。在采购许可的范围内，列出尽可能多的供应商清单，采用比较和评估的科学方法挑选合适的供应商。

(3) 确定价格。进行价格谈判。价格是最敏感、最棘手的一个问题，买卖双方都设法降低或提高价格来维护自身利益。

(4) 签约或签发采购订单。货物的采购协议或订单是具有法律效力的书面文件，其内容主要有：采购货物的具体品名、品质、数量及其他要求；包装要求及运输方式；采购验收标准；交货时间和地点；付款方法；不可抗拒因素的处理；违约责任等。

(5) 跟踪协议或订单。为了保证准时交货，必须对订单进行督促和稽核。这一过程是整个采购过程的核心，必须予以充分重视。

(6) 接受货物。供应商根据不同运输方式将货物送至采购方指定地点，采购方对货物

进行认真验收，验收的内容一般有：确定验收时间或日期；验收工作按照合约的内容进行，以确认是否满足要求；确认验收人员和负责人员；验收中发现有问题的货物，应该及时与供应商联系并处理；验收单据由验收人员签署，并负全部责任。验收单据被签署后，可作为采购方付款的凭证之一。

(7) 确认支付发票与结案：支付货款前必须核对支付发票与验收的货物清单或单据是否一致，确认后连同验收单据，开出保票向财务部门申请付款，财务部门经会计业务处理后通知银行正式付款。此时，采购方与供应商之间的业务事宜结束。

四、供应链管理环境下采购的方式

1. 公开招标

凡符合资格规定的供应商，均可参加竞标，以当众开标为原则。

优点：公平，价格合理，有利于改进货物品质，减少干扰，能够掌握货物来源。

缺点：采购费用较高，可能造成抢标、串通投标。

2. 比价

比价又称为限定厂商公开招标，即已知少数厂家供应商具有供应能力，事先拟订有关政策和规范条款并通知其参加投标和竞标。

优点：节省费用和时间，公平，减少干扰。

缺点：比价采购法与公开招标在具体操作上有很多相似点，因此也可能造成抢标、串通投标等。

3. 议价

议价往往基于货物专利或特定条件，与个别供应商进行接触洽谈，不公开当众竞标，纯系买卖双方面对面就货物讨价还价，最终确定货物供应商。

优点：节省费用和时间，买卖双方可不断修正各自的目标，减少失误和不利因素。

缺点：信息不畅，货物的品质难以发展和提高，价格可能偏高，缺乏公平竞争。

五、供应链管理环境下采购的策略

1. 选择供应商策略

一个好的供应商除了拥有足够的生产能力外，还必须对采购企业做好全面优质的供货服务，满足采购企业的要求，这样的供应商才具有竞争力。

(1) 选择供应商的要素包括：① 货物质量和技术水平；② 货物的供应能力、提前期和价格；③ 供应商的信誉表现；④ 供应商的地理位置；⑤ 供应商的售后服务。

(2) 选择供应商的步骤包括：① 建立专家评估组；② 明确供应商选择范围；③ 建立指标体系；④ 逐项评估；⑤ 综合评分并确定供应商。

2. 货物的品质策略

所谓货物的品质是指在一定生产标准范围内，货物能够满足买方的使用需求目的。货物的品质策略包括：① 货物的品质构成要素：材料、功能、寿命、稳定性、安全性、流行性等。② 约定货物品质的过程：包括设计过程、制造过程和使用过程中的货物品质约定。③ 选定供应商的质量控制：考察供应商的硬件(设备的先进性、环境配置完善等)、软件(人员技术水平、工艺流程、管理制度、合作意识等)；供应商是否通过了 ISO 的质量认证，质量控制措施如何；是否为世界名牌厂家供货等。④ 对样件物料的质量控制。⑤ 对批量物料的质量控制。

3. 采购的价格策略

选择采购价格策略，要审时度势，相机而行，善于分析市场动态，学会科学论证和可行性研究，按照决策程序，采取科学的决策方法，才能对采购价格策略做出正确的选择，放大采购价格决策效应。

低采购价格策略适用的条件如下：① 参加采购的买卖双方可以充分自由地参与交易活动；② 参与市场交易的物资价格可以由买卖双方自由协商；③ 物资市场供求关系呈现供大于求的现状和趋势；④ 有许多供应商参加同种同质物资交易；⑤ 大批量采购可以享受折扣、让利等优惠待遇；⑥ 出现采购机遇，如市场出现疲软、大拍卖、大甩卖等有利机遇。

高价格采购策略是采购企业极不情愿的，但采取该策略在有些情况下还是有利的。采取这种策略的条件如下：① 物资市场已出现或将出现供方垄断行为或态势；② 物资市场已出现或将出现某些政策、法律措施，如专营权、限价措施等；③ 物资市场供求关系呈现供小于求的现状或趋势；④ 物资采购竞争对手增加；⑤ 专用性很强的物资出现短缺，暂时又没有可代用物资；⑥ 虽出高价采购，但是运输等方面可以得到补偿的；⑦ 突发事件或不可抗力事件已发生又无其他补救措施的；⑧ 物资价格趋涨的态势出现。

优惠采购价格策略往往在以下条件下出现：① 物资市场出现疲软；② 出现长线滞销产品；③ 出现社会库存超储积压，急需处理；④ 出现回扣、让利、优惠等条件；⑤ 企业间的长期协作。但切记不要贪图优惠发生采购失误。

4. 采购时间策略

采购时间是指从请购货物至货物检验入库完毕所花费的时间。一般包括：处理订单时间、供应商制造货物时间或提供货物时间、运输交货时间、检验入库时间等。

计算合理的采购时间往往根据以下两种不同制度而决定。

(1) 现用现购制度：① 需用货物日期倒算采购时间，决定某一采购日期；② 以成本为原则，计算采购时间。

(2) 存货控制制度：① 在定量订货制度下，当某一存货达到订购点时，即为采购日期；② 在定期订货制度下，每隔一定时期，即为采购日期。

5. 采购数量策略

采购数量的多少直接决定于生产和销售情况，采购数量过多或过少都会造成高的运营成本，因此适当的采购数量是非常必要的。采购数量决策中常用的方法有：① ABC 分类控制法；② 经济订购批量法；③ 定量订货法；④ 定期订货法；⑤ 准时制与零库存法。

6. 谈判策略

谈判过程，是一个双方维护各自利益的较量过程。对采购方来说，谈判是否成功，就看谈判结果能为企业带来多大的效益。因此，谈判人员应该认真、冷静、顽强、巧妙、灵活地应对各种情况和问题，才能谈出最好的结果。谈判策略包括：① 投石问路策略；② 货比三家策略；③ 避免争论策略；④ 情感沟通策略；⑤ 声东击西策略；⑥ 最后通牒策略；⑦ 新颖的采购策略：虚报其他供应商报价、共同串通拒绝购买或出售等。

7. 采购渠道选择策略

(1) 名优渠道策略：选择名优商品厂家或供货商作为进货渠道。其优点是可以通过名优商品树立企业良好形象，提高企业的经营档次，增加消费者对企业的信任度。

(2) 动态渠道策略：不断根据市场变化选择新的、有发展潜力的进货渠道。采用这一进货渠道策略难度较大，它不仅需要充分的、及时准确的市场信息，还要有敢于开拓市场的胆量和魄力。其优点是：能灵活地适应市场变化，不断推出新商品，但不利于建立和谐的供需关系，一般只适用于市场变化较快的商品。

第二节　供应链管理环境下的准时制采购

目前的市场需求对企业物流运作提出了越来越高的要求，很多企业为了满足市场需要和生产计划的需要，开始站在供应链的高度通过整合信息流、资金流和物流来实现整体运作效应。同样，供应链管理环境下的采购模式也成为企业面对新经济环境下所必须研究的重要课题。

供应链管理环境下的采购模式强调的是及时、可靠和科学性。准时采购(又叫 JIT 采购)就是这样一种先进的采购模式。它有最大限度地消除浪费、降低库存、实现零库存的优点。其基本思想是：在恰当的时间、恰当的地点、以恰当的数量、恰当的质量提供恰当的物品。它是从准时制生产发展而来的，要进行准时制生产必须有准时的供应，因此准时制采购是准时制生产管理模式的必然要求。它和传统的采购方法在质量控制、供需关系、供应商的数目、交货期的管理等方面有许多不同，其中供应商的选择(数量与关系)、质量控制是其核心内容。准时采购包括供应商的支持与合作以及制造过程、货物运输系统等一系列的内容。准时制采购不但可以减少库存，还可以加快库存周转、缩短提前期、提高购物的质量、获得满意的交货效果。

【知识阅读 5-2】

准时制生产方式(Just In Time, JIT)是起源于日本丰田汽车公司的一种生产管理方法。它的基本思想是"彻底杜绝浪费"、"只在需要的时候，按需要的量，生产所需要的产品"。这种生产方式的核心，是追求一种无库存，或是库存量达到最小的生产系统。为此开发了包括"看板"在内的一系列具体方法，并逐渐形成了一套独具特色的生产经营系统。

丰田汽车的零组件管理方式叫做及时化，又叫做"看板方式"。把制造一部车所需的两万个零组件浓缩为最小极限的构想，即把当前所需装配的必要量视为一个单位，从而在盛装这个单位的箱子上面贴以明信片大小的卡票，卡票上记载何时生产、生产多少、运往何处等作业指示。装配工厂在将零组件用尽时，空箱送往零组件工厂。零组件工厂则根据看板上的指示，生产和装入给定的品种、给定的数量、在给定的时间送到给定的地点。丰田汽车工厂采用这种作业方式，使库存下降到通常的 1/5。

一、准时制采购对供应链管理的意义

准时制采购(JIT 采购)对于供应链管理思想的贯彻实施有重要的意义。从前一节的论述中可以看到，供应链环境下的采购模式和传统的采购模式的不同之处，在于采用订单驱动的方式。订单驱动使供应与需求双方都围绕订单运作，也就实现了准时制、同步化运作。要实现同步化运作，采购方式就必须是并行的。当采购部门产生一个订单时，供应商即开始着手物品的准备工作。与此同时，采购部门编制详细采购计划，制造部门也进行生产的准备过程，当采购部门把详细的采购单提供给供应商时，供应商就能很快地将物资在较短的时间内交给用户。当用户需求发生改变时，制造订单又驱动采购订单发生改变，这样一种快速的改变过程，如果没有准时的采购方法，供应链企业很难适应这种多变的市场需求，因此，准时制采购增加了供应链的柔性和敏捷性。综上所述，准时制采购策略体现了供应链管理的协调性、同步性和集成性，供应链管理需要准时制采购来保证供应链的整体同步化运作。

【知识阅读 5-3】

最初，JIT 只是作为一种减少库存水平的方法，而今，它已成为一种管理哲理。这种管理哲理的精髓，就在于它的"非常准时制"、"最大限度地消除浪费"的思想。现在越来越多的人，把这种管理思想运用到各个领域，形成各个领域的准时制管理方法。因此，现在除了 JIT 生产之外，又逐渐出现了 JIT 采购、JIT 运输、JIT 储存以及 JIT 预测等新的应用领域。实际上，现在 JIT 应用已经形成了一个庞大的应用体系。我们这一节，专门研究 JIT 采购，即准时制采购，它是把 JIT 生产的管理思想运用到采购中所形成的一种先进的采购模式。

二、准时制采购的特点

从表 5-2 可以看出，准时制采购和传统的采购方式有许多不同之处，其主要表现在如下几个方面。

表 5-2　　JIT 采购与传统采购的区别

项目	JIT 采购	传统采购
采购批量	小批量，送货频率高	大批量，送货频率低
供应商选择	长期合作，单源供应	短期合作，多源供应
供应商评价	质量、交货期、价格	质量、价格、交货期
检查工作	逐步减少，最后消除	收货、点货、质量检验
协商内容	长期合作关系、质量和合理价格	获得最低价格
运输	准时送货、买方负责安排	较低成本、卖方安排
文书工作	文书工作少，需要的是有能力改变交货时间和质量	文书量大，改变交货期和质量的采购单多
产品说明	供应商有创新，强调性能	买方关心设计，供应商没有创新
包装	小、标准化容器包装	普通包装，无特别说明
信息交流	快速、可靠	一般要求

1. 采用较少的供应商，甚至单源供应

传统的采购模式一般是多头采购，供应商的数目相对较多。从理论上讲，采用单供应源比多供应源好，一方面，管理供应商比较方便，也有利于降低采购成本；另一方面，有利于供需之间建立长期稳定的合作关系，质量上比较有保证。但是，采用单一的供应源也有风险，比如供应商可能因意外原因中断交货，以及供应商缺乏竞争意识等。

在实际工作中，许多企业也不是很愿意成为单一供应商。原因很简单，一方面供应商是独立性较强的商业竞争者，不愿意把自己的成本数据披露给用户；另一方面供应商不愿意成为用户的一个产品库存点。实施准时制采购，需要减少库存，但库存成本原先是在用户一边，现在转移到了供应商。因此用户必须意识到供应商的这种顾虑。

2. 对供应商的选择标准不同

在传统的采购模式中，供应商是通过价格竞争而选择的，供应商与用户的关系是短期的合作关系，当发现供应商不合适时，可以通过市场竞标的方式重新选择供应商。但在准时制采购模式中，由于供应商和用户是长期的合作关系，供应商的合作能力将影响企业的长期经济利益，因此对供应商的要求就比较高。在选择供应商时，需要对供应商进行综合的评估，在评价供应商时价格不是主要的因素，质量是最重要的标准，这种质量不单指产品的质量，还包括工作质量、交货质量、技术质量等多方面内容。高质量的供应商有利于建立长期的合作关系。

3. 对交货准时性的要求不同

准时制采购的一个重要特点是要求交货准时，这是实施精细生产的前提条件。交货准时取决于供应商的生产与运输条件。作为供应商来说，要使交货准时，可从以下几个方面着手：一是不断改进企业的生产条件，提高生产的可靠性和稳定性，减少延迟交货或误点现象。作为准时制供应链管理的一部分，供应商同样应该采用准时制的生产管理模式，以提高生产过程的准时性。另一方面，为了提高交货准时性，运输问题不可忽视。在物流管理中，运输问题是一个很重要的问题，它决定准时交货的可能性。特别是全球的供应链系统，运输过程长，而且可能要先后经过不同的运输工具，需要中转运输等，因此要进行有效的运输计划与管理，使运输过程准确无误。

4. 对信息交流的需求不同

准时制采购要求供应与需求双方信息高度共享，保证供应与需求信息的准确性和实时性。由于双方的战略合作关系，企业在生产计划、库存、质量等各方面的信息都可以及时进行交流，以便出现问题时能够及时处理。

5. 制定采购批量的策略不同

小批量采购是准时制采购的一个基本特征。准时制采购和传统采购模式的一个重要不同之处在于，准时制生产需要减少生产批量，直至实现"一个流生产"，因此采购的物资也应采用小批量办法。当然，小批量采购增加了运输次数和成本，对供应商来说，这是很为难的事情，特别是供应商在国外等远距离的情形下，实施准时制采购的难度就更大。解决的办法可以通过混合运输、代理运输等方式，或尽量使供应商靠近用户等。

三、准时制采购的原理与前提条件

前面分析了准时制采购法的特点和优点，从中可以看到准时制采购方法和传统采购方法的一些显著差别。要实施准时制采购，以下几点是十分重要的：

(1) 选择最佳的供应商并对供应商进行有效的管理是准时制采购成功的基石。

(2) 供应商与用户的紧密合作是准时制采购成功的钥匙。

(3) 卓有成效的采购过程质量控制是准时制采购成功的保证。

【知识阅读 5-4】

当年，丰田公司的大野耐一创造了 JIT 生产方式，他是在美国参观超级市场时受超级市场供货方式的启发而萌生的想法。美国超级市场除了商店货架上的货物之外，是不另外设仓库和库存的。商场每天晚上都根据今天的销售量来预计明天的销售量而向供应商订货。第二天清早供应商按指定的数量送货到商场，有的供应商一天还分两次送货，基本上按照用户需要的品种、数量，在需要的时候，送到需要的地点。所以基本上每天的送货刚好满足了用户的需要，没有多余，没有库存，也没有浪费。大野耐一就想到要把这种模式运用到生产中去，因而产生了准时制生产。

成功实施准时制采购策略，需要具备一定的前提条件。我们认为下面的这些条件是实施准时制采购最为基本的条件。

1. 距离越近越好

供应商和用户企业的空间距离小，越近越好。太远了，操作不方便，发挥不了准时制采购的优越性，很难实现零库存。

2. 制造商和供应商建立互利合作的战略伙伴关系

准时制采购策略的推行，有赖于制造商和供应商之间建立起长期的、互利合作的新型关系，相互信任，相互支持，共同获益。

3. 注重基础设施的建设

良好的交通运输和通信条件是实施准时制采购策略的重要保证，企业间通用标准的基础设施建设，对准时制采购的推行也至关重要。所以，要想成功实施准时制采购策略，制造商和供应商都应注重基础设施的建设。诚然，这些条件的改善，不仅仅取决于制造商和供应商的努力，各级政府也须加大投入。

4. 强调供应商的参与

准时制采购不只是企业物资采购部门的事，其也离不开供应商的积极参与。供应商的参与，不仅体现在准时、按质按量供应制造商所需的原材料和外购件上，而且体现在积极参与制造商的产品开发设计过程中。与此同时，制造商有义务帮助供应商改善产品质量，提高劳动生产率，降低供货成本。

5. 建立实施准时制采购策略的组织

企业领导必须从战略高度来认识准时制采购的意义，并建立相应的企业组织来保证该采购策略的成功实施。这一组织的构成，不仅应有企业的物资采购部门，还应包括产品设计部门、生产部门、质量部门、财务部门等。该组织的任务是，提出实施方案，具体组织实施，对实施效果进行评价并进行连续不断的改进。

6. 制造商向供应商提供综合的、稳定的生产计划和作业数据

综合的、稳定的生产计划和作业数据可以使供应商及早准备，精心安排其生产，确保准时、按质按量交货。否则，供应商就不得不求助于缓冲库存，从而增加其供货成本。有些供应商在制造商工厂附近建立仓库以满足制造商的准时制采购要求，实质上这不是真正的准时制采购，而只是负担的转移。

7．注重教育与培训

通过教育和培训，使制造商和供应商充分认识到实施准时制采购的意义，并使他们掌握准时制采购的技术和标准，以便对准时制采购进行不断的改进。

8．加强信息技术的应用

准时制采购是建立在有效信息交换的基础上的，信息技术的应用可以保证制造商和供应商之间的信息交换。因此，制造商和供应商都必须加强对信息技术，特别是电子数据交换(EDI)技术的应用投资，以更加有效地推行准时制采购策略。

四、准时制采购的方法

(1) 创建准时制采购班组。世界一流企业的专业采购人员有 3 个责任：寻找货源、商定价格、发展与供应商的协作关系并不断改进。因此专业化的高素质采购队伍对实施准时制采购至关重要。为此，首先应成立两个班组，一个是专门处理供应商事务的班组，该班组的任务是认定和评估供应商的信誉、能力，或与供应商谈判签订准时制订货合同，向供应商发放免检签证等，同时要负责供应商的培训与教育。另外一个班组是专门从事消除采购过程中浪费的班组。这些班组人员对准时制采购的方法应有充分的了解和认识，必要时要进行培训，如果这些人员本身对准时制采购的认识和了解都不彻底，就不可能指望供应商的合作了。

(2) 制定计划，确保准时制采购策略有计划、有步骤地实施。要制定采购策略，改进当前的采购方式，包括减少供应商的数量，正确评价供应商，向供应商发放签证等内容。在这个过程中，要与供应商一起商定准时制采购的目标和有关措施，保持经常性的信息沟通。

(3) 精选少数供应商，建立伙伴关系。选择供应商应从这几个方面考虑：产品质量、供货情况、应变能力、地理位置、企业规模、财务状况、技术能力、价格、与其他供应商的可替代性等。

(4) 进行试点工作。先从某种产品或某条生产线试点开始，进行零部件或原材料的准时制供应试点。在试点过程中，取得企业各个部门的支持是很重要的，特别是生产部门的支持。通过试点，总结经验，为正式实施准时制采购打下基础。

(5) 搞好供应商的培训，确定共同目标。准时制采购是供需双方共同的业务活动，单靠采购部门的努力是不够的，需要供应商的配合。只有供应商也对准时制采购的策略和运作方法有了认识和理解，才能获得供应商的支持和配合，因此需要对供应商进行教育培训。通过培训，大家取得一致的目标，相互之间就能够很好地协调，做好采购的准时制工作。

(6) 向供应商颁发产品免检合格证书。准时制采购和传统采购方式的不同之处在于买方不需要对采购产品进行比较多的检验手续。要做到这一点，需要供应商做到提供百分之百的合格产品，当其做到这一要求时，即发给免检证书。

(7) 实现配合准时制生产的交货方式。准时制采购的最终目标是实现企业的生产准时制，为此，要实现从预测交货方式向准时制适时交货方式的转变。

(8) 继续改进，扩大成果。准时制采购是一个不断完善和改进的过程，需要在实施过程中不断总结经验教训，从降低运输成本、提高交货的准确性和产品的质量、降低供应商库存等各个方面进行改进，不断提高准时制采购的运作绩效。

五、准时制采购的实践分析

为了对准时制采购的目的、意义和影响准时制采购的相关因素有一个初步的了解，美国加利福尼亚州立大学的研究生做了一次对汽车、电子、机械等企业经营者的准时制采购的效果问卷调查，共调查了 67 家美国公司。这些公司有大有小，其中包括著名的 3COM公司、惠普公司、苹果计算机公司等。这些公司有的是制造商，有的是分销商，有的是服务业，调查的对象为公司的采购与物料管理经理。调查结果见表 5-3～表 5-6。

表 5-3　JIT 采购成功的关键因素

问　　题	肯定回答(%)
和供应商的相互关系	51.5
管理的措施	31.8
适当的计划	30.3
部门协调	25.8
进货质量	19.7
长期的合同协议	16.7
采购的物品类型	13.6
特殊的政策与惯例	10.6

表 5-4　JIT 采购解决的问题

问　　题	肯定回答(%)
空间减少	44.8
成本减少	34.5
改进用户服务	34.5
及时交货	34.5
缺货问题	17.2
改进资金流	17.2
提前期减少	10.3

表 5-5　JIT 采购困难的因素

问　　题	肯定回答(%)
缺乏供应商的支持	23.6
部门之间协调性差	20.0
缺乏对供应商的激励	18.2
采购物品的类型	16.4
进货物品质量差	12.7
特殊政策与惯例	7.1

表 5-6　　与供应商有关的 JIT 采购问题

问　　题	肯定回答(%)
很难找到好的供应商	35.6
供应商不可靠	31.1
供应商太远	26.7
供应商太多	24.4
供应商不想频繁交货	17.8

从以上调查得出以下几个方面的结论：

(1) 准时制采购成功的关键是与供应商的关系，而最困难的问题也是缺乏供应商的合作。供应链管理所倡导的战略伙伴关系为实施准时制采购提供了基础性条件，因此在供应链环境下实施准时制采购比传统管理模式下实施准时制采购更加有现实意义和可能性。

(2) 难找到"好"的合作伙伴是影响准时制采购的第二个重要因素，如何选择合适的供应商，选择的是否合适就成了影响准时制采购的重要条件。在传统的采购模式下，企业之间的关系不稳定，具有风险性，影响了合作目标的实现。供应链管理模式下的企业是协作性战略伙伴，因此为准时制采购奠定了基础。

(3) 缺乏对供应商的激励是准时制采购的另外一个影响因素。要成功地实施准时制采购，必须建立一套有效的供应商激励机制，使供应商和用户一起分享准时制采购的好处。

(4) 准时制采购不单是采购部门的事情，企业的各部门都应为实施准时制采购创造有利的条件，为实施准时制采购共同努力。

这是国外企业实施准时制采购的情况，我国的采购情况如何？对我国企业采购管理现状的调查结果是，大部分企业对供应商的供货准时情况反映较好，只有少数企业认为供应商供货不准时。虽然我国企业从交货准时情况评价还不错，但从总体来看，我国企业实施准时制采购的基础性条件比较差，特别是企业的合作方面有待加强。

本 章 小 结

采购管理是供应链物流管理的重点内容之一，它是供应链企业之间在生产合作方面的具体实施者，是在制造商和供应商之间架起的一座桥梁，用于沟通生产需求和物料供应的联系。因此，为使供应链系统能够实现无缝连接，并提高供应链企业的同步运作效率，就必须加强对采购的管理。

供应链的采购管理与传统采购管理的异同：① 从为库存采购到为订单采购的转变。② 从采购管理向外部资源管理转变。③ 从一般买卖关系向战略协作伙伴关系转变。

供应链采购管理模式中，采购部门负责对整个采购过程进行组织、控制、协调，它是企业与供应商联系的纽带。供应商通过信息交流，处理来自企业的信息，预测企业需求以便备货，当订单到达时按时发货，货物质量由供应商自己控制。实现此模型的关键是畅通无阻的信息交流和企业与供应商制定的长期合作契约。

准时制采购的特点：① 采用较少的供应商，甚至单源供应。② 对供应商选择的标准不同。③ 对交货准时性的要求不同。④ 对信息交流的需求不同。⑤ 制定采购批量的策略不同。

课后复习题

1. 供应链管理环境下的采购管理与传统的采购管理有何不同?
2. 供应链管理环境下的采购管理有哪些特点?
3. 供应链管理环境下采购的方式有哪些?
4. 简述供应链管理环境下采购的流程。
5. 准时制采购的基本思想是什么? 准时制采购实施成功的条件是什么?
6. 准时制采购的特点是什么? 准时制采购的方法有哪些?

➤ **实训任务**

供应链管理——采购管理

1. 实训目的

通过本次实训，学生应了解和掌握企业在日常业务中如何通过软件来处理采购入库业务及相关账表查询，深入了解采购管理系统与供应链系统的其他子系统、与 ERP 系统中的相关子系统之间的紧密联系和数据传递关系。

2. 实训内容

企业采购部门的工作主要是为企业提供生产与管理所需的各种物料，采购管理系统帮助企业对采购业务过程进行组织、实施与控制，提供请购、订货、到货、入库、开票、退货的完整采购流程，用户可根据实际情况进行采购流程的定制。

3. 业务流程

(1) 请购部门填制采购申购单传递给采购部门。
(2) 采购部门根据采购需求(申购单)合并生成采购计划。
(3) 采购部门填制采购订单。
(4) 采购部门审核采购订单发送给供应商，供应商进行送货。
(5) 货物到达企业后，对收到的货物进行清点，参照采购订单填制采购入库单。
(6) 经过仓库的质检和验收，审核登记采购入库单，货物入库。
(7) 取得供应商的发票后，采购部门参照入库单填制采购发票。
(8) 采购发票传递到"应付系统"，进行付款结算。

流程图如图 5-3 所示。

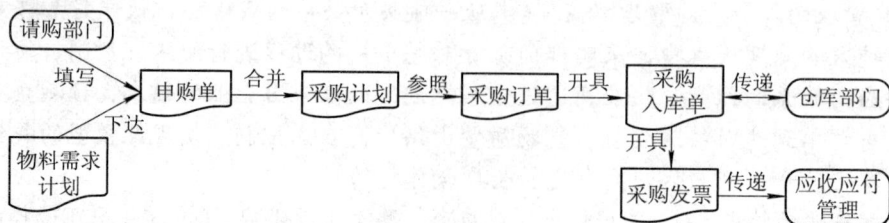

图 5-3

4. 功能与操作

1) 基础数据

(1) 供应商信息：添加维护供应商资料，如图 5-4、5-5 所示。

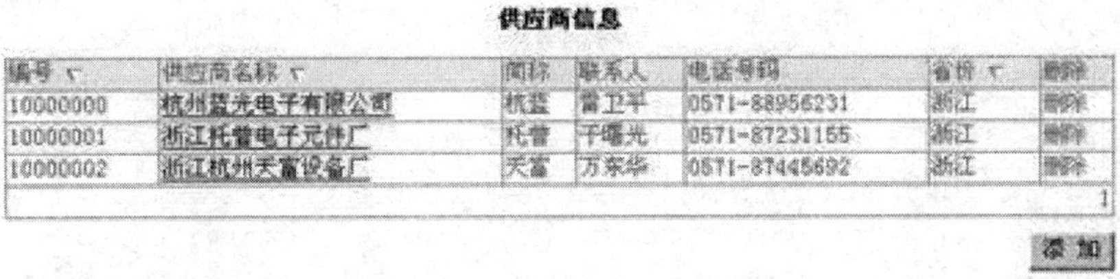

供应商信息

编号	供应商名称	简称	联系人	电话号码	省份	删除
10000000	杭州蓝光电子有限公司	杭蓝	雷卫平	0571-88956231	浙江	删除
10000001	浙江托管电子元件厂	托管	于曙光	0571-87231155	浙江	删除
10000002	浙江杭州天富设备厂	天富	万东华	0571-87445692	浙江	删除

图 5-4

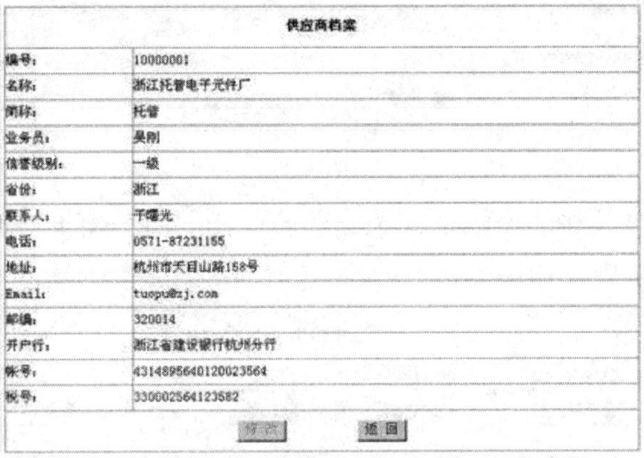

供应商档案

编号：	10000001
名称：	浙江托管电子元件厂
简称：	托管
业务员：	吴刚
信誉级别：	一级
省份：	浙江
联系人：	于曙光
电话：	0571-87231155
地址：	杭州市天目山路158号
Email：	tuopu@zj.com
邮编：	320014
开户行：	浙江省建设银行杭州分行
帐号：	4314895640120023564
税号：	330002564123582

图 5-5

(2) 物料供应信息：物料供应信息收录了通过询价从供应商那里得到的最新物料报价，主要有物料—供应商和供应商—物料两种形式，如图 5-6 所示。

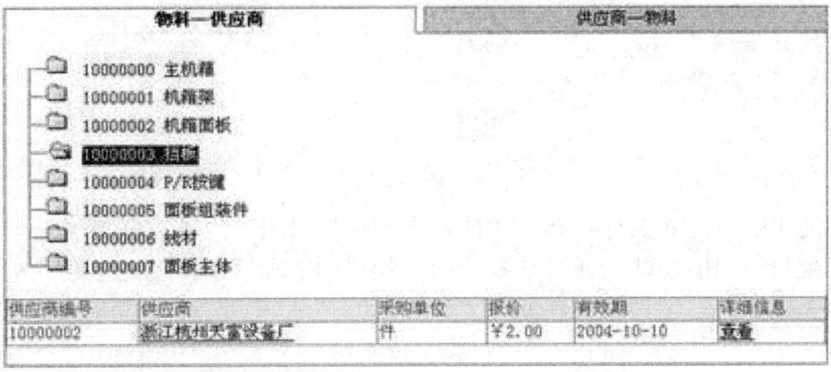

供应商编号	供应商	采购单位	报价	有效期	详细信息
10000002	浙江杭州天富设备厂	件	¥2.00	2004-10-10	查看

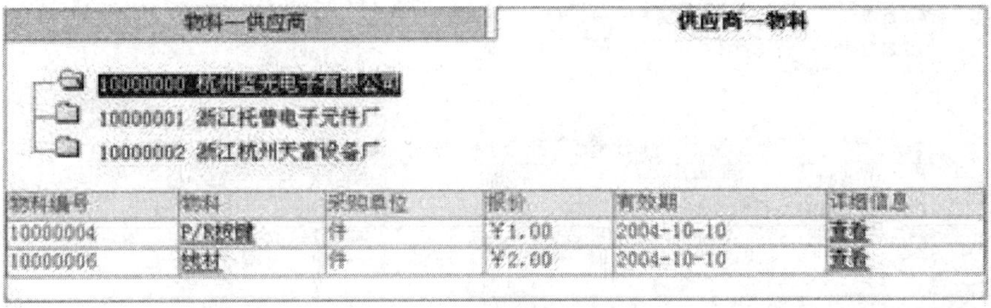

物料编号	物料	采购单位	报价	有效期	详细信息
10000004	P/R按键	件	¥1.00	2004-10-10	查看
10000006	线材	件	¥2.00	2004-10-10	查看

图 5-6

2) 采购计划

(1) 采购需求：需求信息收录了来自企业各个部门的申购单(见图 5-7)，也包括由生产计划部门物料需求计划下达生成的申购请求，申购是采购业务处理的起点。

申购单列表

编号 ▽	申购部门 ▽	物料 ▽	需求数量	需求日期 ▽	制单日期 ▽	状态 ▽	查看
10000000	计划部	机箱架	800	2004-09-11	2004-09-10	生成计划	选择
10000001	计划部	机箱架	600	2004-09-18	2004-09-10	生成计划	选择
10000002	计划部	机箱架	400	2004-10-09	2004-09-10	录入	选择
10000003	计划部	机箱架	400	2004-10-16	2004-09-10	录入	选择
10000004	计划部	机箱架	200	2004-10-23	2004-09-10	录入	选择
10000005	计划部	机箱架	400	2004-10-30	2004-09-10	录入	选择
10000006	计划部	挡板	1550	2004-09-11	2004-09-10	生成计划	选择
10000007	计划部	挡板	310	2004-09-25	2004-09-10	录入	选择
10000008	计划部	挡板	620	2004-10-02	2004-09-10	录入	选择
10000009	计划部	挡板	620	2004-10-16	2004-09-10	录入	选择

1 2 3

添加　　　　批量审核

图 5-7

采购部门也可以录入新的申购单，填写完整申购部门、需求日期、申购物料以及数量就可以保存到采购需求中，如图 5-8 所示。

申购单

编制日期:	2004-9-10	编号:	10000025	来源:	录入
申购部门:	仓库管理部	需求日期:	2004-9-10	状态:	录入
备注:					

物料名称	物料编号	规格型号	计量单位	需求数量
面板主	10000007	ATX-LXA	件	200

审核标志: 未审核	审核人:	制单人: 于哲科

注: 填写物料时，你可以输入名称或编号关键字，通过右键选择条目。

保存　　　　取消

图 5-8

审核后的申购单进入执行状态，才能被采购计划采用。为了方便批量处理申购单，系统还提供了批量审核的功能。通过选择部门、物料和需求日期，过滤申购单进行批量审核处理，如图 5-9 所示。

需求批量审核

需求部门:	——请选择部门—— ▼	需求物料:	
需求日期:	2004-9-1	到	2004-9-30

过滤

选择	编号	申购部门	物料	需求数量	需求日期	制单日期
☐	10000007	计划部	挡板	310	2004-09-25	2004-09-10
☐	10000011	计划部	P/R按键	310	2004-09-25	2004-09-10
☐	10000021	计划部	面板主体	400	2004-09-25	2004-09-10

确定

图 5-9

(2) 批量处理：申购单的批量审核功能。

(3) 需求合并：合并采购需求的最终目的是对议购的采购业务进行指导。系统中可以将收集到的采购需求进行合并下达，即将某一段日期范围内已审核的各种来源的需求汇总，然后形成采购计划，如图 5-10 所示。

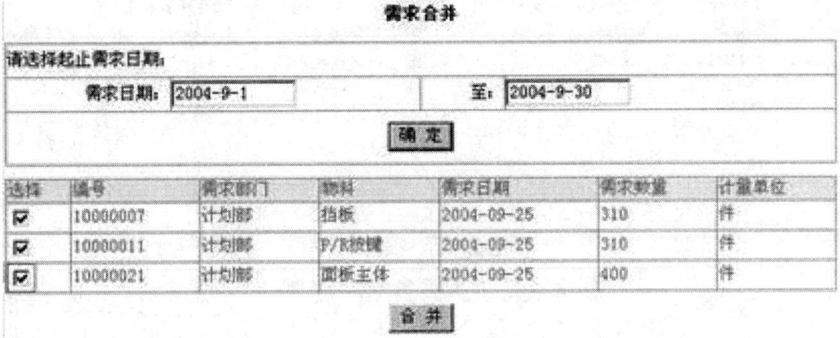

选择	编号	需求部门	物料	需求日期	需求数量	计量单位
☑	10000007	计划部	挡板	2004-09-25	310	件
☑	10000011	计划部	P/R按键	2004-09-25	310	件
☑	10000021	计划部	面板主体	2004-09-25	400	件

图 5-10

(4) 采购计划：采购计划的主要目的是指导采购业务，主要解决一段时间采购业务安排的问题。采购计划来源有两种：一是由采购需求合并下达自动生成；二是手工补充的，如图 5-11 所示。

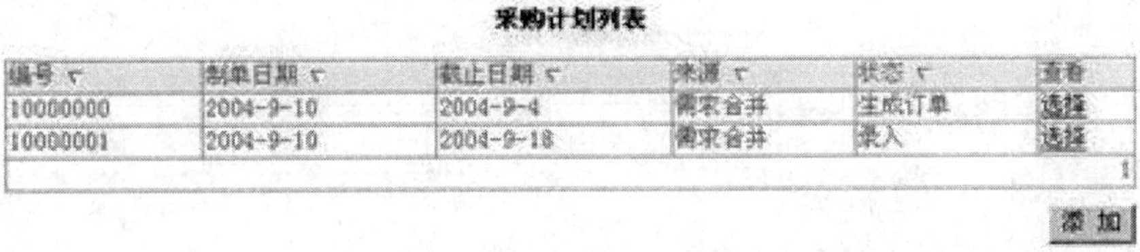

编号	制单日期	截止日期	来源	状态	查看
10000000	2004-9-10	2004-9-4	需求合并	生成订单	选择
10000001	2004-9-10	2004-9-18	需求合并	录入	选择

图 5-11

手动添加采购计划的时候表头数据只需要填写计划的“截止日期”，表体的采购任务栏用户可以通过“增加行”和“删除行”输入多个物料多个周期的采购任务，如图 5-12 所示。

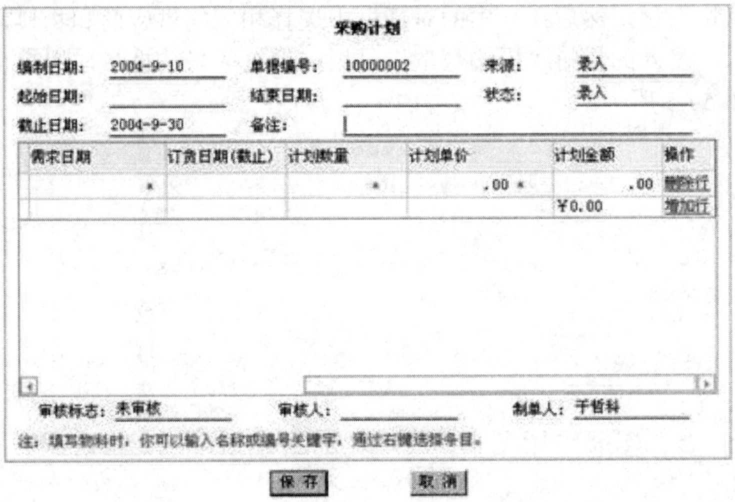

图 5-12

采购计划经过审核通过后才可以作为制订采购订单的参考，如图 5-13 所示。

采购计划

编制日期:	2004-9-10	单据编号:	10000001	来源:	需求合并
起始日期:	2004-9-18	结束日期:	2004-9-30	状态:	录入
截止日期:	2004-9-18	备注:			

物料名称	物料编号	规格型号	计量单位	需求日期	订货日期(截止)	计划数
挡板	10000003	B-132	件	2004-9-25	2004-9-20	310
P/R按键	10000004	B-132	件	2004-9-25	2004-9-20	310
图板主体	10000007	ATX-LXA	件	2004-9-25	2004-9-18	400
合计:						

审核标志: 未审核　　　　审核人: ＿＿＿＿＿＿　　　制单人: 于哲科

[删除] [修改] [审核] [返回]

图 5-13

3) 采购业务

(1) 询价单：为了方便地进行采购的比价，用户在采购之前可以向供应商发布询价单，系统这里扮演了供应商的角色，会在收到用户发布的询价单后自动给用户回发一张报价单。询价单里记录了用户发送的所有询价记录，如图 5-14 所示。

采购询价单列表

询价单号 ▽	供应商 ▽	产品 ▽	数量	制单日期 ▽	状态	查看
10000000	杭州蓝光电子有限公司	P/R按键	155	2004-09-10	发布	选择
10000001	杭州蓝光电子有限公司	键材	155	2004-09-10	发布	选择
10000002	浙江杭州天富设备厂	机箱架	200	2004-09-10	发布	选择
10000003	浙江杭州天富设备厂	挡板	310	2004-09-10	发布	选择

1

[添加]

图 5-14

添加询价单需要填写好要询价的供应商以及物料，用户在"供应商"和"产品名称"录入框内点击鼠标右键，然后在弹出的对话框中选择相应的供应商和物料，系统会自动将相关的信息带入，带入的物料"采购数量"是用户设置的采购批量，用户也可以手动修改采购数量，如图 5-15 所示。

采购询价单

制单日期:	2004-9-10	单据编号:	10000004	业务员:	吴刚
供 应 商:	浙江托普电子元件厂			联系人:	于曙光
状态:	录入	备注:			

产品名称	产品编号	规格型号	计量单位	采购数量
P/R按键	10000004	B-132	件	155

制单人: 于哲科

注: 填写供应商和产品时, 你可以输入名称或编号关键字, 通过右键选择条目。

[保存] [取消]

图 5-15

填写好的采购询价单经过发布后，会发送到系统后台并经过处理，由系统自动回发一张报价单，如图5-16所示。

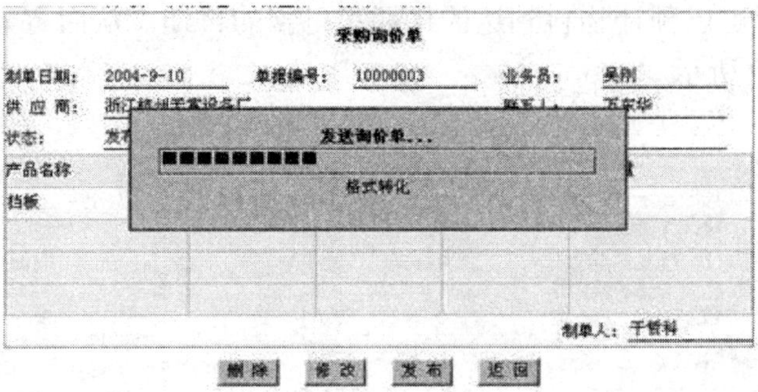

图 5-16

(2) 报价管理：报价管理里收录了用户收到的来自供应商的所有报价单(见前一节询价单发布)，如图5-17所示。

图 5-17

最新收到的报价单提供了供应商的最新报价，用户可以通过"收录"功能，将报价收录到"物料供应信息"中，以作为制作采购订单的时候比价之用，如图5-18所示。已经收录的报价单不能重复收录。

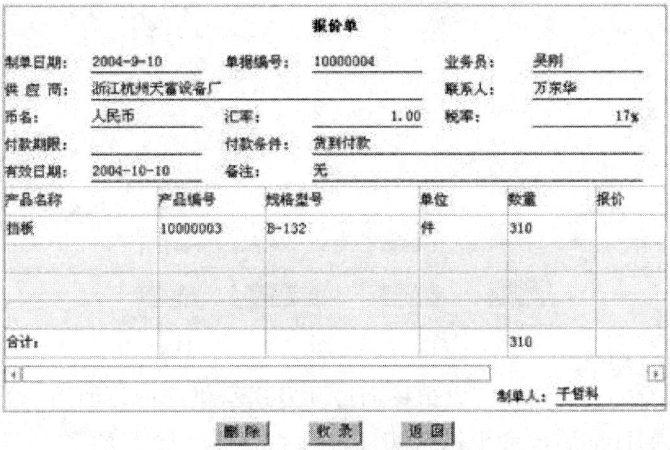

图 5-18

(3) 采购订单：采购订单是企业与供应商的交易依据。即使双方不签订合同，企业输入并保存采购订单也很有意义，可以通过采购订单对供应商供货情况进行跟踪。通过严格管理采购订单，企业可以预计物料到达的日期和付款的日期，从而有效地安排生产和预测现金流量，如图 5-19 所示。

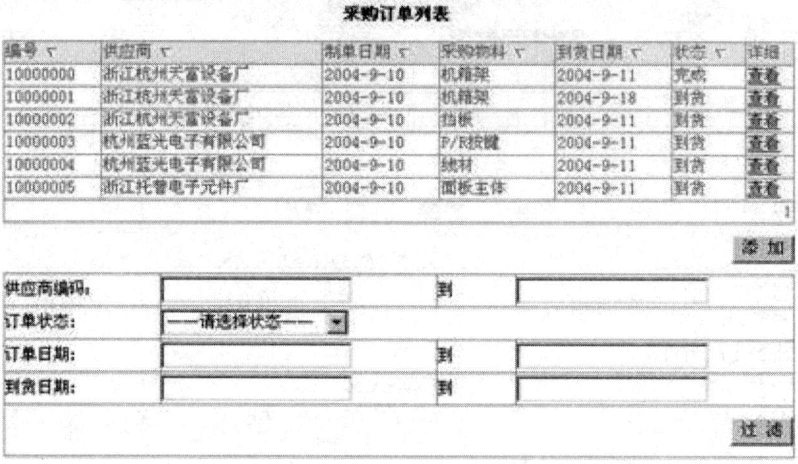

采购订单列表

编号 ▽	供应商 ▽	制单日期 ▽	采购物料 ▽	到货日期 ▽	状态 ▽	详细
10000000	浙江杭州天富设备厂	2004-9-10	机箱架	2004-9-11	完成	查看
10000001	浙江杭州天富设备厂	2004-9-10	机箱架	2004-9-18	到货	查看
10000002	浙江杭州天富设备厂	2004-9-10	挡板	2004-9-11	到货	查看
10000003	杭州蓝光电子有限公司	2004-9-10	P/R按键	2004-9-11	到货	查看
10000004	杭州蓝光电子有限公司	2004-9-10	线材	2004-9-11	到货	查看
10000005	浙江托普电子元件厂	2004-9-10	面板主体	2004-9-11	到货	查看

添加

供应商编码:		到	
订单状态:	——请选择状态——		
订单日期:		到	
到货日期:		到	

过滤

图 5-19

采购订单可以根据采购计划生成，也可以手工录入。录入采购订单的时候还可以根据物料供应信息，经过比价选择相应的供应商，如图 5-20 所示。

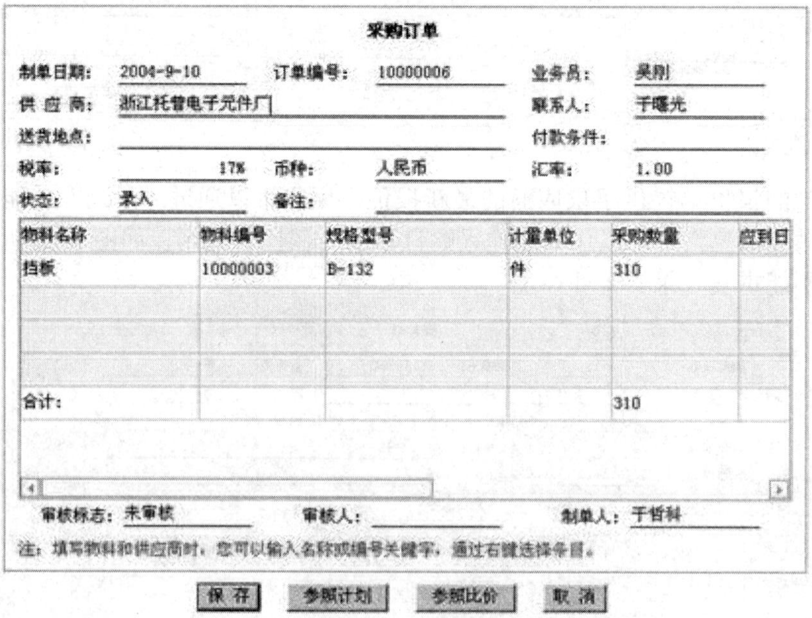

采购订单

制单日期:	2004-9-10	订单编号:	10000006	业务员:	吴刚
供应商:	浙江托普电子元件厂			联系人:	于曙光
送货地点:				付款条件:	
税率:	17%	币种:	人民币	汇率:	1.00
状态:	录入	备注:			

物料名称	物料编号	规格型号	计量单位	采购数量	应到日
挡板	10000003	B-132	件	310	
合计:				310	

审核标志:	未审核	审核人:		制单人:	于哲科

注: 填写物料和供应商时，您可以输入名称或编号关键字，通过右键选择告目。

保存　参照计划　参照比价　取消

图 5-20

采购订单经过确认无误后，可以审核通过并发送给供应商，如图 5-21 所示，系统在接收到用户发送的采购订单后，会根据采购订单自动给用户发送货物，并将采购订单的状态更改为"到货"。

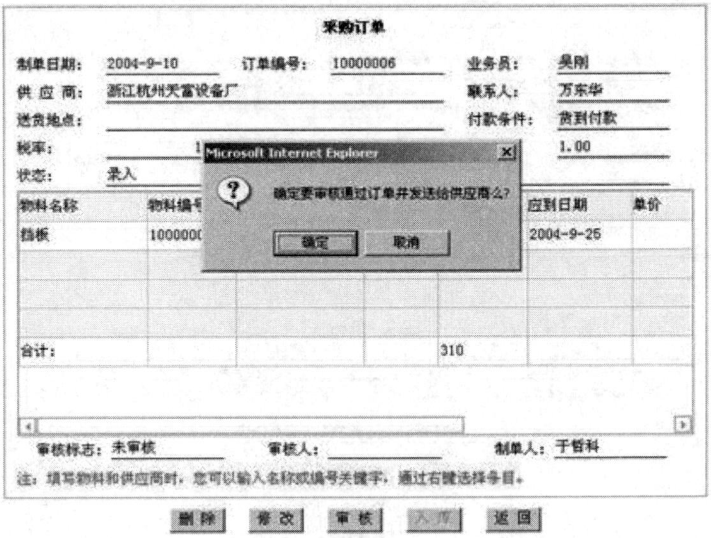

图 5-21

选择"到货"状态的采购订单，可以看到"入库"按钮更改为可用，点击后自动转入采购入库单的录入页(详见"采购入库单录入")。

(4) 采购入库：物料采购入库是企业内部物流的第一步。当供应商按订单发货后，采购部门收到货后要填制相关的确认收货的单据，在本系统中，就是采购入库通知单(见图5-22)。采购入库通知单并不是完全由采购部门来填制的，比如物料实际到货数量等信息是由仓库部门完成的。所以在采购模块，只需要填写与采购业务相关的内容就可以了。系统要求入库通知单与采购订单对应，需要根据采购订单录入入库通知单，系统会将采购订单的相关信息自动带入入库通知单。入库通知单填制完成后，入库物料需要检验时，仓库部门先要制入库检验单对入库物料进行质检，然后将检验结果更新到采购入库单上。仓库管理员收到货物和质检通过或不需质检的入库通知单后，称量货物的数量，并在入库通知单上填上实收数量、日期，然后审核登记库存账。

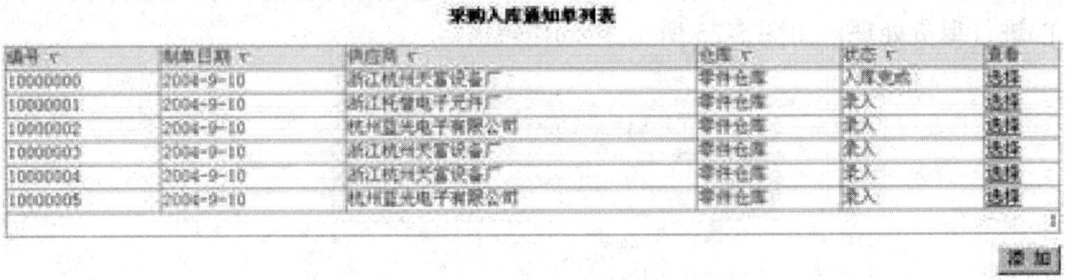

图 5-22

添加新的入库通知单需要参照采购订单，可以直接在到货订单的详细信息页选择"入库"，也可以在入库通知单添加页参考订单。选择好参考的订单后，一般没有其他需要填写的内容，可以直接保存，如图5-23所示。

保存后的入库通知单会传递到仓库部门，等待入库检验或者审核登记，如图5-24所示。

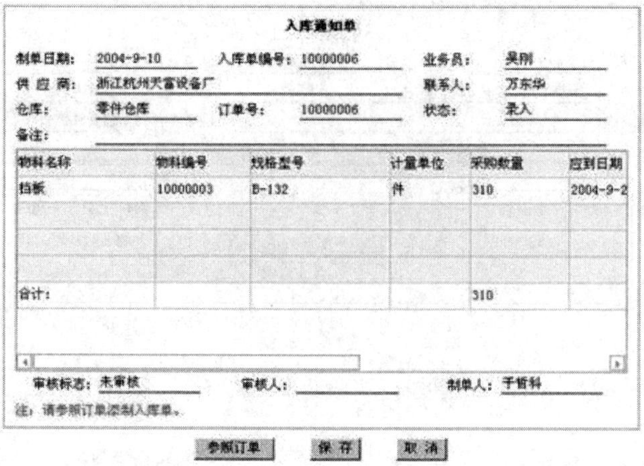

图 5-23

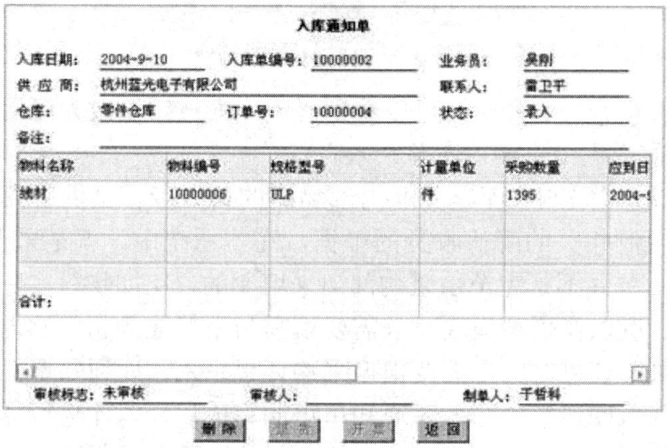

图 5-24

　　如果到货的物料没有通过检验，此时采购部门可以查看到入库通知单的状态为"检验未通过"，表示该通知单需要退货处理，此时点击"退货"可以直接录入退货单(红字入库通知单)进行退货处理，如图 5-25 所示。

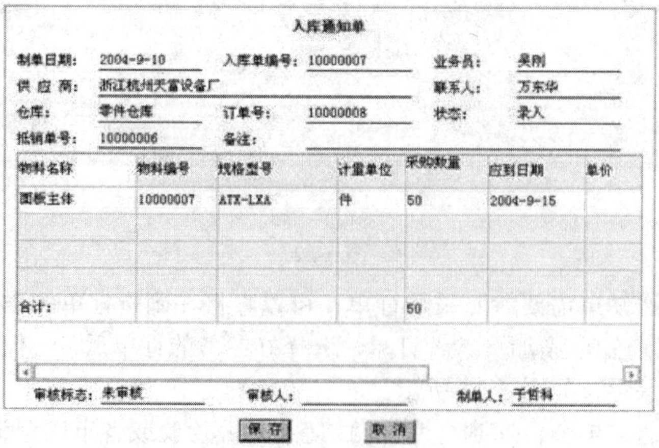

图 5-25

　　如果入库通知单经过审核通过并登记成功，状态更改为"入库完成"，采购部门需要根据收到的发票录入采购发票，点击"开票"系统自动会完成开具发票的业务，如图 5-26 所示。发票开具成功后，采购订单和入库通知单才真正处理完毕。

采购发票

开票日期：	2004-9-10	发票号：	10000001	订单号：	10000002
采购类型：	普通采购	供应商：	浙江杭州天富设备厂		
供应商地址：	杭州市铁塘路131号			开户银行：	浙江省农业银行杭
银行帐号：	45881255320011	采购部门：	采购部	业务员：	吴刚
付款条件：	货到付款	币种：	人民币	汇率：	1.00

货物名称	规格型号	单位	数量	单价	金额	税率
挡板	B-132	件	1550	2.00	3100.00	
合计：					3100.00	

单位名称：	颖科电子科技有限公司			开户银行：	浙江建设银行杭州
银行帐号：	43274232410688	入库单号：	10000004	制单人：	于晢科
审核人：		记帐人：		复核人：	

确　定

图 5-26

　　(5) 采购发票：采购发票(见图 5-27)是供应商开出的销售货物的凭证，系统将根据采购发票确认采购成本，并据以登记应付账款。采购发票与采购入库通知单是同一种业务在不同方面的反映，其记录的经济内容是一致的。

采购发票

单据编号	制单日期	订单编号	入库单号	供应商	状态	查看
10000000	2004-9-10	10000001	10000003	浙江杭州天富设备厂	录入	选择
10000001	2004-9-10	10000002	10000004	浙江杭州天富设备厂	录入	选择
10000002	2004-9-10	10000000	10000000	浙江杭州天富设备厂	录入	选择

1

图 5-27

　　(6) 退货处理：在采购退货过程中录入的红字入库通知单(退货单)，是采购退货的依据，如图 5-28 所示，退货处理主要完成对退货单的审核工作。

退货单列表

编号	制单日期	供应商	仓库	状态	查看
10000007	2004-9-10	浙江杭州天富设备厂	零件仓库	录入	选择

1

图 5-28

　　经过审核后的退货单将核销对应的入库通知单，如图 5-29 所示。

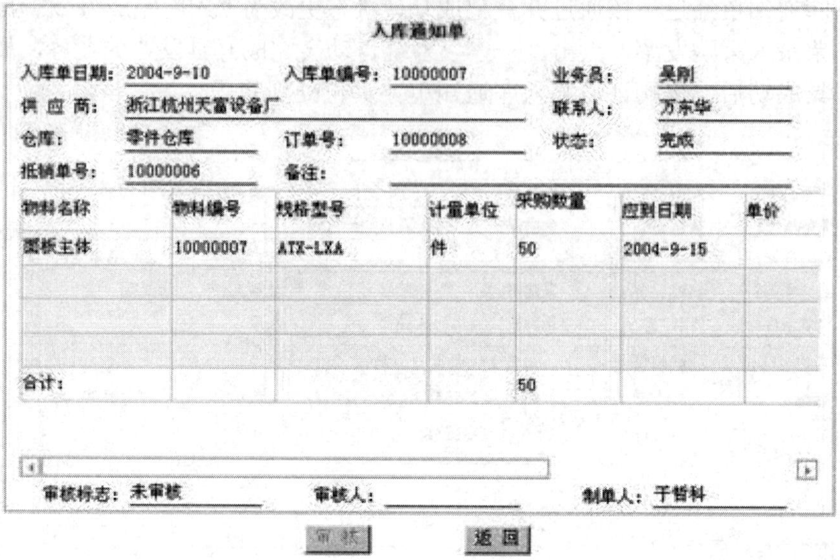

入库通知单

入库单日期：2004-9-10　入库单编号：10000007　业务员：吴刚
供 应 商：浙江杭州天富设备厂　联系人：万东华
仓库：零件仓库　订单号：10000008　状态：完成
抵销单号：10000006　备注：

物料名称	物料编号	规格型号	计量单位	采购数量	应到日期	单价
面板主体	10000007	ATX-LXA	件	50	2004-9-15	
合计：				50		

审核标志：未审核　审核人：　制单人：于哲科

审核　返回

图 5-29

4) 统计查询

(1) 到货计划：查询已经到货的采购订单记录，如图 5-30 所示。

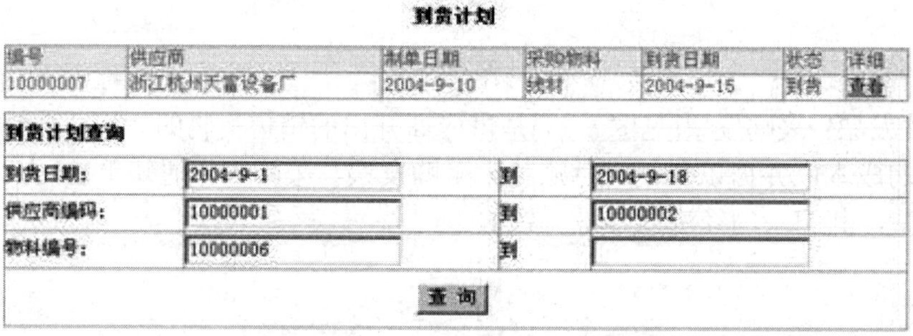

到货计划

编号	供应商	制单日期	采购物料	到货日期	状态	详细
10000007	浙江杭州天富设备厂	2004-9-10	统材	2004-9-15	到货	查看

到货计划查询

到货日期：	2004-9-1	到	2004-9-18
供应商编码：	10000001	到	10000002
物料编号：	10000006	到	

查询

图 5-30

(2) 逾期订单查询：查询已经超过到货日期仍没有到货的采购订单记录。

(3) 年(月、供应商)采购额统计：按年、月以及供应商分组统计采购额，如图 5-31 所示。

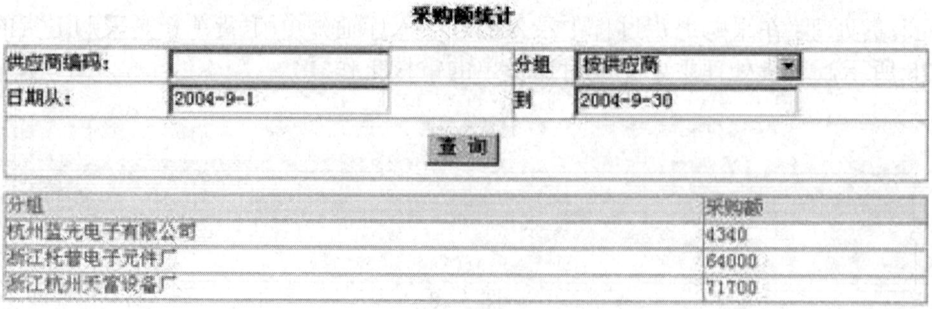

采购额统计

供应商编码：		分组	按供应商
日期从：	2004-9-1	到	2004-9-30

查询

分组	采购额
杭州蓝光电子有限公司	4340
浙江托普电子元件厂	64000
浙江杭州天富设备厂	71700

图 5-31

◇ 案例题

海尔推行的准时采购

海尔物流的特色是借助物流专业公司，在大量自建基础上小外包，总体实现采购 JIT、原材料配送 JIT 和成品配送 JIT 的同步流程。同步模式的实现得益于海尔的现代集成化信息平台。海尔用 CRM 与 BRP 电子商务平台架起了与全球用户的资源网、全球供应链资源网沟通的桥梁，从而实现了与用户的零距离，提高了海尔对订单的响应速度。

海尔的 BBP 采购平台由网上订单管理平台、网上支付平台、网上招标竞价平台和网上信息交流平台有机组成。网上订单管理平台使海尔 100%的采购订单由网上直接下达，同步的采购计划和订单，提高了订单的准确性与可执行性，使海尔采购周期由原来的 10 天减少到了 3 天，同时供应商可以在网上查询库存，根据订单和库存情况及时补货。网上支付平台则有效提高了销售环节的工作效率，支付准确率和及时率达到 100%，为海尔节约了近 1000 万元的差旅费，同时降低了供应链管理成本。目前海尔网上支付已达到总支付额的 20%。网上招标竞价平台通过网上招标，不仅使竞价、价格信息管理准确化，而且防止了暗箱操作，降低了供应商管理成本，实现了以时间消灭空间。网上信息交流平台使海尔与供应商在网上就可以进行信息互动交流，实现信息共享，强化合作伙伴关系。除此之外，海尔的 ERP 系统还建立了其内部的信息高速公路，实现了将用户信息同步转化为企业内部的信息，实现以信息替代库存，接近零资金占用。

在采购 JIT 环节上，海尔实现了信息同步，采购同步、备料同步和距离同步，大大降低了采购环节的费用。信息同步保障了信息的准确性，实现了准时采购。备料同步使供应链上原材料的库存周期大大缩减。目前已有 7 家国际化供应商在海尔建立的两个国际工业园建厂，爱默生等 12 家国际化分销方正准备进驻工业园，与供应商、分销方的距离同步，有力保障了海尔的 JIT 采购与配送。

分析讨论：

1. 海尔的采购平台由哪几个部分组成？各起到什么样的作用？
2. 海尔用什么方法提高了对订单的响应速度？
3. 同步化采购、配送、生产有什么优势？

第六章　供应链管理环境下的库存管理

【学习目标】通过本章的学习，应当了解库存管理的基本原理和方法；理解供应链管理模式下库存管理出现的新问题；掌握供应链库存管理的方法和策略，如 VMI 管理系统、联合库存管理等；理解供应链库存优化方法。

引例

美国达可海德服装公司(简称 DH 公司)的 VMI 系统

DH 公司发现许多客户希望采用 EDI 技术并形成一个双方互惠、信任和信息共享的关系。DH 公司把 VMI 看做增加服装销量、提高用户服务水平、减少库存成本、加强与客户联系的战略性措施。

DH 公司首先进行了一系列技术基础建设。DH 公司选择 STS 公司的 MMS 系统，以及基于客户机/服务器的 VMI 软件。DH 公司采用 Windows NT 系统，用 PC 做服务器，带有五个用户终端。在 STS 公司的协作下，对员工进行了系统培训，设置了必要的基本参数和使用规则。技术人员为主机系统的数据和 EDI 服务管理编制了特定的程序。

随后，DH 公司对其分销链上的客户开始实施 VMI 系统。公司把分销商的参数、配置、交货周期、运输计划、销售历史数据及其他方面的数据都统一输进计算机系统。在 VMI 系统建立起来后，客户每周将销售和库存数据传送到 DH 公司，然后由主机系统和 VMI 接口系统进行处理。公司运用 VMI 系统，根据销售的历史数据、季节款式等不同因素，综合运用多种预测工具，为每一个客户预测每周(或每月)的销售量和库存需要量。

根据 DH 公司信息部副总裁的统计，在实施 VMI 系统后，分销商的库存数量减少了50%，销售额增加了 23%，DH 公司和客户都达到了预期的目标。但 DH 公司需要进一步扩展 VMI 系统，并且为了快速获取客户数据，公司有必要建设 ERP 系统和利用 Internet 的丰富资源以进一步降低运营成本。

第一节　传统的库存管理

供应链管理环境下的库存控制问题是供应链管理的重要内容之一，且由于企业组织与管理模式的变化，它同传统的库存管理相比有许多新的特点和要求。传统的库存管理仅仅是对自身库存物质的数量进行管理与控制，只是着眼于自身的库存水平的最低与库存持有费用的最少，而把库存物资往其上游或下游转移。而供应链下的库存管理则应把视野从自身扩大到由供应商、制造商、批发商和零售商组成的供应链网络上来，它们之间充分交换库存信息，相互协调共同管理库存，实现整体库存水平的下降，甚至有可能实现零库存。

一、库存与库存管理的基本概念

"库存"表示用于将来目的的资源暂时处于闲置状态。一般情况下，人们设置库存的目的是防止短缺，但是库存却也是一种无奈的结果，它是由于人们无法预测未来的需求变化，才不得已所采用的应付外界变化的手段。库存管理是对制造业或服务业生产、经营全过程的各种物品，产成品以及其他资源进行管理和控制，使其储备保持在经济合理的水平上。

二、传统库存控制策略

传统库存控制策略是相对于供应链管理而言的，主要是以单一企业为对象的企业运作管理，库存控制的主要目的也是针对单一企业的库存进行分类管理，确定订货点及订货量，确保企业个体的库存总成本最少。传统的库存控制策略主要包括：订货点检查策略、ABC重点控制策略、经济订购批量(EOQ)策略。

1. 订货点检查策略

(1) (Q，R)策略。该策略的基本思想是：对库存进行连续检查，当库存降低到订货点水平 R 时，即发出一个订货，每次订货的数量保持不变，都为固定值 Q。该策略适用于需求量大、缺货费用较高、需求波动性很大的情形。

(2) (R，S)策略。该策略也是连续性检查类型的策略，也就是要随时检查库存状态，当发现库存降低到订货点水平 R 时，开始订货，订货后使最大库存不变，即为常量 S。

(3) (t，S)策略。该策略是每隔一定时期检查一次库存，并发出一次订货，把现有库存内水平补给到最大库存水平 S。如果检查时的库存量为 I，则订货量为 S-I。如此周期性检查库存，不断补给。

(4) (t，R，S)策略。该策略是(R，S)策略和(t，S)策略的综合，有一个固定的检查周期 t，最大库存量 S，固定订货点水平 R。当经过一定的检查周期 t 后，若库存量低于订货点 R，则发出订货，订货量的大小等于最大库存量 S 减去检查时的库存量 I，否则，不订货。

2. ABC 重点控制策略

ABC 重点控制策略具体做法是先把物资分类，再针对重要程度的不同分别控制。库存物资按企业的物资品种和占用资金的多少进行分类排队：品种约占 10%，占用资金比例为 75%的是 A 类；品种约占 30%，占用资金比例为 20%的是 B 类；品种约占 55%，占用资金比例为 5%的是 C 类。对 A 类物资进行重点、严格控制；对 B 类物资引起重视，适当控制；对 C 类物资进行一般库存管理。

3. 经济订购批量(EOQ)策略

经济订货批量是固定订货批量模型的一种，可以用来确定企业一次订货(外购或自制)的数量。当企业按照经济订货批量来订货时，可实现订货成本和储存成本之和最小化。其基本公式为

$$Q = \sqrt{\frac{2DK}{C}}$$

其中，

    Q——经济订货批量；

    D——商品年需求量；

    K——每次订货成本；

    C——单位商品年保管费用。

传统管理模式下的库存控制策略主要是针对单一企业而设定的，市场反应和企业间协作的程度普遍偏低，策略的实施又需要依靠大量的历史数据和经验进行预测分析，信息获取时间长且不够准确的问题较为严重，一旦市场发生突变或预测偏差，对企业经营的影响可能是致命的。

三、传统管理模式下库存控制存在的缺陷

传统的企业库存问题与供应链管理下的库存问题有许多不同之处，这些不同点体现出供应链管理理念对库存的影响。在传统管理模式下，企业库存控制侧重于优化单一的库存成本，从存储成本和订货成本出发确定经济订货量和订货点。从单一的库存角度看，这种库存控制方法有一定的适用性，但是从供应链整体的角度看，单一企业库存控制的方法显然是不够的，在这种管理模式下的库存控制也自然存在着某种先天性的缺陷。

1. 库存控制缺乏合作性与协调性

在传统管理环境下，企业之间都是各自独立的单元，其使命和目标往往是以满足自己最大获利为使命和目标的。例如，制造商的生产计划往往是根据自己的生产能力制定的，一味追求批量效益，而零售商在经营中也是以自己为中心的，总是希望商品能够随叫随到，有时为了获取紧俏商品，甚至夸大订货量，导致供应链的需求放大。企业这种"画地为牢、各自为政"的意识普遍存在，由于不信任、竞争和敌对的态度导致的组织障碍，更是影响到企业库存控制的成效。

2. 库存控制的绩效考评尺度具有局限性

传统管理环境下的库存控制，考核标准都是以单个企业或部门为依据的，考核指标没有涉及到与上下游企业间的整体绩效，如很多企业仅使用库存周转率等指标对库存控制优劣进行评定，根本没有考虑到对用户的反应时间和服务水平，而类似于总订货周转时间、提前或延迟交货时间等服务指标也常常被忽略。比如某些企业经常用仓储费用考核物流成本和库存控制水平的高低，却忽略了运输费用的存在，由于这两项费用具有"二律背反"的特征，仅考核其中的某一项指标，并不能说明企业物流总成本的控制情况，这种"短视"现象在单一企业的库存控制中普遍存在。

3. 库存控制策略过于简单化

传统的库存控制策略多数是面向单一企业的，采用的信息基本上都来自企业内部，而许多企业对所有物品均采用统一的库存控制策略，难以反应出供应与需求中的不确定性。

4. 库存信息传递能力较低

信息系统对企业库存控制的支持作用巨大，很多企业的成功都依靠于此，如国内零售新贵物美集团，就是依靠其强有力的信息系统支持，对库存信息进行预测、分析，实现对用户需求的快速响应。而在传统的管理环境下，许多企业的信息系统不能很好的集成起来，提供的信息往往是延迟和不准确的，由此造成企业间库存水平过高也就不足为奇了。

四、"牛鞭效应"

1. "牛鞭效应"概述

"牛鞭效应"是经济学上的一个术语，指供应链上的一种需求变异放大现象，具体而言指的是信息流从最终客户端向原始供应商端传递时，无法有效地实现信息的共享，使得信息扭曲而逐级放大，导致了需求信息出现越来越大的波动，此信息扭曲的放大作用在图形上很像一根甩起的牛鞭，因此被形象地称为牛鞭效应。可以将处于上游的供应商比作牛鞭的梢部，下游的用户比作牛鞭的根部，一旦根部抖动，传递到末梢端就会出现很大的波动。

【知识阅读6-1】

牛鞭效应最先由宝洁公司发现。宝洁公司在一次考察该公司最畅销的产品(一次性尿布)的订货规律时，发现零售商销售的波动性并不大，但当他们考察分销中心向宝洁公司的订货时，吃惊地发现波动性明显增大了，有趣的是，当进一步考察宝洁公司向其供应商，如3M公司订货时，他们发现其订货的变化更大。除了宝洁公司，其他公司如惠普公司在考察其打印机的销售状况时也曾发现这一现象。

2. 牛鞭效应产生的原因

牛鞭效应产生的原因主要有6个方面，即需求预测修正、订货批量决策、价格波动、短缺博弈、库存责任失衡和应付环境变异。

1) 需求预测修正

需求预测修正是指当供应链的成员采用其直接的下游订货数据作为市场需求信息和依据时，就会产生需求放大。例如，在市场销售活动中，假如零售商的历史最高月销量为1000件，但下月正逢重大节日，为了保证销售不断货，他会在月最高销量基础上再追加 $A\%$，于是他向其上级批发商下订单 $1000(1+A\%)$件。批发商汇总该区域的销量预计后(假设)为12000件，他为了保证零售商的需要又追加 $B\%$，于是他向生产商下订单 $12000(1+B\%)$件。生产商为了保证批发商的需货，虽然他明知其中有夸大成份，但他并不知道具体情况，于是他不得不至少按 $12000(1+B\%)$件投产，并且为了稳妥起见，在考虑毁损、漏订等情况后，他又加量生产，这样一层一层地增加预订量，导致牛鞭效应。

2) 订货批量决策

在供应链中，每个企业都会向其上游订货，一般情况下，销售商并不会来一个订单就向上级供应商订货一次，而是在考虑库存和运输费用的基础上，在一个周期或者汇总到一定数量后再向供应商订货。为了减少订货频率、降低成本和规避断货风险，销售商往往会按照最佳经济规模加量订货。同时频繁的订货也会增加供应商的工作量和成本，供应商也往往要求销售商在一定数量或一定周期订货，此时销售商为了尽早得到货物或全额得到货物，或者以备不时之需，往往会人为提高订货量，这样，由于订货策略导致了牛鞭效应。

3) 价格波动

价格波动是由于一些促销手段，或者经济环境突变造成的，如价格折扣、数量折扣、赠票、与竞争对手的恶性竞争和供不应求、通货膨胀、自然灾害、社会动荡等。这种因素使许多零售商和推销人员预先采购的订货量大于实际的需求量，因为如果库存成本小于由于价格波动所获得的利益，销售人员当然愿意预先多买，这样订货没有真实反映需求的变化，从而产生牛鞭效应。

4) 短缺博弈

当需求大于供应时，理性的决策是按照订货量比例分配现有供应量。比如，总的供应量只有订货量的 40%，合理的配给办法就是按其订货的 40% 供货。此时，销售商为了获得更大份额的配给量，故意夸大其订货需求是在所难免的，当需求降温时，订货又突然消失，这种由于短缺博弈导致的需求信息的扭曲最终导致牛鞭效应。

5) 库存责任失衡

库存责任失衡加剧了订货需求放大。在营销操作上，通常的做法是供应商先铺货，待销售商销售完成后再结算。这种体制导致的结果是供应商需要在销售商(批发商、零售商)结算之前按照销售商的订货量负责将货物运至销售商指定的地方，而销售商并不承担货物搬运费用；在发生货物毁损或者供给过剩时，供应商还需承担调换、退货及其他相关损失，这样，库存责任自然转移到供应商，从而使销售商处于有利地位。同时，在销售商资金周转不畅时，由于有大量存货可作为资产使用，所以销售商会利用这些存货与其他供应商易货，或者不顾供应商的价格规定，低价出货，加速资金回笼，从而缓解资金周转的困境。再之，销售商掌握大数量的库存也可以作为与供应商进行博弈的筹码。因此，销售商普遍倾向于加大订货量，掌握主动权，这样也必然会导致牛鞭效应。

6) 应付环境变异

应付环境变异所产生的不确定性也是促使订货需求放大加剧的现实原因。自然环境、人文环境、政策环境和社会环境的变化都会增强市场的不确定性。销售商应对这些不确定性因素影响的最主要手段之一就是保持库存，并且随着这些不确定性的增强，库存量也会随之变化。当对不确定性的预测被人为渲染，或者形成一种较普遍认识时，为了保持有应付这些不确定性的安全库存，销售商会加大订货，将不确定性风险转移给供应商，这样也会导致牛鞭效应。

3. 解决牛鞭效应的方法

从供应商的角度看，牛鞭效应是供应链上的各层级销售商(总经销商、批发商、零售商)转嫁风险和进行投机的结果，它会导致生产无序、库存增加、成本加重、通路阻塞、市场混乱、风险增大，因此要妥善解决以规避风险，减量增效。企业可以从如下 6 个方面进行综合治理。

1) 订货分级管理

从供应商的角度看，并不是所有销售商(批发商、零售商)的地位和作用都是相同的。按照帕累托定律，他们有的是一般销售商，有的是重要销售商，有的是关键销售商，而且关键销售商的比例大约占 20%，却实现了 80% 的销量。因此供应商应根据一定标准将销售商进行分类，将销售商划分不同的等级，对他们的订货实行分级管理，如对于一般销售商的订货实行满足管理，对于重要销售商的订货进行充分管理，对于关键销售商的订货实现完美管理，这样就可以通过管住关键销售商和重要销售商来减少变异概率；在供应短缺时，可以优先确保关键销售商的订货；供应商还可以通过分级管理策略，在合适时机剔除不合格销售商，维护销售商的统一性和渠道管理的规范性。

【知识阅读 6-2】

　　为了提高服务的质量，确保关键客户，3M 公司推行了一种称之为"白金俱乐部"的服务措施。3M 公司对"白金俱乐部"的成员实行了各种意外事故保障措施，以便在主要供货地点缺货时，能够获得所需的存货来完成"白金"客户的订货。这些保障措施包括从次要的储备地点将存货转移出来，以及在世界范围内搜寻 3M 公司其他仓库中的存货。一旦这些应急措施就绪，立即利用溢价运输服务来安排直接递送，甚至在特殊情况下，3M 公司还会借用已出售的货物来供给"白金"客户，这样做的目的就是要保证在任何情况下都能为关键客户提供完善的订货服务，增强销售商的信心，营造良好的市场氛围，减少订货需求放大。

---

2) 加强出入库管理，合理分担库存责任

避免人为处理供应链上的有关数据的一个方法是使上游企业可以获得其下游企业的真实需求信息，这样，上下游企业都可以根据相同的原始资料来制定供需计划。例如，IBM、惠普和苹果等公司在合作协议中明确要求分销商将零售商中央仓库里产品的出库情况反馈回去，虽然这些数据没有零售商销售点的数据那么全面，但这总比把货物发送出去以后就失去对货物的信息要好得多。

使用电子数据交换系统(EDI)等现代信息技术对销售情况进行适时跟踪也是解决牛鞭效应的重要方法。如 DELL 通过 Internet/Intranet、电话、传真等组成了一个高效信息网络，当订单产生时即可传至 DELL 信息中心，由信息中心将订单分解为子任务，并通过 Internet 和企业间信息网分派给各区域中心，各区域中心按 DELL 电子订单进行组装，并按时间表在约定的时间内准时供货(通常不超过 48 小时)，从而使订货、制造、供应"一站式"完成，有效地防止了牛鞭效应的产生。

联合库存管理策略是合理分担库存责任、防止需求变异放大的先进方法。在供应商管理库存的环境下，销售商的大库存并不需要预付款，不会增加资金周转压力，相反地，大库存还会起到融资作用，提高资本收益率，甚至还能起到制约供应商的作用，因此它实质上加剧了订货需求放大，使供应商的风险异常加大。联合库存管理则是对此进行修正，使供应商与销售商权利责任平衡的一种风险分担的库存管理模式，它在供应商与销售商之间建立起了合理的库存成本、运输成本与竞争性库存损失的分担机制，将供应商全责转化为各销售商的部分责任，从而使双方成本和风险共担，利益共享，有利于形成成本、风险与效益平衡，从而有效地抑制了牛鞭效应的产生和加剧。

3) 缩短提前期，实行外包服务

一般来说，订货提前期越短，订量越准确，因此鼓励缩短订货期是破解"牛鞭效应"的一个好办法。根据 Wal-Mart 的调查，如果提前 26 周进货，需求预测误差为 40%；如果提前 16 周进货，则需求预测的误差为 20%；如果在销售时节开始时进货，则需求预测的误差为 10%；并且通过应用现代信息系统可以及时获得销售信息和货物流动情况，同时通过多频度小数量联合送货方式，实现实需型订货，从而使需求预测的误差进一步降低。

使用外包服务，如第三方物流也可以缩短提前期和使小批订货实现规模经营，这样销售商就无需从同一个供应商那里一次性大批订货。虽然这样会增加额外的处理费用和管理费用，但只要所节省的费用比额外的费用大，这种方法还是值得应用的。

4) 规避短缺情况下的博弈行为

面临供应不足时，供应商可以根据顾客以前的销售记录来进行限额供应，而不是根据订购的数量，这样就可以防止销售商为了获得更多的供应而夸大订购量。通用汽车公司长期以来都是这样做的，现在很多大公司，如惠普等也开始采用这种方法。

在供不应求时，销售商对供应商的供应情况缺乏了解，博弈的程度就很容易加剧。与销售商共享供应能力和库存状况的有关信息能减轻销售商的忧虑，从而在一定程度上可以防止他们参与博弈。但是，共享这些信息并不能完全解决问题，如果供应商在销售旺季来临之前帮助销售商做好订货工作，他们就能更好地设计生产能力和安排生产进度以满足产品的需求，从而降低产生牛鞭效应的机会。

5) 参考历史资料，适当减量修正，分批发送

供应商根据历史资料和当前环境分析，适当削减订货量，同时为保证需求，供应商可使用联合库存和联合运输方式多批次发送，这样，在不增加成本的前提下，也能够保证订货的满足。

6) 提前回款期限

提前回款期限、根据回款比例安排物流配送是消除订货量虚高的一个好办法，因为这种方法只是将期初预订数作为一种参考，具体的供应与回款挂钩，从而保证了订购和配送的双回路管理。

【知识阅读 6-3】

提前回款期限的具体方法是将会计核算期分为若干期间，在每个期间(比如一个月分为三个期间或者四个期间，每个期间 10 天或者 7 天)末就应当回款一次；对于在期间末之前多少天积极回款者给予价格优惠等等，会有利于该项计划推进。

第二节　供应链库存管理模式

库存以原材料、在制品、半成品、成品的形式存在于供应链的各个环节，库存费用一般占库存物品价值的 20%～40%，因此供应链中的库存控制是十分必要的。供应链的库存管理不是简单的需求预测与补给，而是要通过库存管理获得用户服务与利润的优化，其主要内容包括采用先进的商业建模技术来评价库存策略、提前期和运输变化的准确效果；决定经济订货量时考虑供应链企业各方面的影响；在充分了解库存状态的前提下确定适当的服务水平。

一、供应链管理环境下库存问题的特征

1. 没有供应链的整体观念

由于供应链的各个节点企业都是独立的单元，都有各自独立的目标，有些目标和供应链的整体目标是不相干的，更有可能是冲突的，因此这种各行其道的山头主义行为必然导致供应链的整体效率的低下。

【知识阅读6-4】

美国北加利福尼亚的计算机制造商电路板组装作业采用每笔订货费作为其压倒一切的绩效评价指标，该企业集中精力放在减少订货成本上。这种做法本身并没有不妥，但是它没有考虑这样做对整体供应链的其他制造商和分销商的影响，结果该企业维持过高的库存以保证大批量订货生产。而印第安那的一家汽车制造配件厂却在大量压缩库存，因为它的绩效评价是由库存决定的。结果，它到组装厂与零配件分销中心的响应时间变得更长和波动不定。组装厂与分销中心为了满足顾客的服务要求不得不维持较高的库存。这两个例子中的企业其供应链库存的决定是各自为政的，没有考虑整体的效能。

2. 对用户服务的理解与定义不恰当

供应链管理的绩效好坏应该由用户来评价，或者用对用户的服务水平来评价。但是，对用户的服务的理解与定义各不相同，导致了对用户服务水平的差异。

【知识阅读6-5】

许多企业采用订货满足率来评估用户服务水平，这是一种比较好的用户服务考核指标，但是用户满足率本身并不保证运作问题。比如一家计算机工作站的制造商要满足一份包含多产品的订单要求，产品来自各供应商，用户要求一次性交货，制造商要等各个供应商的产品都到齐后才一次性装运给用户，这时，用总的用户满足率来评价制造商的用户服务水平是恰当的，但是，这种评价指标并不能帮助制造商发现是哪家供应商的交货迟了或早了。

传统的订货满足率评价指标也不能评价订货的延迟水平。两家同样具有 90%的订货满足率的供应链，在如何迅速补给余下的 10%订货要求方面差别是很大的。其他的服务指标也常常被忽视了，如总订货周转时间、平均回头订货、平均延迟时间、提前或延迟交货时间等。

3. 不准确的交货状态数据

顾客在等待交货过程中，可能会对订单交货状态进行修改，特别是当交货被延迟以后。许多企业并没有及时而准确地将推迟的订单引起交货延迟的信息提供给用户，这当然会导致客户的不满和再订货率的下降。交货状态数据不及时、不准确的主要原因是信息传递系统的问题。

4. 低效率的信息传递系统

在供应链中，各个供应链节点企业之间的需求预测、库存状态、生产计划等都是供应链管理的重要数据，这些数据分布在不同的供应链组织之间，要做到有效地快速响应用户需求，必须做到信息实时传递。目前许多企业的信息系统并没有很好地集成起来，造成不能实时、快速地传递信息，出现信息的延迟和不准确。

【知识阅读 6-6】

　　企业为了制定一个生产计划，需要获得企业关于需求预测、当前库存状态、订货的运输能力、生产能力等信息，这些信息需要从供应链的不同节点企业数据库处获得，数据调用的工作量很大。数据整理完后制定主生产计划，然后运用相关管理软件制定物料需求计划(MRP)，这样一个过程一般需要很长时间。时间越长，预测误差越大，制造商对最新订货信息的有效反应能力也就越小，生产出过时的产品和造成过高的库存也就不奇怪了。

5. 忽视不确定性对库存的影响

供应链运作中存在诸多的不确定因素，如订货提前期、货物运输状况、原材料的质量、生产过程的时间、运输时间、需求的变化等。为减少不确定性对供应链的影响，首先应了解不确定性的来源和影响程度。很多公司并没有认真研究和跟踪其不确定性的来源和影响，错误估计供应链中物料的流动时间(提前期)，造成有的物品库存增加，而有的物品库存不足的现象。

6. 库存控制策略简单化

无论是生产性企业还是物流企业，库存控制目的都是为了保证供应链运行的连续性及应付不确定需求。了解和跟踪不确定性状态的因素是第一步，第二步是要利用跟踪到的信息去制定相应的库存控制策略。这是一个动态的过程，因为不确定性也在不断地变化。有些供应商在交货与质量方面可靠性好，而有些则相对差些；有些物品的需求可预测性大，而有些物品的可预测性小一些；库存控制策略应能反映这种情况。许多公司对所有的物品采用统一的库存控制策略，物品的分类没有反映供应与需求中的不确定性。因此，如何建立有效的库存控制方法，并能体现供应链管理的思想，是供应链库存管理的重要内容。

7. 缺乏合作与协调

供应链企业之间的协调涉及到更多的利益群体，由于企业之间缺乏合作与协调，因此信息透明度不高。组织之间存在的沟通障碍使库存控制变得更为困难，导致企业不得不维持较高的安全库存。要进行有效的合作与协调，组织之间需要一种有效的激励机制。在企业内部一般有各种各样的激励机制以加强部门之间的合作与协调，但是当涉及到企业之间的激励时，困难就大得多。相互之间缺乏有效的监督机制和激励机制是供应链企业之间合作性不稳固的原因。

【知识阅读 6-7】

　　当用户的订货由多种产品组成，而各产品又是由不同的供应商提供时，如用户要求所有的商品都一次性交货，这时企业必须对来自不同供应商的交货期进行协调。如果组织间缺乏协调与合作，会导致交货期延迟和服务水平下降，同时库存水平也由此而增加。

8. 产品的过程设计没有考虑供应链上库存的影响

现代产品设计与先进制造技术使产品的生产效率大幅度提高，具有较高的成本效益。但是由于供应链库存的复杂性常常被忽视，结果所有节省下来的成本都被供应链上的分销与库存成本给抵消了。

【知识阅读6-8】

美国的一家计算机外围设备制造商，为世界各国分销商生产打印机，打印机有一些具有销售所在国特色的配件，如电源、说明书等。美国工厂按需求预测生产，但是随着时间的推移，当打印机到达各地区分销中心时，需求已经发生了改变。因为打印机是为特定国家而生产的，分销商没有办法来应付需求的变化，也就是说，这样的供应链缺乏柔性，其结果是造成产品积压，产生了高库存。后来，这家公司重新设计了供应链结构，主要对打印机的装配过程进行了改变，工厂只生产打印机的通用组件，让分销中心再根据所在国家的需求特点加入相应的特色组件，这样大量的库存就减少了，同时供应链也具有了柔性。在这里，分销中心参与了产品装配设计这样的设计活动，这里面还涉及到组织之间的协调与合作问题，因此合作关系也很重要。

二、供应链管理环境下的库存管理模式

供应链管理环境下的供应商管理库存、联合管理库存、多级库存优化、工作流管理等等，都体现出一种供应链成员互助互利、资源共享的库存控制策略和执行规范，它们实际上是为供应链成员间更为紧密的沟通协作提供了一个技术标准和操作平台。在供应链管理中应用较广的供应商管理库存和联合管理库存的库存控制策略就体现出这一特点。

1. 供应商管理库存模式(VMI)

1) VMI 的概念

供应商管理库存(Vendor Managed Inventory, VMI)是一种在用户和供应商之间的合作性策略，以对双方来说都是最低的成本优化产品的可获性，在一个相互同意的目标框架下由供应商管理库存，这样的目标框架被经常性监督和修正，以产生一种连续改进的环境。

2) VMI 的基本思想

(1) 合作精神(合作性原则)。在实施该模式时，相互信任与信息透明是很重要的，供应商和用户(零售商)都要有较好的合作精神，才能够相互保持较好的合作。

(2) 使双方成本最小(互惠原则)。VMI 不是关于成本如何分配或谁来支付的问题，而是关于减少成本的问题。通过该模式使双方的成本都获得减少。

(3) 框架协议(目标一致性原则)。双方都明白各自的责任，观念上达成一致的目标。如库存放在哪里，什么时候支付，是否要管理费，要花费多少等问题都要有答案，并且体现在框架协议中。

(4) 连续改进原则。使供需双方能共享利益和消除浪费。

VMI 的主要思想是供应商在用户的允许下设立库存，确定库存水平和补给策略，拥有库存控制权。精心设计与开发的 VMI 系统，不仅可以降低供应链的库存水平，降低成本，而且用户还可获得高水平的服务，改善资金流，与供应商共享需求变化的透明性和获得更高的用户信任度。

3) VMI 的实施步骤

第一，建立顾客情报信息系统。要有效地管理销售库存，供应商必须能够获得顾客的有关信息。通过建立顾客的信息库，供应商能够掌握需求变化的有关情况，把由批发商(分销商)进行的需求预测与分析功能集成到供应商的系统中来。

第二，建立销售网络管理系统。供应商要很好地管理库存，必须建立起完善的销售网络管理系统，保证自己的产品需求信息和物流畅通。为此，必须：① 保证自己产品条码的可读性和唯一性；② 解决产品分类、编码的标准化问题；③ 解决商品存储运输过程中的识别问题。目前已有许多企业开始采用 MRPII 或 ERP 企业资源计划系统，这些软件系统都集成了销售管理的功能。通过对这些功能的扩展，可以建立完善的销售网络管理系统。

第三，建立供应商与分销商(批发商)的合作框架协议，即补货配送计划。供应商和销售商(批发商)一起通过协商，确定处理订单的业务流程以及控制库存的有关参数(如再订货点、最低库存水平等)、库存信息的传递方式(如 EDI 或 Internet)等。

第四，组织机构的变革。这一点也很重要，因为 VMI 策略改变了供应商的组织模式。过去一般由客户经理处理与用户有关的事情，引入 VMI 策略后，在订货部门产生了一个新的职能，负责用户的库存控制、库存补给和服务水平。

综合起来，VMI 系统实际上是供应商通过建立顾客需求预测，并通过与分销商建立合作协议，将配送活动及订单处理整合于持续补货循环，其流程如图 6-1 所示。

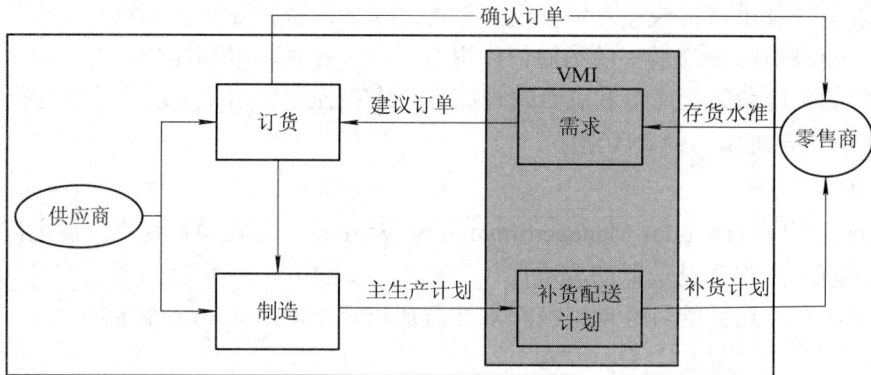

图 6-1　VMI 概念性运作构架

(1) 依顾客存货水平及销售状况进行需求预测计划，经统计计算后提出建议订购量。

(2) 依建议订购量，订单管理系统发出补货通知单，由客户进行订单确认。

(3) 依订单管理系统，制造管理系统排定主生产计划，以计划排定配送计划。

(4) 依配送计划将补货计划通知客户并进行实际补货。

一般来说，在以下的情况下适合实施 VMI 策略：零售商或批发商没有 IT 系统或基础设施，不能有效地管理自己的库存；制造商实力雄厚并且比零售商市场信息量大；有较高的直接存储交货水平，因而制造商能够有效地管理库存。

4) VMI 的实施方式

(1) 供应商提供包括所有产品的软件进行存货决策，用户使用软件执行存货决策，用户拥有存货所有权，管理存货。

(2) 供应商在用户的所在地，代表用户执行存货决策，管理存货，但是存货的所有权归用户。

(3) 供应商在用户的所在地，代表用户执行存货决策，管理存货，拥有存货所有权。

(4) 供应商不在用户的所在地，但定期派人代表用户执行存货决策，管理存货，拥有存货所有权。

【知识阅读6-9】

　　20世纪90年代末,上海华联超市允许广州宝洁公司将信息系统的终端与华联的POS系统连接,由宝洁公司实施VMI管理策略,从而使宝洁公司的生产和销售建立在供应链最佳库存水平的基础上,而华联超市中宝洁公司的产品货源也得到了保证,为超市带来了销售效益。正是依靠宝洁公司丰富的供应链管理经验和强大的信息系统支持,以及上海华联超市充满信任的合作,最终实现了"双赢"局面。

2. 联合库存管理模式(JMI)

1) JMI的概念

联合库存管理(Joint Managed Inventory,JMI)是指由供应商和用户联合管理库存。

2) JMI的基本思想

JMI是一种在VMI基础上发展起来的供应商与用户权力责任平衡和风险共担的库存管理模式。传统的库存控制策略是供应商和核心企业、零售企业都自设仓库,自己进行库存管理,不考虑合作伙伴间的共享问题,因此原材料到产成品,直至最终用户手中,需要周转多次,造成了整个供应链资源的重置和浪费。

在联合库存管理下,供应商企业将取消自己的产成品库存,而将库存直接设置到核心企业的原材料仓库中,或者直接送到核心企业的生产线上,从而对分布在供应链多个节点上的库存进行大幅削减,这种库存管理模式的应用为库存控制实现优化提供了可能。

联合库存管理模式的成败不仅需要依靠信息数据、管理策略的技术支持,很大程度上还取决于企业与供应链成员之间的合作意愿和协同能力。

【知识阅读6-10】

　　联合库存管理是一种风险分担的库存管理模式。联合库存管理的思想可以从分销中心的联合库存功能谈起。地区分销中心体现了一种简单的联合库存管理思想。传统的分销模式是分销商根据市场需求直接向工厂订货,比如汽车分销商(或批发商),根据用户对车型、款式、颜色、价格等的不同需求,向汽车制造厂订的货,需要经过较长一段时间才能达到,因为顾客不想等待这么久的时间,因此各个分销商不得不进行库存备货,这样大量的库存使分销商难以承受,甚至破产。据估计,在美国,通用汽车公司销售500万辆轿车和卡车,平均价格是18500美元,分销商维持60天的库存,库存费是车价值的22%,一年总的库存费用达到3.4亿美元。而采用地区分销中心,就大大减缓了库存浪费的现象。传统的分销模式,每个销售商直接向工厂订货,每个销售商都有自己的库存,而采用分销中心后的销售方式,各个销售商只需要少量的库存,大量的库存由地区分销中心储备,也就是各个销售商把其库存的一部分交给地区分销中心负责,从而减轻了各个销售商的库存压力,分销中心就起到了联合库存管理的功能。分销中心既是一个商品的联合库存中心,同时也是需求信息的交流与传递枢纽。从分销中心的功能我们得到启发,对现有的供应链库存管理模式进行了新的拓展和重构,提出了联合库存管理新模式——基于协调中心的联合库存管理系统。

3) 联合库存管理模式的优点

联合库存管理是解决供应链系统中由于各节点企业的相互独立库存运做模式导致的需

求放大现象，提高供应链的同步化程度的一种有效方法。联合库存管理和供应商管理用户库存不同，它强调双方同时参与，共同制定库存计划，使供应链过程中的每个库存管理者(供应商、制造商、分销商)都从相互之间的协调性考虑，保持供应链相邻的两个节点之间的库存管理者对需求的预期保持一致，从而消除了需求变异放大现象。任何相邻节点需求的确定都是供需双方协调的结果，库存管理不再是各自为政的独立运作过程，而是供需连接的纽带和协调中心，如图 6-2 所示。

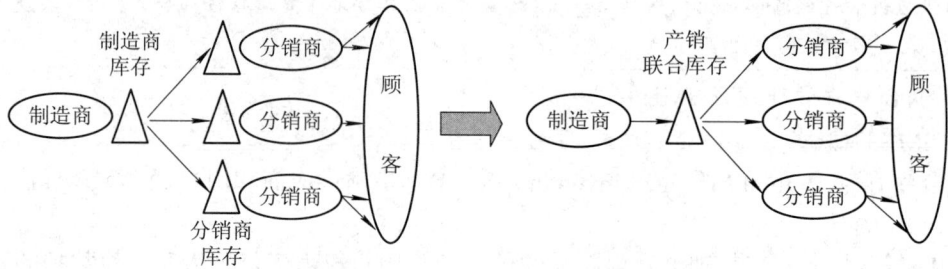

图 6-2　联合库存管理的供应链模式

联合库存管理模式和传统的库存管理模式相比，具有如下几个方面的优点：① 为实现供应链的同步化运作提供了条件和保证。② 减少了供应链中的需求扭曲现象，降低了库存的不确定性，提高了供应链的稳定性。③ 库存作为供需双方的信息交流和协调的纽带，可以暴露供应链管理中的缺陷，为改进供应链管理水平提供依据。④ 为实现零库存管理、准时采购以及精细供应链管理创造了条件。 ⑤ 进一步体现了供应链管理的资源共享和风险分担的原则。

联合库存管理系统把供应链系统管理进一步集成为上游和下游两个协调管理中心，从而部分消除了由于供应链环节之间的不确定性和需求信息扭曲现象导致的供应链的库存波动。通过协调管理中心，供需双方共享需求信息，因而起到了提高供应链的运作稳定性作用。

4) 联合库存管理的实施策略

(1) 建立供需协调管理机制。为了发挥联合库存管理的作用，供需双方应从合作的精神出发，建立供需协调管理机制，明确各自的目标和责任，建立合作沟通的渠道，为供应链的联合库存管理提供有效的机制。没有一个协调的管理机制，就不可能进行有效的联合库存管理。建立供需协调管理机制，要从以下几个方面着手。

① 建立共同合作目标。要建立联合库存管理模式，首先供需双方必须本着互惠互利的原则，建立共同的合作目标。为此，要理解供需双方在市场目标中的共同之处和冲突点，通过协商形成共同的目标，如用户满意度、利润的共同增长和风险的减少等。

② 建立联合库存的协调控制方法。联合库存管理中心担负着协调供需双方利益的角色，起协调控制器的作用。因此需要对库存优化的方法进行明确确定。这些内容包括库存如何在多个需求商之间调节与分配，库存的最大量和最低库存水平、安全库存的确定，需求的预测等等。

③ 建立一种信息沟通的渠道或系统信息共享是供应链管理的特色之一。为了提高整个供应链的需求信息的一致性和稳定性，减少由于多重预测导致的需求信息扭曲，应增加供

应链各方对需求信息获得的及时性和透明性。为此应建立一种信息沟通的渠道或系统，以保证需求信息在供应链中的畅通和准确性。要将条码技术、扫描技术、POS 系统和 EDI 集成起来，并且要充分利用因特网的优势，在供需双方之间建立一个畅通的信息沟通桥梁和联系纽带。

④ 建立利益的分配、激励机制。要有效运行基于协调中心的库存管理，必须建立一种公平的利益分配制度，并对参与协调库存管理中心的各个企业(供应商、制造商、分销商或批发商)进行有效的激励，防止机会主义行为，增加协作性和协调性。

(2) 发挥两种资源计划系统的作用。为了发挥联合库存管理的作用，在供应链库存管理中应充分利用目前比较成熟的两种资源管理系统：MRPII 和 DRP。原材料库存协调管理中心应采用制造资源计划系统 MRPII,而在产品联合库存协调管理中心则应采用物资资源配送计划 DRP。这样在供应链系统中把两种资源计划系统很好地结合起来。

(3) 建立快速响应系统(QR)。快速响应系统(QR)是一种供应链管理策略，目的在于减少供应链中从原材料到用户过程的时间和库存，最大限度地提高供应链的运作效率。快速响应系统需要供需双方的密切合作，协调库存管理中心的建立为快速响应系统发挥更大的作用创造了有利的条件。

【知识阅读 6-11】

快速响应系统是在 20 世纪 80 年代末由美国服装行业发展起来的一种供应链管理策略。快速响应系统在美国等西方国家的供应链管理中被认为是一种有效的管理策略，共经历了三个发展阶段。第一阶段为商品条码化，通过对商品的标准化识别处理加快订单的传输速度；第二阶段是内部业务处理的自动化，采用自动补库与 EDI 数据交换系统提高业务自动化水平；第三阶段是采用更有效的企业间的合作，消除供应链组织之间的障碍，提高供应链的整体效率，如通过供需双方合作，确定库存水平和销售策略等。目前在欧美等西方国家，QR 系统应用已到达第三阶段，通过联合计划、预测与补货等策略进行有效的用户需求反应。美国的 Kurt Salmon 协会调查分析认为，实施快速响应系统后供应链效率大有提高；缺货大大减少；通过供应商与零售商的联合协作保证 24 小时供货；库存周转速度提高 1～2 倍；通过敏捷制造技术，企业的产品中有 20%～30%是根据用户的需求而制造的。

---

(4) 发挥第三方物流系统的作用。把库存管理的部分功能代理给第三方物流系统管理，如图 6-3 所示，可以使企业更加集中精力于自己的核心业务，第三方物流系统起到了供应商和用户之间联系的桥梁作用，为企业获得诸多好处：① 减少成本；② 使企业集中于核心业务；③ 获得更多的市场信息；④ 获得一流的物流咨询；⑤ 改进服务质量；⑥ 快速进入国际市场。

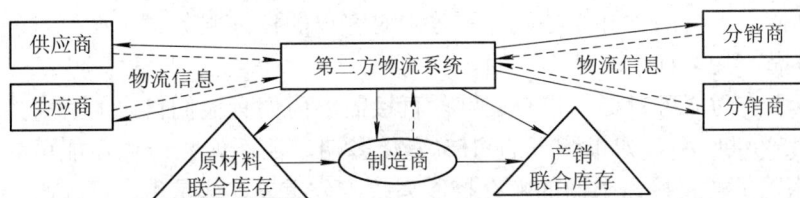

图 6-3　第三方物流与联合库存管理

面向协调中心的第三方物流系统使供应与需求双方都取消了各自独立的库存，增加了供应链的敏捷性和协调性,并且能够大大改善供应链的用户服务水平和运作效率。

【知识阅读6-12】

　　第三方物流系统(Third Party Logistics, TPL)是供应链集成的一种技术手段。TPL也叫做物流服务提供者(Logistics Service Provider,LSP),它为用户提供各种服务,如产品运输、订单选择、库存管理等。第三方物流系统的产生是由一些大的公共仓储公司通过提供更多的附加服务演变而来的,另外一种产生形式是由一些制造企业的运输和分销部门演变而来的。

第三节　供应链库存优化方法

一、产品设计考虑供应链库存管理

　　人们在进行产品设计的时候,考虑的因素一般是产品的成本、生产过程、产品质量等因素,很少考虑生产过程中供应链库存因素,结果辛苦设计出来的预期带来较大收益的产品,往往因为库存成本的增加或不合理的运输、批发而导致不能达到预期目标。

　　如美国HP计算机公司生产的台式打印机,原先发往各个国家前需要在每台打印机中加入适合目的地的电源、电源线、说明书。这样做等于生产了不同品种的地区性打印机,增加了库存管理费用。为了有效地降低库存,HP公司重新考虑了供应手段,工厂生产的通用打印机直接发往各目的地的批发中心,由各批发中心加入合适的电源线、说明书,再进行包装,使得批发中心介入生产过程,有效地减少了库存水平,节约成本3千万美元。

　　在对供应链网络的设计中,除了考虑建立或关闭批发中心的固定成本以及运输费用外,还必须考虑库存投资、订货反应时间等其他因素。这些因素看似次要,有时也会产生较大的影响。如美国一家生产IC芯片的公司具有这样一条供应链:它将制成的IC芯片运到新加坡去检验,原因是那里的检验技术先进、劳动力质量高并且税率低;然后再将芯片运至美国进行最后检验、包装和送至客户。供应链的这种设计显然没有考虑到库存和周转时间。美国到新加坡的运输时间来回至少需要两周,还要加上海关通关时间。这样长的时间无疑会增加库存成本,并且它所影响的客户正是这家公司自身。显然这是一条低效的供应链。

　　对于供应链的设计,必须保证供应网络的完整,而在内部供应链中加入外部供货的客户后,必然会影响内部的运行。生产者常常把其直接的客户和供方看做供应链的终端。所谓"客户需求"指的是直接需求商的订货,而不是最终的客户,这是对供应链的曲解。必须明白,对直接需求商的良好服务,并不等于对客户的良好服务。生产厂家若不对供应链作整体性的考虑,其运行性能是不高的。

　　使用供应率作为服务目标,也有问题。直接需求商们有他们自己的库存控制系统。他们通常认为85%供应率,如果剩下的15%变化多端,还不如在一周后能可靠稳定到货的100%的供应率。了解直接需求商的库存控制系统十分重要,这是生产厂家唯一能精确制定内部服务目标的途径。

二、供应链信息一体化建设

信息对提高供应链整体管理效率，降低库存水平，减弱不确定性对库存费用带来的负面效应起关键作用。

订货预测、各地的库存状态、生产计划、送货计划等，这些都是供应链管理中的关键数据。这些数据来自各生产实体，所建立的数据库必须保证各成员能够有效地调用，并且由中央控制在运行时协调。随着信息技术的发展，这些数据库可以在各公司间集成。目前供需双方加强伙伴合作关系的倾向趋于强烈，在这种情况下，供应链中不同公司的数据库集成显得尤其重要。

精确的送货状态信息，对于运输系统尤为重要。客户订货时，他们想知道的是产品何时到达；在等货时，他们又想知道最新的送货状态，特别是想知道货物是否会迟到，因为这将直接影响客户本身的运行。及时送货固然重要，不容低估，但一旦延时到货，向客户提供及时和精确的送货状态信息也很重要。信息的调用和传输过程中的延时，使得公司不可能提供精确的运输状态。由于延时会引起预测误差并影响库存量的精确度，因此短期生产计划的实施也会遇到困难。

由上述可知，建设供应链内部成员之间的信息一体化是非常重要的，零售端 POS 技术的应用和 EDI 促进了供应链内部信息共享的发展，而方兴未艾的电子商务技术与应用，使得供应链内部信息一体化建设成为可能。B2C 模式的电子商务应用使得企业得以获取详尽的最终用户的需求信息，而 B2B 模式的电子商务应用保证了供应链内部企业之间的信息广泛而及时的信息交流，包括大量的生产、库存和销售信息。与此同时，电子商务促进了企业之间更为频繁和全面的交流与交易，使建立供应链内部的信任与伙伴关系更为容易实现。

三、建立有效的激励监督体系

供应链内部各成员由于利益目标不一致，因此相互之间缺乏合作精神，即使链内成员建立一定的合作关系，因为缺乏相应的监督和激励措施，使得合作往往达不到预期的效果。

为协调供应链内部企业之间的利益目标，一个可行办法是企业之间的合作，建立类似于联盟的伙伴关系，它通过完善成员之间信息共享、决策机制来建立一种信任关系，通过契约的形式来约定相应的利益分配机制和监督体系。这种有效的伙伴合作信任关系实际上是企业之间通过长期合作博弈来建立的。由于信任不容易获得，以及传统的竞争理论使供应链内部成员之间定位为互相竞争的关系多于合作，使得我们很难通过契约的形式达到建立供应链成员之间的激励和监督体系的效果。

建立供应链内部成员之间的激励和监督体系的另外一种可行办法是供应链成员之间的部分股权互换。股权互换的有利结果是不必经由长期的合作博弈就可以协调供应链成员的利益目标，至少使之不至于太过背离，是保证供应链成员进行信息和决策合作的一种有效的激励机制。供应链内部成员参与企业之间的资产和流程的专用性提供了对股权互换的激励，但是企业的规模和权威的差异性使得股权互换的有效性复杂化。

四、建立供应链的性能度量体系

供应链总的性能取决于各有关部门的联合性能，每一部门的管理仍然是高度自治的，各有各的目标和任务。这些目标很少与供应链的总性能相关，甚至矛盾，结果是对供应链产生不良的效果。例如：北加利福尼亚一家电脑厂家的装配厂以每次进货安排的成本作为其压倒一切的度量，因而它的目光集中在降低每次安排的成本上，这一点没有错，但它没有考虑到这种度量是否会影响到供应链涉及的其他部门，乃至影响厂家的生产。结果这一部门为了应付大批量的生产，不得不保持大量的库存。

对于完整的供应链至今还没有一种合适的性能度量，许多公司存在这个问题。即使有度量，也不是直接与客户的满意与否联系在一起。例如：一些公司使用库存周转数作为全供应链的性能度量，它们没将反应时间或对客户的服务完成率考虑在内，而这些正是不可缺少的。供应链管理的最终目标，是使客户满意。然而，对客户的服务目前存在多种不同的定义。多数公司使用平均订货数的百分比，还有其他比如价格型的供应率等等，但这些并没有使客户满意。

客户订货通常包括许多项，如个人电脑分销商在一次订货中可能会包括打印机、计算机、附件、软件等等。如果该分销商的订货仅仅是为了补充它的并不紧张的库存，那么各项产品分别送到并不影响分销商对其最终客户的服务水平。从这个意义上讲，各项产品的供应率是一项很好的服务性能指标。如果有客户因维修需要零件，那这些零件必须一次到达。这样就必须用全部产品的供应率来度量其性能。

供应率本身也并不能完全反应订货到达的及时性。有两条供应链，其供应率均为 90%。尽管 90% 的货物能及时到达，但是余下的 10% 的货物到达情况却有可能极大地不同。有的总数可以在一周内到达，有的却要拖延数周，甚至极不稳定。

总之，对于供应链的性能度量，必须建立新的指标体系并进行研究。新的度量指标应该兼顾到供应链成员的整体，并考虑供应链的库存总量以及反应时间，使得度量结果对供应链整体成员负责，并且在实际运营过程中由管理人员定时(比如每周、每月)对供应链进行评估和测量。

本 章 小 结

供应链管理环境下的库存控制同传统的库存管理相比有许多新的特点和要求。本章讨论了适应供应链环境下的库存管理模式与方法。这些模式与方法集中地体现了这么一种思想：通过加强供应链管理环境下的库存控制来提高供应链的系统性和集成性，增强企业的敏捷性和响应性。

传统库存管理模式是相对于供应链管理而言的，主要是以单一企业为对象的企业运作管理，库存控制的主要目的也是针对单一企业的库存进行分类管理，确定订货点及订货量，确保企业个体的库存总成本最少。这种传统的库存控制策略主要包括：订货点检查策略、ABC 重点控制策略、经济订购批量(EOQ)策略。传统管理模式下库存控制存在的缺陷包括：① 库存控制缺乏合作性与协调性；② 库存控制的绩效考评尺度具有局限性；③ 库存控制策略过于简单化；④ 库存信息传递能力较低。

"牛鞭效应"是指供应链上的一种需求变异放大现象。其产生的原因主要有 6 个方面，即需求预测修正、订货批量决策、价格波动、短缺博弈、库存责任失衡和应付环境变异。

其解决方法有：① 订货分级管理；② 加强出入库管理，合理分担库存责任；③ 缩短提前期，实行外包服务；④ 规避短缺情况下的博弈行为；⑤ 参考历史资料，适当减量修正，分批发送；⑥ 提前回款期限。

供应链管理环境下的供应商管理库存、联合管理库存等，都体现出一种供应链成员之间互助互利、资源共享的库存控制策略，它们实际上是为供应链成员间更为紧密的沟通协作提供了一个技术标准和操作平台。

供应商管理库存(VMI)是一种在用户和供应商之间的合作性策略，以对双方来说都是最低的成本优化产品的可获性，在一个相互同意的目标框架下由供应商管理库存，这样的目标框架被经常性监督和修正，以产生一种连续改进的环境。

联合库存管理(JMI)是指由供应商和用户联合管理库存。JMI 是一种风险分担的库存管理模式。分销中心的联合库存功能是联合库存管理思想的体现，并进一步发展成基于协调中心的联合库存管理系统。

供应链库存优化方法有：① 产品设计考虑供应链库存管理；② 供应链信息一体化建设；③ 建立有效的激励监督体系；④ 建立供应链的性能度量体系。

课 后 复 习 题

1. 简述传统的库存控制策略。
2. 传统库存控制存在的缺陷是什么？
3. "牛鞭效应"产生的原因是什么？其解决方法有哪些？
4. VMI 的基本思想是什么？VMI 的实施步骤有哪些？
5. JMI 的基本思想是什么？JMI 的实施策略有哪些？
6. 供应链库存优化方法有哪些？

➢ 实训任务

供应商管理库存(VMI)

1. 实训目的

通过本次实训，学生应了解和掌握供应链环境下的 VMI 库存管理模式及其改变存货所有权的方式，分析 VMI 所带来的库存成本及服务水平的变化。

2. 实训内容

(1) 模拟一条供应链。

(2) 实时地观察人工下订单、VMI 库存控制模式等不同状态下，供应链上各个成员的订单及库存变化曲线。

3. 实训仪器、设备及材料

计算机，安装 Windows 2000 和"供应商管理库存(VMI)"实训软件。

4. 实训原理

改变传统的买方下订单、供应商提供货物的订货模式。由供应商决定每种产品恰当的库存水平(在事先约定的范围内),以及维持这些库存水平的适当策略。当传统的存货所有权发生转移时将带来订货方式的革新,从而引发供应链上下结点的库存成本以及服务水平的变化。

5. 实训步骤

(1) 观察传统订货情况下的库存曲线。当用户需求发生变化时,供应链各成员的库存波动变化情况。

(2) 观察当实施 VMI 时,供应链上各成员的库存情况变化状态。

(3) 纵向对比同一个供应链成员在不同库存管理策略下的曲线对比。

实训中,可调整各种供应链参数,包括安全库存、送货提前期、库存策略等。

6. 实训报告要求

(1) 实训名称、学生姓名、班级和实训日期。

(2) 实训目的和要求。

(3) 实训仪器、设备与材料。

(4) 实训原理。

(5) 实训步骤。

(6) 实训原始记录。

(7) 实训数据计算结果。

(8) 实训结果分析,讨论实训指导书中提出的思考题并写出总结及心得体会。

7. 思考题

分析 VMI 所带来的库存成本及服务水平的变化。

◇ 案例题

戴尔公司的库存管理

戴尔公司的供应链包括两个有效环节:顾客订购和生产环节以及原材料与零部件的获得环节。戴尔公司的销售模式为直销,不通过中间商或分销商来销售产品,而是直接面对顾客,它是通过生产而不是通过成品库来满足顾客的需求。因此,其生产环节便成为顾客订购环节中顾客订单完成过程中的重要组成部分。戴尔公司的生产哲学是"每单订制",生产模式是"大量客户化运作"模式,这种生产成功主要取决于终极仓库概念和先进的软件平台基础上的物流系统。

戴尔公司每年的在制品周转次数大约为 264 次,而戴尔公司本身只保持不超过 6 天的库存。来自全球范围内的 50~60 家零部件供应商为戴尔公司在德克萨斯州奥斯汀市和田纳西州纳什维尔市的两个生产工厂提供部件,戴尔公司要求供应商在两个小时内对其订单作出反应,供应商要达到这个目标的唯一方法就是利用物流公司提供的先进物流管理,位于佛罗里达州迈阿密的 Ryder Integrated Logistics 公司承担了这项物流服务,Ryder 公司的主要任务是管理供应商为戴尔公司提供的库存直至将它运至戴尔的工厂,通过 Kanbans 的信息管理系统进行补货，为戴尔公司生产工厂管理运作库存，使戴尔公司在销售运作中的产品预测和旺季预测等工作上取得了巨大的成绩。从供应商将部件运至 Ryder 公司开始，Ryder 公司的集成化运作流程和物流管理就贯穿于整个物流运作中，从而为戴尔公司带来了巨大的增值。

分析讨论：

1. Ryder 公司为戴尔公司提供了什么库存管理模式？这种管理模式的基本思想是什么？实施过程中应坚持什么原则？

2. 戴尔公司和供应商在这种物流服务中取得了什么收益？

第七章　供应链管理的评价

【学习目标】通过本章的学习，应当认识到供应链绩效评价的意义；理解供应链绩效管理的概念；识记供应链管理的关键业务指标和内容；理解供应链绩效评价的作用和原则；掌握供应链绩效评价指标的建立，并学会运用；说明供应链企业激励机制的主要内容。

引例

Mopar 零件公司的绩效管理

戴姆勒·克莱斯勒公司的 Mopar 零件集团年销售额 40 亿美元，在美国和加拿大地区经营汽车零配件的分销。Mopar 有一个极为复杂的供应链，有 3000 家供应商、30 个分销中心和每天来自 4400 个北美经销商的 225 000 个经销商订单。然而，售后零配件销售极难预测，因为它不是直接为生产所驱动，相反是由如天气、车辆地点、车辆磨损和破坏，以及顾客对经销商促销的反应等不可预测因素所决定的。顾客不愿意为替换零件而花费等待的时间，因此零售商不得不寻求可替代的零配件资源以避免顾客不满和失去市场份额。为了保证经销商不使用非 OEM 零件，汽车公司一般都因订货管理、库存平衡、供应奖励收费等导致高昂的补货成本。Mopar 零件公司就面对着这样一个困境。戴姆勒·克莱斯勒公司意识到了他们未来的竞争力在于他们甄别、理解、采取解决行动并防止昂贵的服务供应链问题的能力。因此，他们开始投入到了 SCPM 系统的实施之中。

Mopar 的 SCPM 系统通过监测未来需求、库存和与预先确定的目标相关的供应链绩效关键指标来甄别出绩效例外。然后，用户利用该系统探究问题，找到个别的或相互关联的可选方案。导致问题的潜在根本原因包括非季节性天气(或者更好或者更坏)、竞争性促销、对预测模型的不准备假设。理解问题和可选方案后，系统用户就采取解决问题的行动了。Mopar 集团通过削减安全库存和不必要的"过期"(不可能被接受)运输每年节约数百万美元的成本。仅仅在第一年，戴姆勒·克莱斯勒公司就将他们的决策周期从几个月缩短到几天，减少了超额运输成本，将补货率增加一个百分点，还节约了 1500 万存货。看来，戴姆勒·克莱斯勒公司从 SCPM 中获得了竞争力的巨大提升。

随着供应链管理理论的发展和供应链在制造业中的普遍使用，使得建立能够科学反映供应链运营情况的供应链绩效评价体系成为一种迫切的需要。一个有效的绩效评价体系应该能够反映整个供应链的运营情况，而不仅仅是某一个企业内部的运作绩效，要综合考虑企业内部、成员企业之间的业务流程衔接，上下游关系以及整个供应链系统的竞争优势和竞争能力。

第一节 供应链管理绩效评价的基本概念

一、供应链绩效评价的意义

物流与供应链管理是在经济全球化背景下产生的新的管理模式，对于企业来说既是机遇又是挑战。伴随着市场竞争的加剧和用户个性化需求的快速演变，企业既要对内部经营和管理各个流程进行改造和细化，又要考虑到与其相关的上下游企业的衔接，整合形成价值链，以提高企业的竞争能力。供应链的研究与实践表明，以整合的观点研究企业供应链绩效，有助于建立信息共享的渠道，实现高效准确的信息传递，从而提高运营效率，降低成本，达到整个供应链的资源配置最优化。具体来说，企业供应链绩效评价的意义主要表现在以下几个方面：

1. 实现公平管理

用公平而客观的统一标准对物流和供应链绩效进行评价，有利于消除或减少由于个人主观因素带来的不公平、不公正、不全面、不客观的现象。

2. 实现不断改善

通过绩效评价，有利于及时发现物流和供应链管理中存在的疏漏、缺陷和问题，为改善物流和供应链管理系统经济上的合理性和可行性提供依据。

3. 提高经济效益

通过绩效管理，有利于帮助企业员工和其他相关主体树立正确的价值观念和行为准则，尽可能降低物流与供应链管理的运营成本和费用，从而实现经济效益的提高。此外，通过绩效评价还可以实现制约员工行为、提高员工工作积极性与主动性的目的。

4. 作为定岗、调资的依据

通过绩效管理，有利于帮助物流与供应链管理机构进行日常的管理，如对员工的工作质量进行评估和考核，作为奖惩、定岗、调资和评定职称的参考依据。

5. 加强企业的重视与监督

通过绩效评价，可以使物流与供应链管理本身的效用在某种程度上得到揭示，这样更有利于发挥物流与供应链管理的作用，引导企业对物流与供应链管理工作的重视和监督。

【知识阅读 7-1】

阻碍供应链及需求链发挥作用的"七宗罪"：① 没能管理好、坚持好新技术的采用；② 采用不好的操作程序；③ 设定不切实际的目标；④ 试图一次性地把所有事情做完；⑤ 没能够将供应链伙伴放进操作过程；⑥ 认为系统是绝对正确的；⑦ 没能够激活供应链。

二、供应链绩效评价的内涵

目前国内主要观点认为，供应链绩效评价是指围绕供应链的目标，对供应链整体、各环节(尤其是核心企业运营状况以及各环节之间的运营关系等)所进行的事前、事中和事后分析评价。因此，评价供应链的绩效，是对整个供应链的整体运行绩效、供应链节点企业、供应链上的节点企业之间的合作关系所做出的评价，应该强调组织之间的协调、合作、运营管理，而不是基于所有制的控制管理及层次型的纵向集成；强调供应链的持久和稳定性的绩效，而不是强调短期、企业级的绩效。

为了达到对供应链进行绩效评价的目的，一般要从三个方面考虑：一是内部绩效度量，二是外部绩效度量，三是供应链综合绩效度量。

1. 内部绩效度量

内部绩效度量主要是对供应链上的企业内部绩效进行评价。常见的评价指标有：成本、顾客服务、生产率、良好的管理、质量等。

【知识阅读 7-2】

质量是内部绩效度量中最重要的指标，但是由于度量范围很广，因此难以加以衡量，目前大部分人将"完美订货"看成是物流运作质量的最终评价标准。完美订货关注的是总体的物流绩效，它必须符合以下标准：① 圆满完成所有配送；② 订发货周期短；③ 精确无误地完成所有文件、票据，包括标签、提货单及发票等；④ 状态良好。

---

2. 外部绩效度量

外部绩效度量主要是对供应链上的企业之间运行状况的评价。主要指标有：用户满意度、最佳实施基准等。

【知识阅读 7-3】

基准是指在测量工作中用作起始尺度的标准。它是综合绩效评价的一个重要方面，最佳的实施基准集中在对比组织指标上的实施和程序。越来越多的供应链企业应用最佳的实施基准，将它作为企业运行与相关行业或非相关行业的竞争对手或最佳企业比较的一种技术。特别是一些核心企业常在重要的战略领域将基准作为检验供应链运作的工具。

---

3. 供应链综合绩效度量

正如有人指出的那样，21 世纪的竞争是供应链与供应链之间的竞争，这就引起人们对供应链总体绩效和效率的日益重视，要求提供能从总体上观察透视供应链运作绩效的度量方法。这种透视方法必须是可以比较的，既能适用于企业的功能部门，又能适用于分销渠道。如果缺乏整体的绩效衡量，就无法保证制造商对用户服务的看法和决策与零售商的想法完全一致。因此，供应链综合绩效度量尤为重要。

供应链综合绩效度量主要从用户满意度、时间、成本、资产等几个方面展开。

上述三个方面比较系统地论述了有关供应链绩效评价的指标，关于供应链绩效评价还有一些一般性的评价指标，见表7-1。

表7-1 供应链绩效评价的一般性评价指标

顾客服务	生产与质量	资产管理	成本
饱和率	人均发运系统	库存周转率	全部成本/单位成本
脱销率	人工费系统	负担成本	销售百分比成本
准时交货率	生产指数	废弃的库存	进出货运输费
补充订货	破损率	库存水平	仓库成本
循环时间	退货率	供应天数	管理成本
发运错误	信息要求数	净资产回报	直接人工费
订单准确率	破损物价值	投资回报	退费成本

三、供应链绩效评价的作用和原则

1. 供应链绩效评价的作用

我们从事任何工作，都要对这项工作的绩效进行评价，以衡量该工作的完成情况及其对组织目标实现所做的贡献。同样的，在供应链管理中，我们也需要通过绩效评价来衡量供应链的运营情况，使供应链能保持健康稳定的发展，为企业带来效益。总结起来，供应链绩效评价的作用主要体现在：

1) 提高整个供应链的运营效果

供应链管理形成了跨企业的动态联盟，覆盖了产品从设计到消费、到变成废品回收的过程。供应链是否能够实现整体优化，取决于供应链各节点企业之间的协调运作。通过对整个供应链的运营进行绩效评价，可以消除整个供应链中不必要的动作和消耗，集中精力开发高效率、高效益的物流资源，提高整个供应链的运营效果。

2) 约束供应链内各企业

根据约束理论，绩效评价是寻找约束的重要途径，也是消除约束、优化资源配置的前提。因此，通过对供应链内各企业进行绩效评价，形成约束机制，可以引起供应链内各企业的重视，从而达到吸收优秀企业加盟、剔除不良企业的目的，实现供应链的优化组合。

3) 激励供应链内各企业

通过供应链绩效评价的指标可以对企业起到激励的作用，使各节点企业自觉地根据指标内容检查自己的行为和运行状况，加强供应链各企业之间的协作。激励既包括核心企业对非核心企业的激励，也包括供应商、制造商和销售商之间的相互激励。

4) 提高供应链内各企业的合作关系

供应链绩效评价从用户满意度的角度，评价上游企业对下游企业提供的产品和服务质量，从而引导上、下游企业建立良好的合作伙伴关系，增加协调能力。为了确保整个供应链的可持续的竞争优势，每个节点企业不能再以追求企业利润最大化为目标，而是应以追求整个供应链利润最大化为目标。

2. 供应链绩效评价的原则

要想实现供应链评价的作用，我们在进行供应链绩效评价的时候就应当注意几下几点原则：

(1) 突出重点，对关键绩效指标有针对性地进行重点分析。

(2) 采用能反映供应链业务流程的绩效指标体系。

(3) 评价指标不应仅仅反映某个企业的运营情况，而要能反映整个供应链的运营情况。

(4) 尽可能采用实时分析与评价的方法，把绩效度量范围扩大到能反映供应链实时运营的信息上去，这要比仅做事后分析有价值得多。

(5) 在衡量供应链绩效时，采用能反映供应商、制造商及用户之间关系的绩效评价指标，把评价的对象扩大到供应链上的相关企业。

【小应用 7-1】

成功的供应链绩效管理

电子制造服务(EMS)提供商 Flextronics 国际公司两年前便面临着一个既充满机遇又充满挑战的市场环境，很多岌岌可危的问题存在于供应链的方方面面——采购、制造、分销、物流、设计、融资等等。

Flextronics 使用了供应链绩效管理的方法，使它能确认邮政汇票的异常情况，了解根本原因和潜在的选择，采取行动更换供应商、缩减过度成本、利用谈判的力量等。绩效管理的方法包括了实施基于 Web 的软件系统加速供应链绩效管理的周期。Flextronics 在 8 个月的"实施存活期"中节约了几百亿美元，最终在第一年产生了巨大的投资回报。

在识别异常绩效方面，Flextronics 系统根据邮政汇票信息连续比较合同条款和被认可的卖主名单，如果卖主不是战略性的或者订单价格是在合同价格之上的，系统就提醒买方。另一方面，如果邮政汇票价格是在合同价格之下的，系统就提醒货物管理人员可能的成本解决机会。向接近 300 个使用者传递的邮件通告包含详细绩效信息的 Web 链接和异常情况的总结。

Flextronics 管理人员随后使用系统了解问题和选择方案。他们评价异常情况并且决定是否重新谈判价格，考虑备选资源或者调整基于业务需求的不一致。同样，采购经理分析市场状况，计算费用，然后通过商品和卖主区分成本解决的优先次序。在供应链绩效管理周期开始之前或者周期进行中，Flextronics 确认数据、流程和行动的有效性。当实施它们的绩效系统时，Flextronics 建立指标和界限，并且保证数据的质量和合时性。使用绩效管理系统，Flextronics 已经能通过资本化各种机会节约成本并获得竞争优势。

Flextronics 公司的成功，确认了供应链绩效管理作为供应链管理的基础性概念和实践的力量和重要性。

第二节　供应链管理绩效评价的方法和应用

一、供应链绩效评价的方法

供应链绩效评价的分析方法随着绩效评价理论的发展得到了不断的丰富，主要有以下几种：

(1) 标杆法。标杆法是美国施乐公司确立的经营分析法，以定量分析自己公司现状与其他公司现状，加以比较。标杆法是将那些出类拔萃的优秀公司作为测定基准，作为学习的对象，以迎头赶上并进而超过之。

(2) 专家评价法。这是一种以专家的主观判断为基础的综合评价方法。其具体形式有：加法评价型、连乘评价型、加乘评价型、加权评价型、功效系数法。优点是简单方便，易于使用；不足之处是该方法的主观性太强，不宜使用在复杂的系统中。

(3) 数理统计法。数理统计法主要是应用其中的主成分分析、因子分析、聚类分析、判别分析等方法对一些对象进行分类和评价等，其优点是可以排除评价中的人为因素的干扰和影响，而且比较适宜于评价指标间彼此相关程度较大的对象系统的综合评价；不足之处就是这种方法对数据的要求较高，不宜用在供应链整体绩效的综合评价上。

(4) 模糊综合评价法。模糊综合评价法是一种用于涉及模糊因素的对象系统的评价方法。该方法的优点是可对涉及模糊因素的对象系统进行综合评价，而且更加适宜于评价因素多、结构层次多的对象系统；但该评价方法本身并不能解决评价指标间相关造成的评价信息重复问题，隶属函数的确定还没有系统的方法，有待进一步探讨。

(5) 层次分析法。美国运筹学家、匹兹堡大学的萨迪教授于 20 世纪 70 年代提出了层次分析法 (The Analytic Hierarchy Process，AHP)。AHP 将复杂的问题分解成各个组成因素，又将这些因素按一定的支配关系分组形成递阶层次结构，通过两两比较的方式确定层次中诸因素的相对重要性，然后综合决策者的判断，确定决策方案相对重要性的总的排序。

(6) 灰色关联法。灰色关联法是灰色系统理论的一个分支，是一种从信息的非完备性出发，研究和处理复杂系统的理论。它通过分析参考序列与比较序列的曲线几何形状的接近程度，来判断变化趋势的接近程度。灰色关联法常常被作为多指标体系的综合评价方法，一般选取最优方案为参考序列，与之关联度越大的方案越优。

(7) 仿真绩效评价法。大多数实际系统无法建立精确的实际模型，必须借助仿真的方法对模型进行分析，获取所需数据以评价模型运行绩效。韩坚等提出了基于优化仿真的绩效评价方法：借助多学科理论研究供应链上各个实体协调和合作成为一个研究热点。我国学者林丽红结合神经网络知识，建立基于 BP 神经网络的供应链绩效评价网络结构，并在 Matlab 6.5 软件环境下进行供应链绩效评价的仿真实验。仿真绩效评价法较好地避免了传统方法人为取权值和相关系数过程中的主观性和不确定性，并且该评价方法只需要适量的训练样本，一旦通过对适量典型样本进行学习，确定网络的各权值和阈值后，就可对大量待评数据进行评定，该评价方法简单、准确、省时、省力。

二、常用的供应链绩效评价体系的应用

1. 基于供应链平衡计分卡的评价体系

1) 平衡计分卡简介

1992 年卡普兰和诺顿首次提出了平衡计分卡。平衡计分卡的核心思想反映在一系列指标间形成平衡，即短期目标和长期目标、财务指标和非财务指标、滞后型指标和领先型指标、内部绩效和外部绩效之间的平衡。管理的注意力从短期的目标实现转移到兼顾战略目

标实现，从对结果的反馈思考转向到对问题原因的实时分析。它以企业的长期战略目标为基石，从客户、财务、内部运营、学习与发展 4 个方面考察企业绩效，确保企业从系统观的角度进行战略实施和绩效评价。平衡计分卡中四个层面的关系如图 7-1 所示。

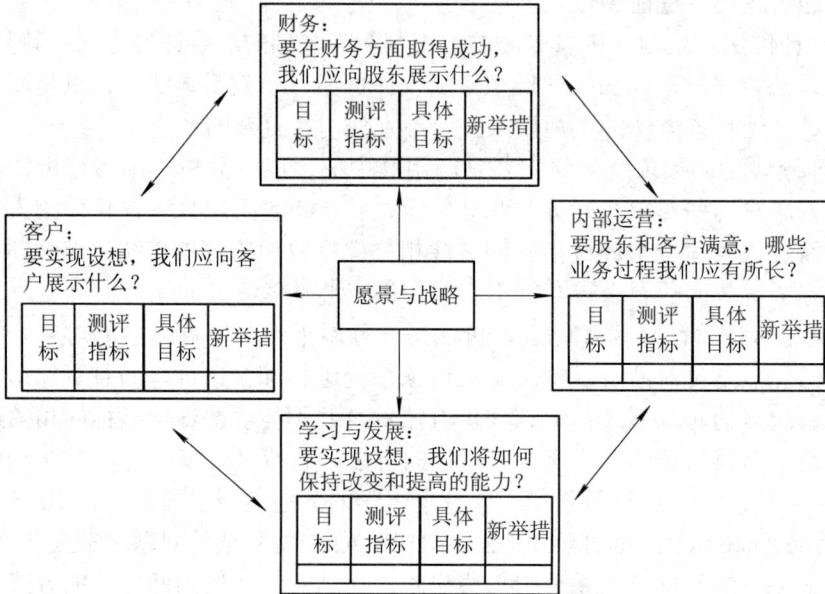

图 7-1　平衡计分卡中四个层面的关系

2) 平衡计分卡的实施步骤

(1) 建立企业的愿景与战略。公司的愿景与战略要简单明了，并对每一部门均具有意义，使每一部门都可以采用一些业绩衡量指标去完成公司的愿景与战略。

(2) 成立平衡计分卡小组或委员会去解释公司的愿景和战略，并建立财务、客户、内部运营、学习与发展四类具体的目标。

(3) 为四类具体的目标找出最具有意义的业绩衡量指标。

(4) 加强企业内部沟通与教育。利用各种不同沟通渠道如定期或不定期的刊物、信件、公告栏、标语、会议等让各层管理人员知道公司的愿景、战略、目标与业绩衡量指标。

(5) 确定每年、每季、每月的业绩衡量指标的具体数字，并与公司的计划和预算相结合。注意各类指标间的因果关系、驱动关系与连接关系。

(6) 将每年的报酬奖励制度与平衡计分卡挂钩。

(7) 经常采用员工意见修正平衡计分卡衡量指标并改进公司战略。

3) 平衡计分卡的供应链绩效评价指标

借鉴卡普兰和诺顿发明的平衡计分卡，从供应链流程指标、供应链经济效益评价、供应链运行能力指标、供应链创新与学习能力评价指标等四个方面建立企业供应链绩效评价指标体系如下：

(1) 供应链财务指标。供应链财务指标概括了整个供应链的经济结果，属于滞后指标，它反映了供应链的资本效益状况、资本运营状况、偿债能力和发展能力。其中，资本效益状况的评价指标有：销售净利润、股东权益报酬率、总资产报酬率；资产运营状况的评价指标有：存货周转率、流动资产周转率、总资产周转率；偿债能力通过资产负债率进行评价；发展能力评价指标包括销售增长率、利润增长率、资本保值增长率。

(2) 供应链客户指标。客户是企业生存的根本，呵护关系管理越来越受到企业的关注。如何提高客户满意度，培养客户忠诚度和吸引新客户是供应链客户方面评价的主要内容。其中，客户满意度评价指标包括产品合格率、售后服务质量、准时订单交货率、保修退货率、产品性能价格比；客户忠诚度评价指标包括客户回头率、挽留客户的成本优势；吸引新客户的评价指标包括新客户比率、吸引新客户的成本优势。

(3) 供应链业务流程。如何使供应链业务流程更加合理、更有效率，可以从时间、柔性、运营能力三个方面评价。时间评价指标包括发现机遇时间、研发时间、新产品上市时间、制造提前期；柔性评价指标包括产量柔性、交货柔性、组合柔性、人员柔性；运营能力评价指标包括现金流周转时间、供应链的库存天数、流动资产周转率、最终产品周转率、总运营成本水平。

(4) 供应链学习与创新能力。供应链的学习和发展水平主要有三个来源：员工状况、信息系统水平、管理和企业文化。其中，员工状况评价指标包括员工满意度、员工忠诚度、员工能力；信息系统水平评价指标包括系统软硬件优势、信息处理速度优势、信息失真度；管理和企业文化评价指标包括战略观念先进性、管理的兼容性、企业文化的兼容性。

基于平衡计分卡的供应链绩效评价体系是以实现整体绩效为核心，以均衡发展为导向的综合评价指标体系，有助于保证企业供应链总体方向的正确性和过程的有效性。这种理念对利用供应链思想优化企业之间的关系，增强核心竞争力具有一定的指导作用。

2. 基于供应链标杆管理法的评价体系

绩效评价的目的是通过对企业经营绩效的评价，发现问题，找出解决办法。在供应链管理环境下，一个节点企业运行绩效的高低，不仅关系到该企业自身的生存与发展，而且影响到整个供应链的其他企业的利益。因此，建立绩效评价指标和方法，促使企业解决自身问题，激励各个企业创造一流绩效，通过树立标杆采取措施迎头赶上，更加显得尤为重要。在现代企业管理方法体系中，标杆法(Benchmarking)得到了越来越多的应用。标杆法广泛用于建立绩效标准、设计绩效过程、确定评价方法及管理目标上。

1) 标杆法简介

标杆法是美国施乐公司确立的经营分析手法，以定量分析自己公司现状与其他公司现状并加以比较。标杆法就是将那些出类拔萃的企业作为企业测定基准，以它们为学习的对象，迎头赶上，进而超越之。一般来说，标杆法除要求测量相对于最好公司的企业的绩效外，还要发现这些优秀公司是如何取得这些成就的，利用这些信息作为制定企业绩效目标、战略和行动计划的基准。值得指出的是，这里的优秀公司也并非局限于同行业中的佼佼者，它可以是各种业务流程的活动中已取得出色成绩的企业。

标杆法对那些没有处于领先地位的企业是非常有用的。但是，许多企业并没有认识到这一点，平时不注意这方面的工作，一旦发现竞争对手推出更有竞争力的产品时再去采取行动，总是一种被动行为。

【知识阅读 7-4】

　　例如，一个企业发现竞争对手推出一种新产品，然后赶紧分析为什么它的产品那么有竞争力，这就是一种反应性的标杆法。尽管反应性标杆法比较被动，但一旦通过标杆的实施过程找到了竞争对手的优势，企业就可以利用在标杆过程中获得的知识，创造各种方法，超过竞争对手。

　　2) 标杆法的种类

　　(1) 战略性标杆。包含一个企业的市场战略与其他企业的市场战略的比较。通常包括如下几个方面的问题：竞争对手强调什么样的市场面？什么是竞争对手的市场战略？支持竞争对手市场战略的资源水平？竞争对手的竞争优势集中于哪些方面？

　　(2) 操作性标杆。以职能性活动的各个方面为重点，找出有效的方法，以便在各个职能上都能取得最好成绩。为了解决主要矛盾，一般选择对标杆职能有重要影响的有关职能和活动，以便使企业获得最大的收益。

　　(3) 支持活动性标杆。企业内的支持功能应该显示出比竞争对手更好的成本效益，通过支持活动性标杆控制内部间接费用和防止费用的上升。

　　3) 实施标杆法的收益

　　一个企业开展标杆活动是希望能够获得一定的收益，具体表现如下：

　　(1) 标杆实施过程帮助企业辨别最优秀企业及其优秀的管理功能，并将之吸收到企业的经营计划中来，以通过标杆活动改进工作绩效。这个过程可以激励管理人员更好地完成绩效计划，使人们发挥出更高的创造性，取得实施标杆法的实际效益。

　　(2) 实施标杆法可以克服阻碍企业进步的顽疾。管理者通过对比外界的状况，找出本企业中深层次的问题和矛盾，再根据标杆企业成功的做法，决定采取何种措施保持企业的持续发展。

　　(3) 实施标杆还是一种市场信息的来源。例如，可以通过实施标杆法发现过去没有意识到的技术或管理上的突破。

　　(4) 通过标杆的实施过程使得企业间各个部门的结合更加紧密。

　　4) 标杆法成功的关键因素

　　(1) 全体员工的支持。绩效标杆必须成为能为企业全体人员所接受的实实在在的过程，而不能搞形而上学或者其他的形式主义。全体人员必须把绩效标杆看做建立企竞争战略的长久措施。企业高层领导的支持也是十分关键的因素。

　　(2) 有关数据的收集。企业搜集有关数据，首先要了解哪些企业是第一流的，然后要分析为什么这些企业能够成为第一流的企业，最后还要确定标杆实施效果的定量分析方法。标杆过程的成功依赖于细致、准确的数据和信息处理，这是整个标杆实施过程的一个重要组成部分。

　　(3) 重视标杆法的作用。管理人员必须把标杆实施过程看做向其他企业学习和改进本企业工作的一个有效途径，从思想深处认识到标杆的作用是关键因素之一。

　　5) 标杆管理的实施

　　罗伯特·坎普(Robert Camp)提出了标杆实施的 5 个阶段。

(1) 计划阶段。计划是第一个，也是最关键的一个阶段。在此阶段中，企业要提出哪些产品或者职能需要实施标杆法，选择哪一企业作为标杆目标，需要什么样的数据和信息来源等。标杆计划应该集中精力解决标杆实施的过程和方法问题，而不是追求某些数据指标。

(2) 分析阶段。本阶段的主要工作是数据和信息的收集与分析。企业必须分析为什么被定为标杆的企业更好一些，它在哪些方面真正是优秀的，标杆企业与本企业的差距到底有多大，怎样把标杆企业的成功经验用于本企业的改进上来等等问题。

(3) 整合阶段。整合(Integration)是将标杆实施中的新发现在组织内进行沟通，使有关人员了解和接受这些新的发现，然后基于新发现建立企业的运作目标和操作目标。

(4) 行动阶段。在本阶段要确定项目、子项目负责人，具体落实绩效标杆计划和目标，建立一套标杆进程的沟通机制，能够对计划和目标进行修改和更新。

(5) 正常运作阶段。当企业的标杆能成为制定绩效计划、绩效目标的方法时，就进入了正常运作阶段。在供应链的各企业中继续坚持标杆活动，坚持绩效的持续改进。

【小应用 7-2】

供应链标杆管理：取之有道

花巨资构架的标杆管理，可能为企业节约巨额成本，同样，也可能演化成为一场烧钱灾难。

几年前我在康柏公司工作的时候，亲眼看到我们的新 CEO 迈克尔·卡佩里亚斯在向公司的经理人们介绍公司的财务业绩。当数字报出来的时候，我周围的人都惊讶地小声谈论着。尽管因为激烈的价格战的缘故，我们的盈利能力被侵蚀，但是公司的现金头寸却是增长的——实际上是大幅增长。尽管我们 1999 年的盈利比两年前下降了 70%，但是我们自 2000 年以来还是有 30 亿美元的现金进账。这 30 亿美元中，有 3 亿美元直接计入了成本的节省。

对于当时许多参会的人来说，这些新增财富的来源都是一个谜，但是对我来说却并非如此。这一切都缘于我们从 2000 年开始实施的一个标杆管理项目——我本人第一次参与的一个此类项目，使用的是由美国供应链管理专业协会开发的供应链营运参考(SCOR)模型。SCOR 模型能够让康柏公司的各个部门快速相互比较各自的供应链绩效，否则的话这项工作则需要几个月甚至数年的时间才能完成。

这个标杆管理项目也让我们找出了供应链中存在的一些重要瓶颈，和必要的改进方式，然后我们就一个接一个地解决这些供应链运营方面的问题。就像 CEO 在财务报告中提到的那样，我们很快就节约了大量的成本、时间、存货和流动资金。事实上，对企业的供应链业务进行标杆管理能够为企业创造几千万到几十亿美元的成本节省或收入增长。

另外一个重要的事实是标杆管理能够为绩效评估带来必要的客观性。"我们认为我们做的很好"之类的主观信条实际上并不怎么好。康柏公司在评估自己订货周期时间时就陷入了这样一个误区，直到利用了标杆管理才有所改变。问题在于，你对自己的主观评价对客户来说并没有什么意义，他们需要的是你和其他供应商之间的比较。

第三节　供应链管理的激励机制

在管理学中，激励是指管理者运用各种管理手段，刺激被管理者的需要，激发其动机，使其朝向所期望的目标前进的心理过程。那么企业在进行供应链管理时，也可以运用激励的方法，刺激供应链中其他各节点企业的需要，激发其动机，使其他节点企业的行为朝着有利于本企业的目标前进。在激励的过程中，实际上各方的需要都能得到不同程度的满足，所以也可认为是一种多赢的合作。

对于委托人来讲，要使代理人采取效用最大化行动，必须对代理人的工作进行有效的激励。因此，委托人与代理人，即制造商和供应商或制造商和经销商之间的利益协调关系，就转化为信息激励机制的设计问题。所以说，如何设计出对供应链上的各个节点企业的激励机制，对保证供应链的整体利益是非常重要的。

一、供应链激励机制的特点

这里我们将激励的概念和范围扩大到了整个供应链及其相关企业上，从广义的激励角度研究供应链管理环境下的激励和激励机制的建立问题。

1. 体现了激励的基本模式

根据组织行为学的基本观点，激励的实质过程是在外界刺激变量(各种管理手段与环境因素)的作用下，使内在变量(需要、动机)产生持续不断的兴奋，从而引起被管理者积极的行为反应(实现目标的努力)。只有了解人的需要和动机的规律性，才能预测、引导和控制人的行为，达到激励职工、调动职工积极性的目的。这就是"需要-动机-行为-目标"的供应链激励模式。

> 【知识阅读7-5】
>
> 美国哈佛大学心理学家威廉·詹姆士(William James)在对职工的激励研究中发现按时计酬的职工仅能发挥其能力的20%~30%，如果受到充分激励则可以达到80%~90%，也就是说，同样一个人在通过充分激励后所发挥的作用相当于激励前的3~4倍。

2. 符合参与约束和激励相容约束

从供应链的委托-代理特征去理解，所谓激励，就是委托人拥有一个价值标准，或一项社会福利目标，这些标准或目标可以是最小个人成本或社会成本约束下的最大预期效用，也可以是某种意义上的最优资源配置，或个人的理性配置集合。现在，委托人希望能够达到这些目标，那么，委托人应该制定什么样的规则，使其他市场参与者(代理人)都能够使利己行为的最后结果与委托人给出的标准一致呢？更进一步地分析，激励就是委托人如何使代理人在选择或不选择委托人标准或目标时，从自身利益效用最大化出发，自愿或不得不选择与委托人标准或目标一致的行动。由于每个经济模型都是一个机制，因此，设计激励机制必然要求既定模型应符合参与约束和激励相容约束。

3. 团体行为的独特性

激励是一个心理学范畴，在管理学的应用中，对激励的研究一般限于个人行为的范围。供应链激励因其对象包括团体(供应链和企业)和个人(管理人员和一般员工)两部分而将研究范围扩大为个人的心理和团体的心理。一般地讲，供应链涵盖的社会范围很大，具有社会性，供应链的团体心理即是社会心理。供应链的社会心理作为一个"整体"具有"个体"——个人心理的一般特性，即基于需要产生动机进而产生某些行为以达到目标。但是整体毕竟不是个体的简单相加，供应链的社会心理同时又具有其独特的一面。

4. 专注于成员企业

作为众多企业的集合，如果成员企业的积极性不够，核心企业的开拓精神不强烈，或者有些企业是小富即安，更有一些企业仅安于维持现状、做到不亏损就心满意足了，或者是受到竞争压力和外部某些压力(例如项目失败、市场需求疲软等)而退缩，丧失进取心……都会影响供应链的正常运行，影响本企业的盈利能力。因此，供应链激励是供应链管理的一项重要工作。供应链包含组织层(即供应链层)、企业层和车间层等三个层面，可以激励对象包括供应链自身、成员企业、企业管理人员、一般员工。其中管理人员(企业家)和一般员工的激励属于企业激励机制的范畴，因此供应链激励主要专注于供应链环境下的成员企业。

二、供应链激励机制的内容

激励机制是指组织系统中，激励主体通过激励因素或激励手段与激励客体之间相互作用关系的总和。从理论上讲，一个好的激励机制要具有激励兼容和自我强化特征，也就是说即使在没有外在强制力的条件下，各企业也愿意自觉实施。

1. 激励主体与客体

激励主体是指激励者；激励客体是指被激励者，即激励对象。激励的主体从最初的业主转换到管理者、上级，到今天已经抽象为委托人。相应地，激励的客体从最初针对蓝领的工人阶层转换到白领的职员阶层，以及今天的代理人。供应链管理中的激励对象(激励的客体)主要指其成员企业，如上游的供应商企业、下游的分销商企业等，也包括每个企业内部的管理人员和员工。在这里主要讨论对以代理人为特征的供应链企业的激励，或对代理人的激励。因此，供应链管理环境下的激励主体与客体主要涉及以下几点：

(1) 核心企业对成员企业的激励；

(2) 制造商(下游企业)对供应商(上游企业)的激励；

(3) 制造商(上游企业)对销售商(下游企业)的激励；

(4) 供应链对成员企业的激励；

(5) 成员企业对供应链的激励。

2. 激励目标

激励目标主要是通过某些激励手段，调动委托人和代理人的积极性，兼顾合作双方的共同利益，消除由于信息不对称和败德行为带来的风险，使供应链的运作更加顺畅，实现供应链企业共赢的目标。

3. 激励方式

从管理学上讲，未满足的需要对人的激励作用的大小，取决于某一行动的效价和期望值。所谓效价是指个人对达到某种预期成果的偏爱程度，或某种预期成果可能给行为者个人带来的满足程度；期望值则是某一具体行动可带来某种期望成果的概率，即行为者采取某种行动，获得某种成果，从而带来某种心理上或生理上的满足的可能性。显然，能够满足某一需要的行动对特定个人的激励力是该行动可能带来结果的效价与该结果实现可能性的综合作用的结果。激励力、效价以及期望之间的相互关系可用下式表示：

$$激励力 = 效价 × 期望值$$

供应链管理模式下的激励方式有多种多样，主要分为正激励和负激励两大类。正激励是指一般意义上的正向强化、正向激励，是鼓励人们采取某种行为；而负激励则是指一般意义上的负强化，是一种约束、一种惩罚，阻止人们采取某种行为。对于激励的手段，在现实管理中主要有：物质激励、精神激励、感情激励和信息激励等。

4. 供应链协议

供应链激励需要一个好的规则来评判好与坏。供应链协议(Supply Chain Protocol，SCP)充当了这一角色。供应链协议将供应链管理工作进行程序化、标准化和规范化，为供应链绩效评价和激励的实现提供了一个平台。

供应链协议是将供应链管理工作进行程序化、标准化和规范化的协定。供应链协议为激励目标的确立、供应链绩效测评和激励方式的确定提供基本依据。激励目标要与激励对象的需要相联系，同时也要反映激励主体的意图和符合供应链协议。激励方式视绩效评价结果和激励对象的需要具体而定。

三、供应链激励模式

一般而言，在供应链管理中有以下几种激励模式可参考：

1. 经济激励

在供应链环境下，各个企业在战略上是相互合作关系，但是各个企业的利益不能被忽视。供应链经济激励正是基于这个角度考虑，主要措施有两种：

1) 价格激励

供应链的各个企业间的利益分配主要体现在价格上。高的价格能增强企业的积极性，不合理的低价会挫伤企业的积极性。供应链利润的合理分配有利于供应链企业间合作的稳定和运行的顺畅。但是，价格激励本身也隐含着一定风险，这就是逆向选择问题。即制造商在挑选供应商时，由于过份强调低价格的谈判，他们往往选中了报价较低的企业，而将一些整体水平较好的企业排除在外，其结果影响了产品的质量、交货期等。出现这种差供应商排挤好供应商的最为根本的原因是：在签约前对供应商的不了解，没意识到报价越低，意味着违约的风险越高。因此，不可一味强调低价策略。

2) 订单激励

供应链获得更多的订单是一种极大的激励，在供应链内的企业也需要更多的订单激励。一般地说，多的订单对供应商当然是一种激励，但作为供应商不要忘了对制造商持续经营能力的调查和评价。

2．信息激励

在信息时代里，信息对企业意味着生存。企业获得更多的信息意味着企业拥有更多的机会和资源，从而获得激励。信息对供应链的激励实质上属于一种间接的激励模式，但是它的激励作用不可低估。在供应链企业群体中利用信息技术建立起信息共享机制，其主要目的之一就是为企业获得信息提供便利。例如，松下通过建立卫星通讯网络实现了图像信息的传输。该系统发射的内容包括经营信息、商品信息、库存信息、教育信息等，通过这些图像信息大大提高了松下店铺的经营和物流效率。如果能够很快捷地获得合作企业的需求信息，本企业能够主动采取措施提供优质服务，必然使合作方的满意度大为提高。这对在合作方建立起信任有着非常重要的作用。

3．商誉激励

商誉是一个企业的无形资产，对于企业极其重要。商誉来自于供应链内其他企业的评价和在公众中的声誉，反映企业的社会地位(包括经济地位、政治地位和文化地位)。委托-代理理论认为：在激烈的竞争市场上，代理人的代理量(决定其收入)决定于其过去的代理质量与合作水平。从长期来看，代理人必须对自己的行为负完全的责任。因此，即使没有显性激励合同，代理人也要积极地努力工作，因为这样做可以改进自己在代理人市场上的声誉，从而获得订单，提高未来收入。

4．淘汰激励

淘汰激励是负激励的一种。优胜劣汰是世间事物生存的自然法则，供应链管理也不例外。为了使供应链的整体竞争力保持在一个较高的水平，供应链必须建立对成员企业的淘汰机制，同时供应链自身也面临淘汰。淘汰弱者是市场规律之一，保持淘汰对企业或供应链都是一种激励。淘汰激励是供应链系统内形成的一种危机激励机制，让所有合作者都有一种危机感，防止短期行为，减少供应链群体风险。

5．新产品/新技术的共同开发

新产品/新技术的共同开发和共同投资也是一种激励机制，它可以让供应商全面掌握新产品的开发信息，有利于新技术在供应链企业中的推广和开拓供应商的市场。传统的管理模式下，制造商独立进行产品的研究与开发，只将零部件的最后设计结果交由供应商制造。供应商没有机会参与产品的研究与开发过程，只是被动地接受来自制造商的信息。这种合作方式最理想的结果也就是供应商按期、按量、按质交货，不可能使供应商积极主动关心供应链管理。而将供应商、经销商甚至用户结合到产品的研究开发工作中来，按照团队的工作方式展开全面合作，在这种环境下，合作企业也成为整个产品开发中的一份子，其成败不仅影响制造商，而且也影响供应商及经销商。因此，每个人都会关心产品的开发工作，这就形成了一种激励机制，构成对供应链上企业的激励作用。

6．组织激励

在一个较好的供应链环境下，企业之间的合作愉快，供应链的运作也通畅，少有争执。也就是说，一个良好组织的供应链对供应链及供应链内的企业都是一种激励。减少供应商的数量，并与主要的供应商和经销商保持长期稳定的合作关系是制造商采取的组织激励的主要措施。同时，企业管理者的头脑中需要建立与供应商、经销商进行长期的战略合作的意识。

【小应用 7-3】

供应链运营绩效的测试和诊断

　　该问卷是一个包括 10 个问题的供应链绩效测试和诊断表。虽然该测试问卷是为判断现有的 IT 系统投资有没有为公司提供最好的价值设计的，但实际上已经把供应链管理思想、运营杰出战略、关键绩效评价指标，以及对 IT 系统的功能要求融合成一个可供企业自我诊断供应链绩效的基本模型。

　　1. 产品销售、市场营销、生产制造、物流服务和供应商是否根据同样的需求预测运行？

　　2. 是否已经取消了所有的数据重复录入？

　　3. 订货提前期是否反映了可利用的生产能力？

　　4. 所有的生产计划是否在数学上都已经优化了？

　　5. 每个分系统的零部件编码是否都一致？

　　6. 是否采用关键绩效指标来评价供应链运营状态？

　　7. 是否知道关键客户今天用了多少产品？

　　8. 是否已经整合并控制了运输的采购、计划和执行过程以及相关技术？

　　9. 主管经理是否能够及时发现供应链过程的问题？

　　10. 产品定价是否根据能力利用率、竞争对手的行动和特定客户而动态变化？

【分析提示】

　　上述问题反映了正在使用的最主要的供应链技术和最佳的供应链运营管理实践。每一题 YES 计 1 分：

　　如果得分在 3 以下，就表明你公司在改善供应链运营绩效和提高企业盈利性方面还有许多机会。在 IT 系统方面的投资应当在一年内取得回报。

　　如果得分在 4 到 6 之间，则说明你公司已经使用了一些 IT 技术系统，供应链绩效可能正好处于同行业的平均水平。

　　如果得分在 7 到 8 之间，则说明你公司已经使用了许多有用的供应链管理技术系统，但在进一步采用新技术方面要采取谨慎的态度，因为那些技术的性能还没有被充分证明。

　　如果得分是 9 或 10，则说明你公司处于技术领先状态，或采用了尖端技术系统。

本 章 小 结

　　供应链绩效评价的意义在于实现公平管理，实现不断改善，提高经济效益，作为定岗、调资的依据，加强企业的重视与监督。

　　供应链绩效评价是指围绕供应链的目标，对供应链整体、各环节(尤其是核心企业运营状况以及各环节之间的运营关系等)所进行的事前、事中和事后分析评价。

　　供应链绩效管理的关键业务流程有：顾客关系管理、顾客服务管理、需求管理、完成订单、生产管理、采购管理、产品开发管理。

　　供应链绩效管理可以提高整个供应链的运营效果，约束供应链内各企业，激励供应链内各企业，提高供应链内各企业的合作关系。

供应链绩效管理的方法随着供应链的重要性得到越来越多人的肯定，也在不断的发展着，其中标杆管理法更是得到了越来越频繁的应用。可以说，供应链标杆管理法是一种新型的标杆管理法。它是将标杆管理的思想、工作方法贯穿于从供应商、制造商、分销商、第三方物流到最终用户的整个供应链过程。

供应链企业之间的关系实际是一种委托-代理关系。供应链管理出现的很多问题都是由此而来的。最常见的是不完全信息下决策的风险和代理人的道德风险。供应链协议为供应链激励提供了一个评判的规则。

供应链激励的基本模式包括：经济激励、信息激励、商誉激励、淘汰激励、新产品/新技术的共同开发和组织激励。

课后复习题

1. 供应链的关键业务流程有哪些？
2. 供应链评价的范围和内容有哪些？
3. 什么是基于 SCOR 模型的绩效评价体系？
4. 平衡计分卡的主要内容有哪些？
5. 说明供应链标杆管理的实施步骤和过程。
6. 供应链的激励手段有哪些？

➢ 实训任务

如何实现共赢——红黑大战

1. 实验目的

使学员深刻体会双赢的真谛和重要作用，学员在游戏中合作，本着双赢的理念，达到双赢的理想结局。通过游戏使学员明白，供应链管理涉及到供应链的各个节点企业，要追求供应链的绩效就必须实现各企业的共赢。

2. 实验内容

(1) 通过红黑大战，两个团队展开竞争，冠军将获得大奖。

(2) 体会团队协作的重要性，以及谈判中人际关系沟通和冲突的处理，使学员理解为何要在供应链绩效管理中追求共赢，如何实现共赢。

3. 实验组织

(1) 把学员分成人数相等的两个小组：A 组和 B 组，每组至少 5 人以上，最好是 8 人以上。

(2) 每个团队各持有红黑两种花色的扑克牌，一份计分标准。

(3) 将 A 组中的每个成员和 B 组中的每个成员配成一个对子，让他们互相记住。

(4) 将两个小组适当隔离，使他们互相之间不能听到或者看到。

(5) 在正式出牌前，每个团队都有 10 分钟的时间讨论出牌策略及任何内容，讨论仅限小组内部。

(6) 按顺序让 A 组中的成员轮流到讲台上出示手中的纸牌，当念到某个人名字时，他在 B 组中的对子也要同时走到讲台上。两人同时出示手中的纸牌。两人只许亮牌，不许交谈。出完牌后成员立即回到各自的小组。

(7) 每组所有人都出过一次牌之后算一局，每局结束，培训师通报各小组分数。局与局之间，各小组有 5 分钟时间的内部讨论。

(8) 此游戏进行 3 局，即团队中每人都有 3 次出牌机会。

(9) 第二局结束之后，每个小组各派一名代表与另一团队的代表进行交流或谈判，各小组代表必须表达本小组一致同意的条款，时间为 10 分钟。

(10) 谈判结束，各代表回到自己的小组；各小组讨论 5～8 分钟，讨论结束，第三局开始。

(11) 团队的分数是所有团队成员分数的总和，分数高的是冠军。

(12) 出牌及得分规则：

计 分 标 准

选 择		得 分	
团队 A	团队 B	团队 A	团队 B
红	红	+3	+3
红	黑	-6	+6
黑	红	+6	-6
黑	黑	-3	-3

记 分 牌

局	队名	1	2	3	4	5	6	7	8	总计
一	团队 A									
	团队 B									
二	团队 A									
	团队 B									
三	团队 A									
	团队 B									
合	团队 A									
计	团队 B									

◇ **案例题**

大众的超级供应链

大众汽车的运输公司是整个大众集团的一部分，负责中国的运输业务，也负责一部分全球汽车物流方面的工作。大众公司在全球有 50 多个工厂，7500 多个供应商，还有 7 万多个代理商在 158 个国家进行销售。所以，在物流方面的机遇和挑战都随着全球化的发展在不断地增加。供应链越来越复杂，物流成本也在增加。

大众物流作为第三方或者第四方物流提供商为大众集团服务，把供应链的各方连接起来，把供应商和工厂连接起来，提供本地以及国际性的物流服务。由于拥有强大信息技术的系统来支持公司的物流业务活动，他们能够通过整合公司的数量需求来有效使用网络，取得有效的费率结构，做好第三方或者第四方的物流工作。

举一个欧洲的例子。大众物流开创了一个"整合货物"的概念，比如把德国分成八个大区，每个区都有各自的代理商；根据中欧的邮政编码把中欧地区分为12个区，根据各个地区的竞争以及供求情况来进行物流的规划，同时也对货物的重量进行分类。各个区虽然代理商众多，但都只有一个转运商。

通过这种整合，一个区限定一个转运商，就能把货物进行梳理，确保所有的卡车得到充分最优化的使用。公司能确保工厂得到及时的原料供应，同时也优化网络，用欧洲30多个仓库来给3000多个代理商服务，并有一个模拟工具来分析这些仓储的数据。

大众物流据此来安排货运路线，如果是长途货运的话就通过铁路，中程运输用铁路，远程则用轮船来运输汽车。这样确保把新货以及退货都从代理商那边准确地提取或供应过去，最终优化运输成本和时间。

在欧洲，大众物流公司能够处理各个品牌下的物流需求，也能够使用标准化的运输仓储以及配送系统。公司有一百多万个标准集装箱和400多个小集装箱，只需要30个雇员通过互联网来控制不同的集装箱以及它们运送的路线。他们收取原料后就能供应各个工厂，如果一个工厂原料用完的话，可以就近到最方便的地方取货。公司能够安全地使用运输和仓储设施来达到技术标准要求。

在规划、优化、监控以及实施运输管理方面，大众物流公司都有自己的一套系统以及专有人员，通过电子数据系统的支持对货物的分配进行规划。这些工具还可优化卡车的运行线路，控制取货的行为。也就是说运输的各个环节都不是"闭门造车"式的规划，而是统一进行规划。

大众生产汽车时强调一个很高的品质，在物流方面也必须要有同样好的品质来把汽车交到客户手上，而消费者同时期望以较低的成本获得较高质量的产品和服务，公司的生产也必须全球化。这些对公司来说都是不小的挑战。

大众公司的成本效益是怎么来的？首先，大众运输必须有一个透明的成本结构，帮助我们想办法节省成本，它也要跟大众的其他团队一起实施流程的优化项目，与大众公司进行整体的优化。同时，客户会要求提供快速的理货、运输和会计服务，所以必须要有一个稳定的标准流程和一些备用程序，保证可靠及时。

另外，我们有一些对订单的管理，比如优先订单管理，进行订单变更的控制。只有确保所有流程里面所用的部件都是最好的原料、最好的设备，员工受到很好的培训，才能把损坏率降到最低。进行有效的信息交换也是很重要的。最后，我们还提供很多IT方面的支持，包括运输管理、仓库管理等，把它们放到系统里加以集成、整合。

分析讨论：

通过阅读案例，分析大众采取了哪些措施有效提高了其供应链的运行绩效？并讨论其在供应链管理中的作用。

第八章　供应链管理策略及应用

【学习目标】通过本章的学习，应当掌握快速反应策略的基本内涵；理解快速反应策略的应用；掌握有效客户响应策略的基本内涵，理解有效客户响应策略的应用；掌握联合计划、预测和补货策略的基本内涵；理解联合计划、预测和补货策略的应用；解释供应链管理策略对供应链管理下的企业经营活动的影响；理解企业正确应用供应链管理策略的具体做法。

引例

沃尔玛的快速反应

1985 年以后，快速反应(Quick Response，QR)概念开始在纺织服装等行业被广泛地应用。美国零售业的著名企业沃尔玛(Wal-Mart)与服装制造企业 Seminole Manufacturing Co, 以及面料生产企业 Miliken 公司合作建立了 QR 系统。

为了促进行业内电子化商务的发展，沃尔玛与行业内的其他商家一起成立 VICS(Voluntary Inter-Industry Communications Standards Committee)委员会来协商确定行业统一的 EDI(Electric Data Interchange，电子数据交换)标准和商品识别标准。VICS 委员会制定了行业统一的 EDI 标准并确定商品表示标准采用 UPC 商品识别码。沃尔玛公司采用基于行业统一的 EDI 标准设计出 POS(Point of Sales，销售时点系统)数据的输送格式，通过 EDI 系统向供应方传送 POS 数据。供应方基于沃尔玛传送来的 POS 信息，可及时了解沃尔玛的商品销售状况，把握商品的需求动向，并及时调整生产计划和材料采购计划。

供应方利用 EDI 系统在发货之前向沃尔玛传送预先发货清单 ASN。这样，沃尔玛事前可以做好进货准备工作，同时可以省去货物数据的输入作业，使商品检验作业效率化。沃尔玛在接收货物时，用扫描读取机读取的信息与预先储存在计算机内的预先发货清单 ASN 进行核对，判断到货和发货清单是否一致，从而简化了检验作业。在此基础上，利用电子支付系统 EFT 向供应方支付货款。同时只要把 ASN 数据和 POS 数据进行比较，就能迅速知道商品库存的信息。这样做的结果使沃尔玛不仅节约了大量事务性作业成本，而且还能压缩库存，提高商品周转率。

从沃尔玛的实践来看，QR 是一个零售商和生产厂家建立(战略)伙伴关系，利用 EDI 等信息技术，进行销售时点的信息交换以及订货补充等其他经营信息的交换，用多频度小数量配送方式连续补充商品，以实现缩短交纳周期，减少库存，提高客户服务水平和企业竞争力为目的的供应链管理方式。

第一节　快速反应策略及其应用

一、QR 策略的内涵

(一) QR 的产生背景

快速反应 QR 20 世纪 80 年代开始于美国,由美国的纺织与服装行业以及主要的连锁零售商(沃尔玛、凯玛特)等为主力开始推动。1986 年以后, 美国的百货公司和连锁店也开始加入推动的行列。为了增加营业绩效,导入 QR 系统的零售商越来越多。

QR 兴起的原因主要在于,美国的成衣行业制造时间过长,造成库存成本和缺货率都过高。面对亚洲各国激烈的竞争,使得零售商开始和制造商合作,研究如何从制造、分销、零售至消费者的过程中缩短产品在供应链上的周期,以达到降低存货成本,增加周转率与降低零售店缺货率的目的。美国的成衣行业在应用了快速反应系统后,零售商和供应商通过共享 POS 系统信息、联合预测未来需求、发现新产品营销机会等,对消费者的需求做出快速的反应。从运作的角度来讲,贸易伙伴要用 EDI 来加快信息的流动,并共同重组他们的业务活动,以将订货前导时间和成本极小化。在补货中应用 QR 策略可以将交货前导时间降低 75%, 如图 8-1 所示。

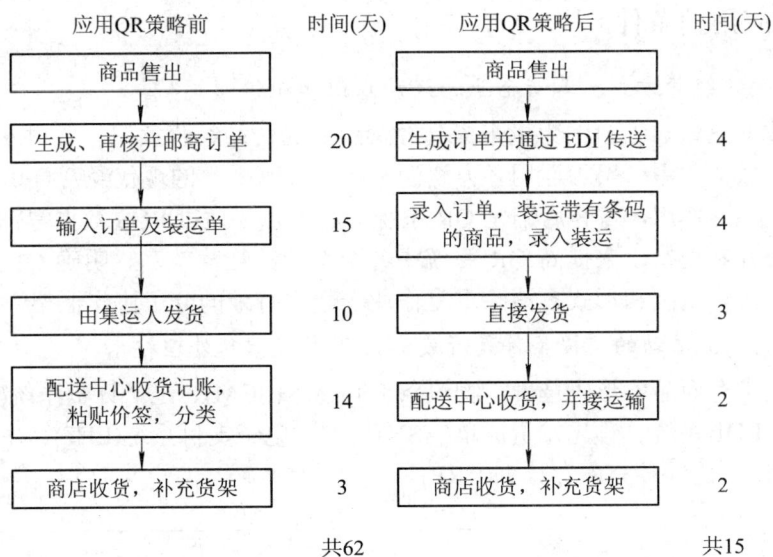

应用QR策略前	时间(天)	应用QR策略后	时间(天)
商品售出		商品售出	
生成、审核并邮寄订单	20	生成订单并通过 EDI 传送	4
输入订单及装运单	15	录入订单, 装运带有条码的商品, 录入装运	4
由集运人发货	10	直接发货	3
配送中心收货记账, 粘贴价签, 分类	14	配送中心收货, 并接运输	2
商店收货, 补充货架	3	商店收货, 补充货架	2
共62		共15	

图 8-1　应用 QR 前后补货周期比较

QR 思想运用到供应链中后,在 JIT(Just In Time,准时制)思想的影响下,产生了 QR 物流。QR 物流是指为了获得基于时间上的竞争优势,必须开发敏捷、快速的物流系统。因此,QR 物流是在信息系统和 JIT 物流系统的联合下,实现"适时、适地地提供适当的产品"这一目标。信息技术的发展,特别是 EDI、条形码以及 POS 的应用,使得 QR 物流成为可能。越来越多的企业认识到加快物流速度可实现销售上的低成本。

【知识阅读 8-1】

最初 QR 的形成主要由零售商、服装生产商和纤维生产商三方组成。当时，在美国积极推动 QR 的零售商主要有三家，即迪拉德百货店(Dillard Department Store. Inc)、J.C 彭尼(J.C. Penney co.，Inc)和沃尔玛，其中沃尔玛是 QR 的先驱。

(二) QR 的定义

QR 是指在供应链中，为了实现共同的目标，零售商和制造商建立战略伙伴关系，利用 EDI 等信息技术，进行销售时点的信息交换以及补货补充等其他经营信息的交换，用多频度、小数量配送方式连续补充商品，以实现缩短交货周期，减少库存，提高客户服务水平和企业竞争力为目的的供应链管理方式。

一般来说，供应链的共同目标包括：

(1) 提高客户服务水平：即在正确的时间、正确的地点，用正确的商品来响应消费者的需求。

(2) 降低供应链的总成本：增加零售商和厂商的销售额，从而提高零售商和厂商的获利能力。

这种新的合作方式意味着双方都要告别过去的敌对竞争关系，要以战略伙伴关系来提高向最终用户供货的能力，同时降低整个供应链的库存量和总成本。

二、QR 策略应用的条件

1. 改变传统的经营方式，革新企业的经营意识和组织形式

企业必须改变只依靠独自的力量来提高经营效率的传统经营意识，要树立通过与供应链各方建立合作伙伴关系，努力运用各方资源来提高经营效率的现代经营意识。在 QR 系统中，零售商起主导作用，零售店铺是 QR 系统的起始点。通过 POS 数据等销售信息和成本信息的相互公开和交换，来提高 QR 系统中各个企业的经营效率。明确 QR 系统内各个企业之间的分工协作范围和形式，消除重复作业，建立有效的分工协作框架。

2. 成功进行 QR 活动的前提条件是开发和应用现代信息处理技术

这些信息技术有商品条形码技术、物流条形码技术(SCM)、电子订货系统(EOS)、POS 数据读取系统、EDI 系统、预先发货清单(ASN)技术、电子支付系统(EFT)、生产厂家管理的库存方式(VMI)、连续补充库存计划(CRP)等。

【知识阅读 8-2】

预先发货清单(ASN)是生产厂商或批发商在发货时利用电子通信网络提前向零售商传送货物的明细清单。这样零售商事前可以做好货物收货准备工作，同时可以省去货物数据的输入作业，使商品检验作业更有效率。

连续库存补充计划(CRP)利用及时准确的 POS 数据确定销售出去的商品数量，根据零售或批发商的库存信息和预先规定的库存补充程序确定发货补充数量和发送时间，以小批量多频次的方式进行连续配送，补充零售店铺的库存，提高库存的周转率，缩短交易周期、时间。

3. 供应链各方必须建立战略伙伴关系

供应链各方首先要积极寻找和发现战略合作伙伴，然后在合作伙伴之间建立分工和协作关系。合作的目标既要削减库存，又要避免缺货现象的发生，降低商品销售风险，避免大幅度降价现象的发生，减少工作人员和简化事务性作业等。

4. 必须改变传统的、对企业商业信息保密的做法

供应链各方应改变过去传统的、对企业商业信息保密的做法，而是将销售信息、库存信息、生产信息、成本信息等与合作伙伴交流分享，并在此基础上，要求各方一起发现问题、分析问题和解决问题。

5. 供应方必须缩短生产周期和商品库存

供应方应缩短商品的生产周期，进行多品种少批量生产和多频度小数量配送，降低零售商的库存水平，提高客户服务水平。在商品实际需要将要发生时，供应方采用 JIT 生产方式组织生产，可减少自身的库存水平。

三、QR 策略应用的步骤

QR 策略应用的重点是对消费者的需求做出快速反应，其具体应用可分为以下三个阶段：

1. 条形码化和 EDI 的推广应用

零售商首先必须取得条形码、POS 扫描和 EDI 等技术设备，以加快 POS 机收款速度，获得更准确的销售数据并使信息沟通更加通畅。POS 扫描用于数据输入和数据采集，即在收款检查时用光学方式阅读条形码，然后将条形码转换成相应的商品代码。

EDI 可传输的单证包括订单、发票、订单确认、销售和存货数据及提前运输通知等。目前，许多零售商和厂商都了解 EDI 的重要性，已经实施了一些基本交易(如采购订单、发票等)的 EDI 业务，而且很多大型零售商也强制其厂商实施 EDI 来保证快速反应，但 EDI 的全面实施还需要时间。

2. 内部业务处理的升级，包括频繁的小批量补货和零售空间管理

自动补货是指基本商品销售预测的自动化。自动补货使用基于商品过去和目前的销售数据及其可能变化的软件进行定期预测，同时考虑目前的存货情况和其他一些因素，以确定订货量。QR 的自动补货要求供应商更快更频繁地运输重新订购的商品，以保证店铺不缺货，从而提高销售额。通过对商品实施快速反应，保证了这些商品能敞开供应，零售商的商品周转速度更快，消费者可以选择更多的花色品种。

零售空间管理是指根据每个店铺的需求模式来规定其经营商品的花色品种和补货业务。一般来说，对于花色品种、数量、店内陈列及培训和激励售货员等决策，消费品制造商也可以参与甚至指定决策。

3. 与贸易伙伴密切合作，采用更高级的 QR 策略

本阶段进一步要求零售商和消费品制造商重新设计其整个组织、业绩评估系统、业务流程相关信息系统。设计的中心围绕着消费者而不是传统的公司职能，它们要求集成的信息技术。这部分的工作主要有以下几个步骤，如图 8-2 所示。

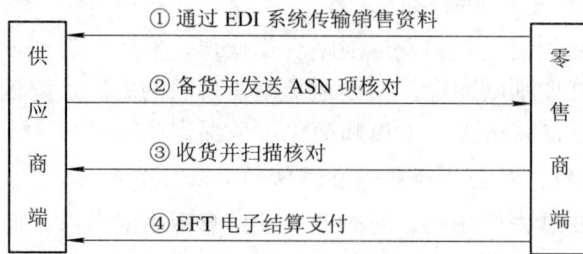

图 8-2　QR 策略应用的步骤

(1) 零售商通过 EDI 系统把销售资料传送给商品的供应商，供应商根据零售商的销售资料，可及时了解商品销售情况，掌握商品的需求情况，及时制定商品的订货和生产计划。

(2) 供应商利用 EDI 系统在发货之前向零售商传送预先发货清单(ASN)，零售商在接到 ASN 后，马上做好进货准备工作。

(3) 零售商在接收商品时，用扫描仪读取商品包装上的物流条形码，并把读取的信息与预先储存在计算机中的 ASN 进行核对，以判断商品与发货清单上所列的项目是否一致，从而简化了检验作业，提高了商品检验作业的效率。

(4) 零售商利用电子支付手段向供应商支付货款，同时零售商只需把 ASN 资料与商品销售资料进行比较，就可迅速了解商品库存的信息。

四、QR 策略应用的效果

1. QR 应用对供应商的效果

(1) 为客户提供更好的服务。通过 QR 策略应用，供应商送达的货物与承诺的货物是相符的，供应商能够很好地协调与零售商之间的关系，最终为客户提供更好的店内服务水平。长期的良好客户服务还会增加市场份额。

(2) 供应商的相关费用大幅降低。一方面，由于集成了对客户消费水平的预测和生产规划，提高了库存周转速度，使需要处理和盘点的库存量减少了，从而降低了流通费用；另一方面，因为不需要手工输入订单，所以采购订单的准确率提高了。额外发货的减少也降低了管理费用。

(3) 供应商的生产计划更加准确。由于可以对销售进行预测并能够得到准确的销售信息，因此供应商可以准确地安排生产计划。

【知识阅读 8-3】

　　QR 应用的前提条件很高，制造业将承受更大的压力，以满足客户越来越短时间内的多样化需求。解决这一问题的有效手段就是柔性化策略，如果能把生产和物流的提前期降为零，则意味着达到了整体的柔性，也就是在技术上可行的情况下，企业能够对任何需求做出反应。当然，零提前期根本无法实现，但柔性制造系统已经在此领域取得了实质性的进步。

2. QR 应用对零售商的效果

(1) 零售商的销售额大幅增加。应用 QR 策略可以降低经营成本，从而降低销售价格，增加销售。伴随着商品库存风险的减少，商品可以低价位定价，以增加销售。应用 QR 策略能避免缺货现象，从而避免销售的机会损失；且易于确定畅销商品，能保证畅销品的品种齐全，连续供应，从而增加销售。

(2) 商品周转率的大幅度提高。应用 QR 策略可以根据客户的需要，频繁地小批量订货，从而减少总商品库存量，并保证畅销商品的正常库存量，加快商品周转率。

(3) 需求预测误差大幅度减少。根据库存周期长短和需求预测误差的关系，如图 8-3 所示，可以看出，如果在季节开始之前的 26 周进货(即基于预测提前 26 周进货)，则需求预测误差(缺货或积压)为 40%左右。如果在季节开始之前的 16 周进货，则需求预测误差为 20%左右。如果在很靠近季节开始的时候进货，需求预测误差只有 10%左右。应用 QR 系统可以及时获得销售信息，把握畅销商品和滞销商品信息，同时通过高频率小数量送货方式，实现实需型进货(零售店需要的时候才进货)，这样使需求预测误差可减少到 10%左右。

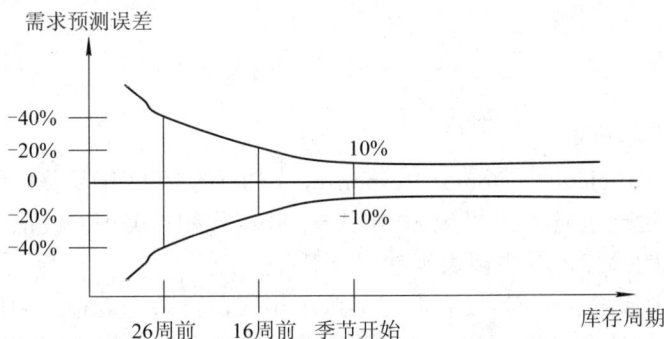

图 8-3　库存周期与预测误差的关系

【知识阅读 8-4】

应用 QR 的初衷是为了对抗进口商品，但是实际上并没有能够阻止进口商品侵占本国市场份额。相反，随着竞争的全球化和企业经营的全球化，QR 系统管理迅速在各国企业展开。航空运输为国际间的快速供应提供了保证。现在 QR 策略成为零售商实现竞争优势的工具。同时随着零售商和供应商结成战略联盟，竞争方式也从企业与企业间的竞争转变为战略联盟与战略联盟之间的竞争。

【小应用 8-1】

上海华联配送中心的 CRP 系统

目前，在国内零售领域已成功实施 QR 系统的企业首推上海华联超市。上海华联超市通过在配送中心导入 QR 系统，构筑高效的物流配送系统，紧紧抓住"配送"这一连锁经营的纽带，使企业不断降低配送成本，提高了配送中心获取物流利润的能力，为企业连锁经营的快速发展提供了重要的战略支持。

上海华联在将 QR 导入配送中心的过程中，借鉴了沃尔玛和日本 7-11 实施 QR 的成功经验，通过在配送中心应用现代物流技术和信息技术，并在与供应商紧密合作的基础上，构筑了功能比较完善的自动连续补货系统(CRP)，实现顾客需求的高效快速反应，在削减企业整体成本的同时提升了企业供给系统的整体效率。上海华联十分注重与供应商建立长期的战略合作关系，力图通过自己与供应商的共同努力，使双方共同成为市场的赢家；并力求将供应链上的各节点主体，如供应商、零售商和消费者等拴在一起，结成利益相关的共同体。这是上海华联成功实施 QR 的一个重要前提条件，值得国内其他零售企业借鉴。

【分析提示】

上海华联配送中心的 CRP 系统，有效地把供应商、配送中心、零售店铺(POS 系统)和消费者(需求信息)的产、供、销、求联成了一个快速反应网络，真正实现了以消费者需求信息为起点，配送中心和供应商能动快速反应为中心的商业快速反应体系。

第二节　有效客户响应策略及其应用

一、ECR 的内涵

(一) ECR 产生的背景

有效客户响应(Efficient Customer Response，ECR)是 1992 年从美国的食品杂货业发展起来的一种供应链管理策略。20 世纪 80 年代末 90 年代初，美国的食品杂货业面临着与纺织和服装行业相似的挑战，其主要表现在以下几个方面：

(1) 零售商的销售增长放慢。20 世纪七八十年代，日杂百货行业的增长率放慢了，主要是因为消费者的食品支出降低了，迫使零售商为维持市场份额而展开激烈的竞争。竞争的中心集中在增加商品的花色品种上，这对利润造成了更大的压力。

(2) 市场从卖方市场转为买方市场。随着零售商规模的扩大，尤其是在通信技术和信息技术支持下全国性大公司的组建，使交易的权利从作为卖方的供应商逐渐转向买方零售商。这也造成供应商和零售商之间的关系恶化。

(3) 新的零售形式的出现。这些新的零售形式包括批发俱乐部、大型综合超市和折扣商店，他们成功的原因是强调每日低价、绝对低价进货及快速的存货流转。这对传统的零售商来说是巨大的挑战。

(二) ECR 的定义

ECR 是一种通过生产厂家、批发商和零售商等供应链组成的，各方相互协调和合作，以最低的成本更好、更快地满足消费者需要为目的的供应链管理系统。如图 8-4 所示。

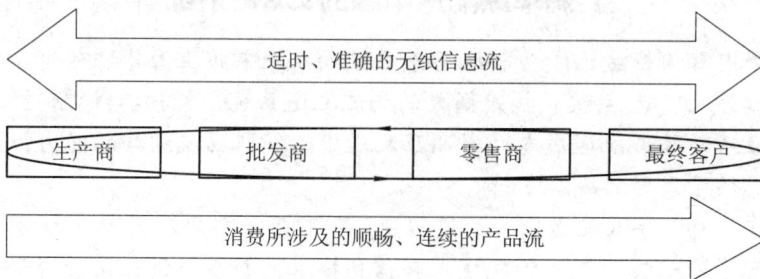

适时、准确的无纸信息流

| 生产商 | 批发商 | 零售商 | 最终客户 |

消费所涉及的顺畅、连续的产品流

图 8-4　ECR 的概念示意图

ECR 的含义主要包括以下两个方面：

(1) ECR 是以满足客户要求，以最大限度降低物流过程费用为原则，能及时做出迅速、准确的反应，使提供的物品供应或服务流程最佳化而组成的协作系统。

(2) 刺激客户需求，要求供应商共同关注消费者的需求，把以往用于谈判的精力转移到了解消费者需求上，并为之做出努力，让消费者少付出金钱、时间、精力和风险，而获得更好的品质、更新的创意、更好的信息、更加方便的商品。

【知识阅读 8-5】

ECR 的含义可以从其三个简写字母中得到最完整的体现。

ECR 的第一个字母 E(Efficient)所体现的是效率化。

ECR 的第二个字母 C(Customer)所体现的是以消费者利益为核心。

ECR 的第三个字母 R(Response)所体现的是以整个供应链为目标。

(三) ECR 的目标

ECR 的主要目标是降低供应链各个环节的成本。这与 QR 的主要目标——对客户的需求做出快速反应有所不同。ECR 的最终目标是建立一个具有高效反应能力和以客户需求为基础的系统，使零售商及供应商以业务伙伴方式合作，提高整个供应链的效率，而不是单个环节的效率，从而大大降低整个 ECR 系统的成本、库存和物资储备，同时为客户提供更好的服务。

二、ECR 应用的条件

成功实施 ECR 的关键条件包括如下几方面：

1. 信息技术条件

在 ECR 系统中，供应链上、下游成员之间要实现信息互通、信息共享，必须要求供应链的信息库中包括需求、供应、技术、市场等方面的完整信息。要实现这些信息完整化，必须应用到电子数据交换 EDI 和 POS 销售时点信息。

EDI 最大的作用之一就是实现事务作业的无纸化或电子化。利用 EDI 可以在供应链企业间传送和交换订货发货清单、价格变化信息、付款通知单等文书单据。同时，利用 EDI 还可以在供应链企业间传送交换销售时点数据、库存信息、新产品开发信息和市场预测信息等直接与经营有关的信息。

POS 也是 ECR 系统的一个重要的信息技术。对零售商来说，通过对在店铺收银台自动读取的 POS 数据进行整理分析，可以掌握消费者的购买动向，找出畅销商品和滞销商品，做好商品类别管理。还可以利用 POS 数据做好库存管理、订货管理等工作。对生产厂家来说，通过 EDI 利用及时准确的 POS 数据，可以把握消费者需要，制定生产计划，开发新产品。还可以把 POS 数据和 EOS(Electronic Ordering System，电子订货系统)数据结合起来，分析把握零售商的库存水平，进行供应商管理用户库存(VMI)的库存管理。

2. 营销技术条件

在 ECR 系统中采用的营销技术主要是商品类别管理(CM)和店铺货架空间管理(SM)。

其中商品类别管理是以商品类别为管理单位，寻求整个商品类别全体收益最大化。具体来说，企业通过商品类别管理对经营的所有商品按类别进行分类，确定或评价每一个类别商品的功能、收益性、成长性等指标。在此基础上，综合考虑各类商品的库存水平和货架展示等因素，制定商品品种计划，对整个商品类别进行管理，以便在提高消费者服务水平的同时，增加企业的销售额和收益水平。店铺空间管理是对店铺的空间安排、各类商品的展示比例、商品在货架上的布置等进行最优化管理。在 ECR 系统中，店铺空间管理和商品类别管理同时进行，相互作用。

3. 组织革新条件

从外部来看，实施 ECR 的重点在于供应链企业体系内的上、下游之间彼此分享信息，以消费者的利益为出发点来共同修改供应链过程中的各个流程与活动，因此，企业之间的信任非常重要。上、下游之间需要打破以往互相对立的角色，必须建立相互信任、荣辱与共、共同发展的新型伙伴关系。

从内部来看，企业在 ECR 的实施中需要把采购、生产、物流、销售等按职能划分的组织形式改变为以商品流程为基本职能的横向组织形式。也就是把企业经营的所有商品按类别划分，对应于每一个商品类别设立一个管理团队，以这些管理团队为核心构建新的组织形式。

4. 物流技术条件

建立一个高效率、功能完备、低成本的物流系统，是确保整个 ECR 系统成功贯彻实施的重要条件。实现这一条件的方法有连续库存补充计划(CRP)、自动订货(CAO)、预先发货清单(ASN)、供应商管理用户库存(VMI)、交叉配送、店铺直送(DSD)等。

三、ECR 应用的内容

ECR 的提出者认为 ECR 活动是过程，这个过程主要由贯穿供应链各方的四个核心过程组成，如图 8-5 所示。因此，ECR 的策略主要集中在四个领域：有效的店内布局、有效的补货、有效的促销和有效的新产品导入。

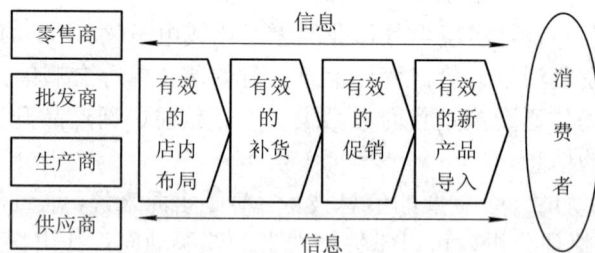

图 8-5　ECR 应用下的供应链过程

1. 有效的店内布局

有效的店内布局，其目的是通过有效地利用店铺的空间布局来最大限度地提高商品的获利能力。零售商已通过计算机化的空间管理系统来提高货架的利用率。有效的商品分类要求店铺储存消费者需要的商品，把商品范围限制在高销售率的商品上，这样可以提高所有商品的销售业绩。例如，企业把某类商品设定为吸引顾客的商品，把另一类商品设定为增加企业收益的商品，努力做到在满足顾客需要的同时兼顾企业的利益。

企业应经常监测店内空间的分配，以确定产品的销售业绩。优秀的零售商至少每月检查一次商品的空间分配情况，有的零售商甚至每周检查一次。这样使品种经理可以针对新产品的导入、名产品的撤换、促销措施及季节性商品的摆放，制定及时准确的决策。同时，分析各种商品的投资回报率，可以帮助企业了解商品的销售趋势。商品的销售趋势可以使企业对商品的空间分配进行适当的调整，以保证商品的销售额能够实现事先确定的投资收益水平。

【知识阅读 8-6】

美国食品营销研究所(FMI)的一项研究发现，单品总数减少 10%～15% 不会对销售额产生任何影响。这样可将占用的一部分资金释放处理，用于获利更多的业务领域，这些变化是消费者很容易觉察到的。在实际销售中，15%种类的商品就实现了 90%的销售额，但同时也有约 20%的商品滞销，几乎不带来销售额，一般而言，这部分商品可以被淘汰。

2. 有效的补货

有效的补货策略可以降低系统的成本，从而降低商品的售价。其目的是将正确的产品在正确的时间和正确的地点以正确的数量和最有效的方式送给消费者。有效补货的构成包括如下：① POS 机扫描；② 店铺-单品预测；③ 商品的价格和促销数据库；④ 动态的计算机辅助订货系统(CAO)；⑤ 集成的采购订单管理；⑥ 厂商订单履行系统；⑦ 动态的配送系统；⑧ 仓库电子收货；⑨ 直接出货；⑩ 自动化的会计系统。

【知识阅读 8-7】

动态的 CAO 系统根据产品预测和补货提前期(即订购提前期)计算出店铺存货的预计售出量，再将预计售出量和即将到货量进行比较，以确保在下次到货之前有足够的库存。其他商品可以从厂商那里进行预处理。如果店铺向厂商订货量很大，厂商可以根据店铺的配送信息事先准备好这些订货，也就是按店铺的要求把货物装上货盘。这些货盘可以按直接出货的方式通过零售商的仓库，这项业务大大地降低了仓库的货物处理成本。

3. 有效的促销

有效的促销主要是简化贸易关系，将经营重点从采购转移到销售。快速周转消费品行业现在把更多的时间和金钱用来进行促销并对促销活动的影响进行评价，消费者将从这些新型的活动所带来的低成本中获利。

在 ECR 模式下，有两种更有效的消费者促销方法：

(1) POS 机扫描兑付优惠券。厂商可直接根据 POS 数据向零售商返款，这样可大大降低兑付和验证费用。估计这样做可使零售商的成本下降 50%，厂商也可降低成本。

(2) 在货架上直接表明促销，如"厂家促销，降价 0.5 元"。这样就不用使用优惠券了，POS 系统可在收据上打印出来正常的价格和降价价格，厂商可以从 POS 系统中自动得到需要的销售发票，这种方法免除了打印成本、分发成本及兑付成本，比优惠券促销的总成本下降 25%。

以上两种方法都非常有效,因为对消费者的刺激物,以最节约的方式送到消费者的手中。

4. 有效的新产品导入

任何一个行业新产品导入都是一项重要的创造价值的业务,它们为消费者带来了新的兴趣、快乐,为企业创造了新的业务机会。

有效的产品导入包括让消费者和零售商尽早接触到这种产品。首要的策略就是零售商和厂商应为了双方共同的利益而紧密合作,这包括把新产品放在一些店铺内进行试销,然后按照消费者的类型分析试销的结果,根据这一结果决定如何处理这种新产品,处理办法包括:① 淘汰该产品;② 改进该产品;③ 改进营销技术;④ 采用不同的分销策略。

四、ECR 应用的效益

ECR 应用的效益可以用有形的成本节约和无形的收益两部分来归纳。

1. 有形的成本节约

ECR 战略的实施,可以减少多余的活动和节约相应的成本。

(1) 节约直接成本。节约直接成本即通过减少额外活动和相关费用直接降低成本。

(2) 节约财务成本。节约财务成本即间接的成本节约,主要是因为事先单位销售额的存货要求降低了。

具体来说,节约的成本包括商品的成本、营销费用、销售和采购费用、后勤费用、管理费用和店铺的经营费用等。从表 8-1 中可以看出节约的成本类型和相应的原因。

表 8-1　ECR 带来的企业成本和费用的节约

费用类型	ECR 带来的节约
商品的成本	耗损降低,制造费用降低,包装成本降低,更有效的原材料采购
营销费用	贸易促销和消费者促销的管理费用降低了,产品导入失败的可能性减小
销售和采购费用	现场和总部的资源费用降低了,简化了管理
后勤费用	更有效的利用了仓库和卡车、跨月台物流,仓库的空间要求降低了
管理费用	减少一般的办事员和财务人员
店铺的经营费用	自动订货,单位面积的销售额更高

2. 无形的利益

对客户、分销商(包括批发商和零售商)以及供应商来说,除了上述有形的利益以外,ECR 还有重要的不可量化的无形利益。

(1) 对于客户,ECR 可以增加客户的选择及使购物便利,减少无库存货品,使货品更新鲜;

(2) 对于分销商,ECR 可以提高信誉,使分销商更加了解客户情况,改善与供应商的关系;

(3) 对于供应商,ECR 可以减少缺货现象,加强品牌的完整性,改善与分销商的关系。

五、QR 与 ECR 的比较

(一) QR 与 ECR 的差异

ECR 主要以食品行业为对象，其主要目标是降低供应链各环节的成本，提高效率。QR 主要集中在一般商品和纺织行业，其主要目标是对客户的需求作出快速反应，并快速补货。这是因为食品杂货业与纺织服装行业经营的产品的特点不同：杂货业经营的产品多数是一些功能型产品，每一种产品的寿命相对较长(生鲜食品除外)，因此，订购数量过多(或过少)的损失相对较小。纺织服装业经营的产品多属创新型产品，每一种产品的寿命相对较短，因此，订购数量过多(或过少)造成的损失相对较大。

(1) 侧重点不同。QR 侧重于缩短交货提前期，快速响应客户需求；ECR 侧重于减少和消除供应链的浪费，提高供应链运行的有效性。

(2) 管理方法不同。QR 主要借助信息技术实现快速补发，通过联合产品开发缩短产品上市时间；ECR 除新产品快速有效引入外，还实行有效商品管理、有效促销。

(3) 适用的行业不同。QR 适用于单位价值高，季节性强，可替代性差，购买频率低的行业；ECR 适用于产品单位价值低，库存周转率高，毛利少，可替代性强，购买频率高的行业。

(4) 改革的重点不同。QR 改革的重点是补货和订货的速度，目的是最大程度地消除缺货，并且只在商品需求时才去采购。ECR 改革的重点是效率和成本。

(二) QR 与 ECR 的共同点

QR 与 ECR 的共同特征表现为超越企业之间的界限，通过合作追求物流效率化。具体表现在如下三个方面：

(1) 贸易伙伴间商业信息的共享；

(2) 商品供应方进一步涉足零售业，提供高质量的物流服务；

(3) 企业间订货、发货业务全部通过 EDI 来进行，实现订货数据和出货数据的传送无纸化。

【小应用 8-2】

P&G 宝洁公司凭借独特 ECR 开启 e 化管理

P&G(Procter&Gamble，宝洁家品)，这个创立于 100 多年前的日用品公司巨头，旗下拥有 300 种产品及品牌，企业版图横跨 140 个国家。它成功的原因，除了品牌管理的行销模式，还有互联网时代的学习精神。P&G 的高层领导们曾特地到硅谷，拜会网络公司的 CEO 和创业投资家们。后来，P&G 与硅谷的创投公司 IVP(Institutional Venture Partner)，合作成立的化妆品网络公司(Reflect.com)，引起了业界的注目，也为这个 100 多年的传统产业注入了新思维。

负责创业的十几位员工从辛辛那提，搬到了网络创业的圣地加州旧金山，其中许多人要减薪换取新公司的股票选择权；更重要的是，他们不销售 P&G 旗下原有品牌的产品，就像任何一个创业团队一样，完全靠自己。P&G 希望 Reflect.com 脱离 P&G 庇荫，让它完全像一个网络创业公司。P&G 希望把 P&G 对消费者的知识与创新管理的能力，和硅谷对网络的理解和互联网时代的工作速度相结合。

在 P&G 推动 ECR 最大的挑战，是如何建立上下游厂商之间的信任感。如何说服通路和制造商分享过去被视为高度机密的销售信息，以了解消费者需求、效率化生产与销售的流程，向来是一大难题。P&G 认为，建立共同的目标，从较不敏感的信息开始，渐渐进展到关键信息的分享，是解决紧张关系的方法。例如，P&G 和美国最大零售商沃尔玛百货，就试图先建立共同目标，包括边际利润、投资报酬率、市场占有率和成功的新品介绍等等，然后拟定共同计划、执行并达成目标。通过紧密的合作，建立互信，才能有利于未来信息的及时互通。

查询拍卖系统可以降低获得原物料的价格和成本，这套议价系统叫 Transora。通过网络议价系统，P&G 可以同时面对更多供货商，从中作出最经济的选择。对 P&G 而言，通过互联网，节省成本、增加效率，短期内就可以看到成果。

【分析提示】

宝洁成功的背后，除了品牌管理的行销模式外，就是凭借独特的 ECR，开启了 e 化转型。在宝洁建立化妆品网络公司推动 ECR 策略的过程中，最大的难题就是将上下游企业之间的信息高度共享，建立共同的信息平台。

第三节　联合计划、预测和补货策略及其应用

一、CPFR 的内涵

(一) CPFR 产生的背景

1959 年，北美跨产业商务标准自发联合会(Voluntary Inter-industry Commerce Standards Association，VICSA)提出了"连续库存补充计划"(Continuous Replenishment Program)，将经营视角从单一企业的库存，逐渐转移到如何提高整条供应链的经营活动同步化的问题上来。1996 年，该联合会提出"协作预测和补货"理念。1997 年，又将这一理念扩展到了CPFR(Collaborative Planning，Forecasting and Replenishment，协同规划、预测与补货)。在VICSA 下，形成了 CPFR 工作委员会，1998 年颁布了 CPFR 的指导方针。1999 年，开发了CPFR 伙伴关系协作模式。同年，支持 CPFR 的应用软件产品也开始问世，试点企业从美国沃尔玛零售商等少数国内公司扩展到 Safeway(连锁超市)、Sainbury(百货)、Target(百货)、P&G(日用化学品制造和零售)、Sara Lee 公司(日用品制造和零售)、安永咨询、全美体育监管委员会等大型机构。

2000 年后，CPFR 委员在全球商业规划协会(Global Commerce Inieative，GCI)的积极赞助下，召开了相关会议，进行了多次交流，吸收了促销计划、例外处理、多层协作和同步化等经营理念,借鉴了 100 多个实施 CPFR 项目的经验,于 2002 年 6 月公布了 2.0 版的 CPFR。该版本是北美 VISCA 与欧洲 ECR 协会以及各国 ECR 组织共同协作的结果。

(二) CPFR 的定义

CPFR 是一种协同式的供应链库存管理技术，该技术以提高消费者价值为共同目标，

通过供应链上企业的相互协作，共享标准化的信息，制定有的放矢的计划，开展准确的市场预测、有效的库存管理，根据需求动态及时补货，以提高整个供应链的业绩和效率。

CPFR 的最大优势是能及时准确地预测由各项促销措施或异常变化带来的销售高峰和波动，从而使销售商和供应商都能做好充分的准备，赢得主动。CPFR 采取了双赢的原则，始终从全局的观点出发，制定统一的管理目标以及实施方案，以库存管理为核心，兼顾供应链上其他方面的管理。因此，CPFR 能在合作伙伴之间实现更加深入广泛的合作。

【知识阅读 8-8】

美国的 Kurt Salmon 协会通过调查、研究和分析认为，通过实施 CPFR 可以达到如下目标：

(1) 新产品开发的前导时间可以减少 2/3；

(2) 可补货产品的缺货将大大减少，甚至消灭(通过供应商与零售商的联合从而保证 24 小时供货)；

(3) 库存周转率可以提高 1～2 倍(通过制造商减少前导时间、零售商利用顾客需求导向策略加快库存周转)；

(4) 通过敏捷制造技术，企业的产品中可以有 20％～30％是根据用户的特定需求而制造的。

(三) CPFR 的特点

CPFR 应用一系列处理和技术模型，提供覆盖整个供应链的合作过程，通过共同管理业务过程和共享信息，来改善零售商和供应商的伙伴关系，提高预测的准确度，最终达到提高供应链效率、降低库存和提高客户满意度的目的。CPFR 更有利于实现伙伴间更广泛深入的合作，主要体现在以下方面：

(1) 面向客户需求的合作框架。在 CPFR 结构中，合作伙伴构成的框架及其运行规则，主要基于客户的需求和整个价值链的增值能力。由于供应链节点企业的运营过程、竞争能力和信息来源等都存在差异，无法完全达成一致，在 CPFR 中就设计了若干运营方案供合作企业选择。一个企业可选择多个方案，各方案都确定了核心企业来承担产品的主要生产任务。

(2) 基于销售预测报告的生产计划。销售商和制造商对市场有着不同的认识。销售商直接和最终消费者见面，他们可根据 POS 数据来推测消费者的需求，同时销售商也和若干制造商有联系，并可了解他们的市场销售计划。制造商和若干销售商联系，并了解他们的商业计划。根据这些不同，在没有泄露各自商业机密的前提下，销售商和制造商可交换他们的信息和数据，来改善他们的市场预测能力，使最终的预测报告更为准确、可信。供应链节点企业则根据这个预测报告来制定各自的生产计划，从而使供应链的管理得到集成。

(3) 供应过程中约束的消除。供应过程的约束主要源于企业的生产柔性不够。通常，销售商的订单所规定的交货日期比制造商生产这些产品的时间要短。在这种情况下，制造商不得不保持一定的产品库存，但是如果能延长订单周期，使之与制造商的生产周期相一致，那么生产商就可真正做到按订单生产及零库存管理。制造商就可以减少甚至去掉库存，大大提高企业的经济效益。另一个有望解决的限制是贯穿于产品制造、运输及分销等过程的企业间资源的优化调度问题。优化供应链库存和改善客户服务，最终为供应链伙伴带来丰厚的收益。

二、CPFR 应用的条件

1. 建立和完善管理信息系统

信息是供应链协作的重要载体。建立合理的信息体系是信息在供应链成员中共享的前提，通过互联网、局域网以及 EDI 连接、协调运作整个供应链是将来供应链管理的基本技术，会使供应链中信息渠道畅通，伙伴企业间以及与最终顾客间进行充分、安全的沟通。

只有建立和完善管理信息系统，供应链各方之间才能达成相互信任，打破传统组织之间各种壁垒，使业务流程达成一致或统一，让合作方连接到企业的内部运作网络中来，最终实现在跨平台、跨应用等方面达成协同应用和管理，并能处理好业务合作过程中遇到的各种意外情况等。

2. 调整企业管理流程和制度

在实施供应链管理过程中，遇到的最大难题往往不是技术带来的。一个企业决定实施供应链管理系统之前，最需要做的就是理顺企业内部的各项管理、各项业务流程以及管理秩序等，否则该供应链管理系统只能是烦恼不断。

3. 企业联盟中的诚信机制

供应链管理强调合作伙伴的可靠诚实、遵守承诺，认为信任与不信任的真正差别在于双方信心的飞跃。当合作双方相信对方关心自己的利益，在没有考虑彼此的影响之前，谁也不会行动，这样才能体现合作协商的重要意义。尽管通过 Internet/Intranet 供应链联盟成员获得了有用的信息资源，为信息交流提供了保证，但谁也保证不会有为个体利益而隐瞒私有信息的情况的存在，因此，彼此信任问题是供应链协作中的一个棘手难题。

4. 企业之间的权力均衡

越来越多的生成过程实际上是由一些独立的生产和销售实体联合实现的；销售渠道变得至关重要，如拥有独立的计算机经销商等；日渐趋于成熟的世界经济强化了产品本地化的需求；日益增大的竞争压力迫使我们提供快速、可靠供货等额外的客户服务。一些企业可能会由于占有稀缺资源、可控制供应链中其他企业财务、享有集中的决策权等而拥有比其他企业更大的权力，如果它从自身利益出发，利用这种权力对链中其他企业在价格、库存、信息共享等方面进行压制，那么就导致了权力的滥用，必将严重影响供应链中的协作。因此，企业之间的权力均衡变得非常重要。

三、CPFR 应用的流程

(一) CPFR 流程的基本模式

A、B、C、D 模式分别描述了贸易伙伴以及核心企业的主导作用，参见表 8-2。

在每个运作模式中，伙伴双方都对预测和计划流程有贡献，但其中必有一个伙伴拥有最终的主导权。运作模式 A 是一个零售商主导的预测和补货流程，在该模式下零售商控制着销售预测、订单预测和订单生成。运作模式 B、C 和 D 如同供应商管理库存，订单生成由制造商负责。在运作模式 B 中，零售商提供销售预测，而制造商则集中于补货阶段的功能。在运作模式 C 中，零售商还主导着订单预测流程。在运作模式 D 中，制造商则推动着整个流程，包括需求预测和补货计划。

表 8-2　CPFR 的基本模式

运作模式	销售预测	订单预测	订单生成
A	零售商	零售商	零售商
B	零售商	制造商	制造商
C	零售商	零售商	制造商
D	制造商	制造商	制造商

(二) CPFR 流程的步骤

CPFR 的一般流程模型有 9 个步骤，这 9 个步骤可以划分为计划、预测和补给三个阶段。第一个阶段(第 1、2 步骤)为计划；第二个阶段(第 3～8 步骤)为预测，其细分为两部分；第 3～5 步骤是消费者预测，第 6～8 步骤是补货预测；最后一个步骤是补货(第 9 步骤)。

(1) 协商达成前端协议。协商达成前端协议主要内容包括买卖双方为协作关系建立方针和规则，公布 CPFR 的协作协议。该协议给出了各方为开始协作关系或依据 CPFR 的标准重新定义协议的计划文本。

(2) 创建联合业务计划。创建联合业务计划主要内容包括供应链合作伙伴间相互交换战略和业务计划信息，以便在联合业务计划上开展协作。通过该步骤形成一个合作各方均同意的联合业务计划，它清楚的确认了项目将要进行协作的任务、战略和策略。

(3) 创建销售预测。创建销售预测主要内容是用消费数据来创建和支持联合业务计划的销售预测。在模式 A、B 和 C 下，该步骤由零售商实施，在模式 D 中，制造商负责创建销售预测。销售预测最初是由一个公司完成，然后传达给其他合作伙伴，随后双方进行协商以达成一致，为创建订单预测打下基础。

(4) 确认销售预测的例外情形。确认销售预测的例外情形主要内容包括确认那些在买卖双方设定的销售预测例外标准(每个项目的例外标准在协作协议周围内已经达成共识)之外的项目，最后生成一个例外项目的列表。

(5) 销售预测例外的解决/协作。销售预测例外的解决/协作主要内容包括通过查询共享数据、电子邮件、电话、交谈、会议等，协商解决销售预测的例外情况，并将任何最终的变化提交至销售预测。结果是买卖双方间共同协商以解决项目例外，然后提交一个对预测的调整方案。

(6) 创建订单预测。创建订单预测的主要内容是整合 POS 的数据、因果关系的信息和库存的战略，以产生一个支持共享销售预测和联合业务计划的详细订单预测。这是一个分时间段的网状订单预测。

(7) 确认订单预测例外情形。该步骤确定了什么项目落入由买卖双方联合制定的订单预测例外标准的约束之外，生成基于在协作协议中预先确定的标准以外的一系列例外项目列表。

(8) 订单预测例外的解决/协作。该步骤通过查询共享数据、电子邮件、电话、交谈、会议等调查研究订单预测例外的情况，并将产生的变化提交至订单预测。其结果是买卖双方共同协商的结果和例外情形的解决，然后提交一个对预测的调整方案。

(9) 订单产生。该步骤主要内容是将订单预测转换为可承诺的订单。订单产生可由买方或卖方根据权限、系统和资源来完成。一般步骤是提交直接从冻结的订单预测期生成的订单，并发送订单确认作为该步骤的输出。

【小应用 8-3】

CPFR 在 Nabisco 公司和 Wegmans Food Markets 公司的应用

Nabisco 公司，是一家以生产饼干、零食、优质食品和杂货为主的国际型制造商，它的销售市场遍布美国、加拿大等超过 85 个国家和地区。Wegmans Food Markets 公司，是一家在纽约州和宾夕法尼亚州拥有 58 家商店的超市连锁店，被认为是一个领先型和革新型的家族式企业。1998 年这两家企业通过采用 CPFR 策略实验项目来验证 VICS 模式。这个试验项目的试验范围包括 Planters 品牌下的 22 种果仁食品。该项试验在没有增加任何人员和技术资源的条件下进行，在前 6 个月，双方通过 Excel 电子数据表和电子邮件完成了信息的相互交流。

1998 年 7 月～1999 年 1 月的实际运作结果向我们显示出了 CPFR 试验项目的成果。与市场中其他零售商销售额普遍性地下降 8% 相比，Nabisco 公司的分类销售额提高了 13%。截至 1999 年 1 月 17 日，(IRI Consulting Group，艾利艾咨询机构)的调查结果显示，Planters 品牌销售额增长最为显著——30 周内销售额实现了 53% 的大幅增长。销售额大幅增长的主要原因要归功于贸易双方通过协作制定商业计划，这些商业计划不仅强化了企业的分类管理策略，同时也增强了各类商品的吸引力。

通过实施 CPFR，企业把对供应链的压力降至最小，并且取得前文所提到的巨大成功。从操作方面来看，供应链对商店的服务率水平由过去的 93% 增加到目前的 97%，库存天数缩短了 2.5 天(即库存周期的 18%)。这些积极的结果使得 Nabisco 公司和 Wegmans Food Markets 公司决定延长这一试验项目的时间，扩展试验产品的范围，把 Milk-Bone 宠物食品也包括进去。此外，双方还对商业用途的协作软件进行测试，寻求潜在的技术解决方案。与此同时，这两个公司也正在各自与其他的合作伙伴开展新的合作项目。

【分析提示】

CPFR 能够有效地把参与各方共同协作所制定的计划贯穿于整个供应链的运作过程中。由预测贸易双方共同对该计划进行监督，并保持其适时性。只有在制造商和分销商之间建立起双向互动的有效沟通，才能够使彼此在促销计划和预测结果方面进行有效的交流，真正形成上文描述的协作局面。

本 章 小 结

QR 策略是美国零售商、服装制造商以及纺织品供应商开发的整体业务概念，是指在供应链中，为了实现共同的目标，至少在两个环节之间进行密切合作。目的是减少原材料到销售点的时间和整个供应链上的库存，最大限度的提高供应链的运作效率。

实施 QR 的着重点是对消费者需求做出快速反应。QR 具体策略有商品即时出售、自动物料搬运等。实施 QR 可分为三个阶段。实施 QR 的收益是巨大的，远远超过对它的投入，可以节约销售费用，增加销售额，提高商品周转率和大幅度减少需求预测误差。

ECR 策略是 1992 年从美国的食品杂货业发展起来的一种供应链管理策略。ECR 是一个通过生产厂家、批发商和零售商等供应链组成各方相互协调和合作，以最低的成本更好、更快地满足消费者需要为目的的供应链管理系统。

成功实施 ECR 的关键条件包括信息技术条件、营销技术条件、组织革新条件和物流技术条件。ECR 主要由有效的店内布局、有效的补货、有效的促销和有效的新产品导入四个部分组成。ECR 应用的效益可以用有形的成本节约和无形的收益两部分来归纳。

CPFR 既是一种理念，又是一系列活动和流程，它帮助合作伙伴建立准确预测和高效的补货计划，使得在高水平的服务上扩大销售并降低库存成本。通过一系列合作伙伴认同的业务流程，制定共同的销售和运作计划，通过电子化的交流与沟通，合作修改销售计划和补给计划，从而提高计划的前瞻性和准确性，有效地减少缺货带来的高成本。

CPFR 应用的条件包括建立和完善管理信息系统、调整企业管理流程和制度、企业联盟中的诚信机制以及企业之间的权力均衡。CPFR 的一般流程模型有 9 个步骤，这 9 个步骤可以划分为计划、预测和补给三个阶段。第一个阶段为计划，第二个阶段为消费者预测和补货预测，最后一个步骤是补货。

课后复习题

1．叙述 QR 的涵义。实施 QR 有哪些基本步骤？
2．实施 QR 战略对厂家和零售商有哪些好处？
3．什么是 ECR？它的应用需要具备哪些条件？
4．ECR 的应用包含哪些内容？
5．CPFR 的定义是什么？你是如何理解的？

➤ 实训任务

商品的类别管理

1．实验目的

使学生根据不同企业所面向的客户需求和客户购买方法的不同，进行有效的商品类别管理。理解商品类别管理对企业尤其是供应链零售终端的作用和重要性。

2．实验步骤

(1) 确定某一地段，让学生分组进行该地段的地理位置和周围客户状况的考察，为开设超市做前期准备。

(2) 各组成员根据考察内容确定门店的面积和货架的大小，并初步设计商品的陈列位置和陈列面，完成超市经营的前期准备报告。

(3) 在该地段找到一到两家经营中的超市，考察这些超市的实际经营状况，包括门店的销售数据，门店的面积和货架的大小，以及商品的陈列位置和陈列面等。将考察的情况和学生的报告相对比，看计划与现实是否一致。

◇ 案例题

雀巢与家乐福的 ECR 管理

雀巢公司是世界最大的食品公司，总部位于瑞士威伟市(Vevey)，由亨利·雀巢于 1867 年创立，目前在全球范围内拥有 200 多家子公司，500 多家工厂，员工总数约有 22 万名，其产品行销 80 多个国家，主要产品涵盖婴幼儿食品、乳制品及营养品、饮料、冰淇淋、冷冻食品及厨房调理食品、巧克力及糖果、宠物食品类与药品等。雀巢公司自 1983 年进入中国台湾，1987 年开始进入中国大陆以来，业务发展迅速。

家乐福公司是世界第二大的连锁零售集团，于 1959 年在法国设立，全球有 9061 家店，24 万名员工。截至 2003 年 3 月，在中国大陆拥有 33 家店，台湾家乐福拥有 28 家店，业绩也在不断攀升。

台湾雀巢从 1999 年 10 月开始，积极与家乐福公司合作，建立 VMI 示范计划的整体运作机制，总目标是增加商品的供应率，降低家乐福库存天数，缩短订货前置时间以及降低双方物流作业成本。具体指标包括：雀巢对家乐福物流中心的产品到货率达 90%，家乐福物流中心对零售店面的产品到货率达 95%，家乐福物流中心库存天数下降至预定标准，以及家乐福对雀巢的建议订货单修改率下降至 10%等具体目标。另外，家乐福也希望将新建立的模式扩展至其他销售渠道上加以运用，以加强掌控能力并获得更大规模效益，同时家乐福也会与更多的重点供应商进行相关合作。

整个计划是在一年之内，建立一套 VMI 的运作环境，并且可以循环执行。具体而言，分为两个阶段：

第一个阶段：包括确立双方投入资源、建立评估指标、就所需条件进行谈判、确定整个运作方式以及系统配置，时间约半年。

第二个阶段：为后续的半年，修正系统与运作方式，使之趋于稳定，通过评估指标不断进行问题寻找与改善，直至自动运行为止。

在人力投入方面，雀巢与家乐福双方均设置了一个协调机构，其他部门如物流、采购、信息等部门则是以协助的方式参与。在经费的投入上，家乐福公司主要是在 EDI 系统建设的花费，雀巢公司除了 EDI 系统建设外，还引进了一套 VMI 系统。

在计划的实际执行上，还可细分为五个子阶段：① 评估双方的运作方式与系统在合作上的可行性；② 一把手的推动与团队建立；③ 沟通协调系统的建立；④ 同步化系统与自动化流程；⑤ 持续性训练与改进。

经过近一年的推进实施，雀巢公司和家乐福公司整个 VMI 运作方式逐渐形成如下五个步骤的运作模式：

(1) 每日 9：30 以前，家乐福用 EDI 方式传送结余库存与出货资料等信息到雀巢公司。

(2) 9：30—10：30，雀巢公司将收到的资料合并至 EWR 的销售资料库系统中，并产生预估的补货需求，系统将预估的需求量写入后端的 BPCS ERP 系统，依实际库存量计算出可行的订货量，产生建议订单。

(3) 10：30 前，雀巢公司以 EDI 方式传送建议订单给家乐福公司。

(4) 10：30－11：00，家乐福公司在确认订单并进行必要的修改后回传至雀巢公司。

(5) 11：00－11：30，雀巢公司按确认后的订单进行拣货与出货。

除了建设一套 VMI 运作系统与方式外，在具体目标方面也取得了显著成果：雀巢对家乐福物流中心的产品到货率由原来的 80%左右提升到 95%；家乐福物流中心对零售店面的产品到货率也由 70%左右提升到 90%左右，而且仍在继续改善中；库存天数由原来的 25 天下降至目标值以下；在订单修改率方面也由 60%～70%的修改率下降至 10%以下。

而对雀巢来说最大的收获却是在与家乐福合作的关系上。过去与家乐福是单向的买卖关系，家乐福享受着大客户的种种优惠，雀巢公司则尽力推出自己的产品，这样，彼此都忽略了真正的市场需求，从而导致卖得好的商品经常缺货，而不畅销的商品却库存积压。经过这次合作，双方有了更多的共识，也有了共同解决问题的意愿，并使原本各项问题的症结点一一浮现，这对从根本上改进供应链的整体效率非常有利。

要求：

(1) 怎样看待 VMI 管理方法在实施 ECR 中的作用？

(2) 从雀巢与家乐福的 ECR 管理中得出，实施 ECR 要具备哪些关键因素？

第九章　供应链信息管理

【学习目标】通过本章的学习，应当了解网络经济的内涵与特征，互联网在供应链管理中的应用；理解信息技术对供应链管理的影响及信息技术在供应链管理中的应用；理解供应链物流信息系统的内容、体系结构、集成策略。

第一节　网络经济与供应链管理

20 世纪 90 年代以来，以互联网的飞速发展为标志的信息和通信技术革命，对全球经济产生了广泛而巨大的影响。随着互联网的蓬勃发展和广泛应用，构筑于这一技术平台之上的网络经济应运而生。从网络技术下整个经济形态的角度理解，网络经济是以经济全球化为背景，以现代电子信息技术为基础，以知识和信息为核心，以电子互联网为载体，以电子商务为重要表现形式，以中介服务为保障，实现信息、资金、物资流动，促进整个经济持续增长的一种全新的经济形态。网络经济的发展，引发了现代企业在战略思想、管理理念、运营方式、组织结构等各个方面的巨大变革。而供应链作为企业对信息流、资金流、物流进行有效配置的载体，更是与网络经济有着密不可分的联系，供应链管理模式势必顺应网络环境进行自身的变革。

一、网络经济概述

(一) 网络经济的内涵

众所周知，知识经济是以电脑、卫星通信、光缆通信和数码技术等为标志的现代信息技术和全球信息网络"爆炸性"发展的必然结果。在知识经济条件下，现实经济运行主要表现为信息化和全球化两大趋势。这两种趋势的出现无不与信息技术和信息网络的发展密切相关。现代信息技术的发展，大大提高了人们处理信息的能力和利用信息的效率，加速了科技开发与创新的步伐，加快了科技成果向现实生产力转化的速度，从而使知识在经济增长中的贡献程度空前提高。全球信息网络的出现和发展，进一步加快了信息在全球范围内的传递和扩散，使传统的国家、民族界限变得日益模糊，使整个世界变成了一个小小的"地球村"，从而使世界经济发展呈现出明显的全球化趋势。因此，知识经济实质上是一种以现代信息技术为核心的全球网络经济。

网络经济可以概括为一种建立在计算机网络(特别是 Internet) 基础之上，以现代信息技术为核心的新的经济形态。它不仅是指以计算机为核心的信息技术产业的兴起和快速增长，也包括以现代计算机技术为基础的整个高新技术产业的崛起和迅猛发展，更包括由于高新技术的推广和运用所引起的传统产业、传统经济部门深刻的革命性变化和飞跃性发展。因此，绝不能把网络经济理解为一种独立于传统经济之外、与传统经济完全对立的纯粹的"虚拟"经济。它实际上是一种在传统经济基础上产生的、经过以计算机为核心的现代信息技术提升的高级经济发展形态。

目前在人类的商务活动中，因特网正在扮演日益重要的角色，因特网上无限丰富的信息资源和用户资源，不仅降低使用者经济活动的交易成本，而且可以获得不可估量的巨大经济利益。因此，互联网的应用正从一般的信息浏览功能，向更具价值创造功能的网络经济方向发展。可以说，网络经济已经成为当今社会生产力发展的必然趋势，网络经济时代已经向我们走来。

(二) 网络经济的发展趋势

我们说网络经济代表了未来经济发展的趋势，不仅是因为它创造了美国经济长达 10 年的高增长奇迹，更重要的是它为现实经济增长构筑起一个全新的技术平台，提供了一种将信息资源转化为经济收益的高效工具，营造了一种全球化的经营环境。人们利用先进的计算机技术，可以进行计算机自动控制、计算机辅助设计、计算机辅助制造和计算机集成制造等，实现生产的自动化，从而大大提高生产效率，并使个性化的小批量生产的边际成本最小化；人们利用发达的计算机网络，可以实现信息的快速传递和资源共享，从而充分利用各种信息资源为经营决策服务，并大大加快高新技术向现实生产力转化的速度，把信息资源转化为现实的经济资源；人们通过由计算机网络连成一体的全球化市场，可以实施真正的全球化经营战略，优化全球范围的资源配置，提高整个人类社会的经济资源利用效率，促进整个世界经济的增长。可见，网络经济的真正价值不仅在于它本身能够立即产生多少有形财富和利润，更重要的是它所营造的是一种崭新的社会经济形态，为全体社会成员提高社会发展能力和经济创造力提供一个平台，使所有产业都构建在一个新的起点上，使企业有可能实现财富迅速积聚和跳跃式发展。

网络经济不同于以往的农业经济和工业经济。在网络经济时代，信息产业以及以此为基础的各种服务行业将成为经济发展的主导产业；在信息产业空前发展的基础上，世界经济全球化趋势将进一步增强，国际贸易、国际投资以及跨国生产、跨国经营活动等将更加活跃；在世界经济全球化的大背景下，整个经济运行的机制、方式和规则等也必将发生深刻的变化。

网络经济发展的最为直观的形式是电子商务的出现和迅猛发展。现在已有越来越多的公司开始运用 Internet 来进行采购和销售。这不仅意味着商业机会的大量增加，而且意味着一个真正的全球性"新兴市场"的诞生。任何公司要想不断扩大其市场影响，增加其市场份额，保持其竞争优势地位，就必须加入 Internet。

网络时代电子商务的应运而生及其快速增长，必然使其影响逐步渗透到社会经济的各个环节，并对传统的企业生产方式、组织形式、管理模式、经营策略、贸易渠道和营销观念等多方面提出了有力的挑战。一个企业要想抢占市场先机，赢得市场竞争的主动权，它就必须充分利用计算机网络，建立起快速、机动、灵活、高效的生产组织系统和经营管理系统。

(三) 网络经济的特征

网络经济是指建立在计算机网络基础上的生产、分配、交换和消费的经济关系。它以信息为基础，以计算机网络为依托，以生产、分配、交换和消费网络产品为主要内容，以高科技为支持，以知识和技术创新为灵魂。首先，从经济形态上，它是信息经济或知识经济的主要形式，又称数字经济。

网络经济是知识经济的一种具体形态，这种新的经济形态正以极快的速度影响着社会经济与人们的生活。与传统经济相比，网络经济具有以下显著的特征：快捷性，高渗透性，自我膨胀性，边际效益递增性，外部经济性，可持续性和直接性。

1. 快捷性

消除时空差距是互联网使世界发生的根本性变化的原因之一。首先，互联网突破了传统的国家、地区界限，将世界各国家、地区连为一体，使整个世界紧密联系起来，把地球变成为一个"村落"。在网络上，不分种族、民族、国家、职业和社会地位，人们可以自由地交流、"漫游"，以此来沟通信息，人们对空间的依附性大大减小。其次，互联网突破了时间的约束，使人们的信息传输、经济往来可以在更小的时间跨度上进行。网络经济可以 24 小时不间断运行，经济活动更少受到时间因素制约。再次，网络经济是一种速度型经济。现代信息网络可用光速传输信息，网络经济以接近于实时的速度收集、处理和应用信息，节奏大大加快了。如果说 20 世纪 80 年代是注重质量的年代，90 年代是注重再设计的年代，21 世纪的头 10 年是注重速度的年代，那么，未来 10 年则是注重创新的年代。因此，网络经济的发展趋势应是对市场变化发展高度灵敏的"即时经济"或"实时运作经济"。最后，网络经济从本质上讲是一种全球化经济。由于信息网络把整个世界变成了"地球村"，使地理距离变得无关紧要；基于网络的经济活动对空间因素的制约降低到最小限度，使整个经济的全球化进程大大加快，世界各国的相互依存性空前加强。

2. 高渗透性

迅速发展的信息技术、网络技术，具有极高的渗透性功能，使得信息服务业迅速地向第一、第二产业扩张，并使三大产业之间的界限模糊，出现了第一、第二和第三产业相互融合的趋势。三大产业分类法也受到了挑战。为此，学术界提出了"第四产业"的概念，用以涵盖广义的信息产业。美国著名经济学家波拉持在 1977 年发表的《信息经济：定义和测量》中，第一次采用四分法把产业部门分为农业、工业、服务业、信息业，并把信息业按其产品或服务是否在市场上直接出售，划分为第一信息部门和第二信息部门。第一信息部门包含现在市场中生产和销售信息机械或信息服务的全部产业，诸如计算机制造、电子通信、印刷、大众传播、广告宣传、会计、教育等产业。第二信息部门包括公共、官方机构的大部分和私人企业中的管理部门。除此之外，非信息部门的企业在内部生产并由内部消费的各种信息服务，也属于第二信息部门。从以上产业分类可以看出，作为网络经济的重要组成部分——信息产业已经广泛渗透到传统产业中去了。对于诸如商业、银行业、传媒业、制造业等传统产业来说，迅速利用信息技术、网络技术，实现产业内部的升级改造，以迎接网络经济带来的机遇和挑战，是一种必然选择。

不仅如此，信息技术的高渗透性还催生了一些新兴的"边缘产业"，如光学电子产业、医疗电子器械产业、航空电子产业、汽车电子产业等。以汽车电子产业为例，汽车电子装置在 20 世纪 60 年代出现，70 年代中后期发展速度明显加快，80 年代已经形成了统称汽车电子化的高技术产业。可以说，在网络信息技术的推动下，产业间的相互结合和发展新产业的速度大大提高。

3. 自我膨胀性

网络经济的自我膨胀性突出表现在四大定律上：

(1) 摩尔定律(Moore's Law)。这一定律是以英特尔公司创始人之一的戈登·摩尔命名的。1965 年，摩尔预测到单片硅芯片的运算处理能力，每 18 个月就会翻一番，而与此同时，价格则减半。实践证明，30 多年来，这一预测一直比较准确，预计在未来仍有较长时间的适用期。估计到 2012 年，一台普通电脑的运算能力是 1975 年时一台普通电脑运算能力的 1000 万倍。

(2) 梅特卡夫法则(Metcalf's Law)。按照此法则，网络经济的价值等于网络节点数的平方，这说明网络产生和带来的效益将随着网络用户的增加而呈指数形式增长。技术哲学大师凯文·凯利曾提出过"传真效应"理论：第一台传真机的研发费用高达上千万美元，零售价格也要超过 2000 美元，但是这台传真机却毫无价值，因为世界上还没有其他传真机可以同它联系。第二台传真机的出现使得第一台传真机具备了价值，第三台传真机让前两台更有价值，以此类推。因此，凯文·凯利得出结论：用户买下传真机，实则是买下整个传真网络——这个网络远比传真机本身更值钱。从目前的趋势来看，互联网的用户大约每隔半年就会增加 1 倍，而互联网的通信每隔 100 天就会翻一番。来自市场调研机构 IDC 的一份最新报告称，在 2008 年全球互联网用户已达到 14 亿人，占全球人口总数的 1/4。2016 年，全球网民已增加到 32 亿人，占全球人口总数的 44%左右。这种大爆炸性的持续增长必然会带来网络价值的飞涨。这正是凯文·凯利所说的"传真效应"，即"在网络经济中，东西越充足，价值就越大"。

(3) 马太效应(Matthew Effect)。在网络经济中，由于人们的心理反应和行为的不同惯性，在一定条件下，优势或劣势一旦出现并达到一定程度，就会导致不断加剧而自行强化，出现"强者更强，弱者更弱"的垄断局面。马太效应反映了网络经济时代企业竞争中一个重要因素——主流化。"非摩擦的基本规律其实很简单——你占领的市场份额越大，你获利就越多，也就是说，富者越富"。Compuserve 和 AOL 是美国的两家联机服务供应商，1995 年之前，Compuserve 占有市场较大份额，在相互竞争中占有优势。而从 1995 年开始，AOL 采取主流化策略，向消费者赠送数百万份 PC 机桌面软件，"闪电般地占领了市场"，迅速赶超了 Compuserve 公司。

(4) 吉尔德定律(Gilder's Law)。据美国激进的技术理论家乔治·吉尔德预测：在可预见的未来(未来 10 年)，通信系统的总带宽将以每年 3 倍的速度增长。随着通信能力的不断提高，吉尔德断言，每比特传输价格朝着免费的方向下跃，费用的走势呈现出"渐进曲线"的规律，价格点无限接近于零。

网络经济的四大定律不仅展示了网络经济自我膨胀的规模与速度，而且提示了其内在的规律。

4. 边际效益递增性

边际效益随着生产规模的扩大会显现出不同的增减趋势。在工业社会物质产品生产过程中，边际效益递减是普遍规律，因为传统的生产要素——土地、资本、劳动都具有边际成本递增和边际效益递减的特征。与此相反，网络经济却显现出明显的边际效益递增性。

(1) 网络经济边际成本递减。信息网络成本主要由三部分构成：一是网络建设成本，二是信息传递成本，三是信息的收集、处理和制作成本。由于信息网络可以长期使用，并且其建设费用与信息传递成本及入网人数无关。所以前两部分的边际成本为零，平均成本都有明显递减趋势。只有第三种成本与入网人数相关，即入网人数越多，所需信息收集、处理、制作的信息也就越多，这部分成本就会随之增大，但其平均成本和边际成本都呈下降趋势。因此，信息网络的平均成本随着入网人数的增加而明显递减，其边际成本则随之缓慢递减，但网络的收益却随入网人数的增加而同比例增加；网络规模越大，总收益和边际收益就越大。

(2) 网络经济具有累积增值性。在网络经济中，对信息的投资不仅可以获得一般的投资报酬，还可以获得信息累积的增值报酬。这是由于一方面信息网络能够发挥特殊功能，把零散而无序的大量资料、数据、信息按照使用者的要求进行加工、处理、分析、综合，从而形成有序的高质量的信息资源，为经济决策提供科学依据。同时，信息使用具有传递效应。信息的使用会带来不断增加的报酬。举例来说，一条技术信息能将以任意的规模在生产中加以运用。这就是说，在信息成本几乎没有增加的情况下，信息使用规模的不断扩大可以带来不断增加的收益。这种传递效应也使网络经济呈现边际效益递增的趋势。

5. 外部经济性

一般的市场交易是买卖双方根据各自独立的决策缔结的一种契约，这种契约只对缔约双方有约束力而并不涉及或影响其他市场主体的利益。但在某些情况下，契约履行产生的后果却往往会影响到缔约双方以外的第三方(个体或群体)。这些与契约无关的却又受到影响的经济主体，可统称为外部，它们所受到的影响就被称为外部效应。契约履行所产生的外部效应可好可坏，分别称为外部经济性和外部非经济性。通常情况下，工业经济带来的主要是外部非经济性，如工业"三废"。网络经济的外部性是网络最重要的特征之一，它是网络产业区别于料网络产业的重要指标。不仅一个消费者的消费将给另外的消费者带来价值，而且网络产品的价值增加将随着消费者预期的销售数量的增加而增大。上网的人越多，由网络中获得新信息的机会就愈高。例如，消费预计 QQ 软件将成为人与人之间信息交流沟通的重要渠道，注册 QQ 号码的用户就会越多。网络经济外部性的大小判断就是使用者本身所要求的服务价值是否大于其支付的费用。虽然外部性既可为正也可为负，但网络经济的外部性主要为正。网络形成的是自我增强的虚拟循环。增加了成员就增加了价值，反过来又吸引更多的成员，形成螺旋型优势。

6. 可持续性

网络经济是一种特定信息网络经济或信息网络经济学，它与信息经济或信息经济学有着密切关系，这种关系是特殊与一般、局部与整体的关系，从这种意义上讲，网络经济是知识经济的一种具体形态，知识、信息同样是支撑网络经济的主要资源。美国未来学家托夫勒指出："知识已成为所有创造财富所必需的资源中最为宝贵的要素，知识正在成为一切有形资源的最终替代"，正是知识与信息的特性使网络经济具有了可持续性。信息与知识具有可分享性，这一特点与实物显然不同。一般实物商品交易后，出售者就失去了实物，而信息、知识交易后，出售信息的人并没有失去信息，而是形成出售者和购买者共享信息与知识的局面。现在，特别是在录音、录像、复制、电子计算机、网络技术迅速发展的情况下，信息的再生能力很强，这就为信息资源的共享创造了更便利的条件。更为重要的是，在知识产品的生产过程中，作为主要资源的知识与信息具有零消耗的特点，正如托夫勒指出的："土地、劳动、原材料，或许还有资本，可以看做是有限资源，而知识实际上是不可穷尽的"，"新信息技术把产品多样化的成本推向零，并且降低了曾经至关重要的规模经济的重要性"。网络经济在很大程度上能有效杜绝传统工业生产对有形资源、能源的过度消耗，对环境的污染及由此导致的生态恶化等危害，实现了社会经济的可持续发展。

7. 直接性

由于网络的发展，经济组织结构趋向薄平化，处于网络端点的生产者与消费者可直接联系，降低了传统的中间商层次存在的必要性，从而显著降低了交易成本，提高了经济效益。为解释网络经济带来的诸多传统经济理论不能解释的经济现象，姜奇乎先生提出了"直接经济"理论。他认为，如果说物物交换是最原始的直接经济，那么，当今的新经济则是建立在网络上的更高层次的直接经济，从经济发展的历史来看，它是经济形态的一次回归，即农业经济(直接经济)—工业经济(迂回经济) —网络经济(直接经济)。直接经济理论主张，网络经济应将工业经济中迂回曲折的各种路径重新拉直，缩短中间环节。信息网络化在发展过程中会不断突破传统流程模式，逐步完成对经济存量的重新分割和增量分配原则的初步构建，并对信息流、物流、资本流之间的关系进行历史性重构，压缩甚至取消不必要的中间环节。

二、互联网在供应链管理中的应用

在 SCM 中，Internet 用得最广泛的是运输管理方面，其次依次为订单处理、采购或征购、客户服务、库存管理和生产调度管理等。在每一个管理环节中，对 Internet 的应用都是基于需要进行有效处理的实时信息需求。随着技术的发展，Internet 在客户服务和库存管理方面的应用将会变得更普遍。

1. 运输管理

在发达国家，Internet 在供应链中应用得最普遍的职能管理环节是运输管理。采用Internet，对地区分配中心上的发货进行监视，对货物运至地区仓库进行跟踪，提供给核心企业有关所使用的运载工具的可靠性数据。这使得运输管理者能够确保他们所使用的运载工具能够满足原来所承诺的到达时间，也可以提供给运输管理者另外的信息如发生运货延迟，从而可以立即采取必要的补救措施。实际上，索赔管理也可以通过 Internet 来跟踪处理，采用 Internet 的追踪应用系统使得写索赔报告、处理和解决索赔问题变得更加容易。

2. 订单处理

SCM 中的订单处理也是应用 Internet 很普遍的管理环节。而在订单处理中，应用最频繁的是订单设定和订单状况，大多数企业采用 Internet 就是为这一目的。采用 Internet 处理订单的好处主要有：① 可以急剧地减少订单成本，因为采用 Internet 可以减少在传统订单处理时所涉及的很多工作单。② 处理订单的速度得到很大提高，订单的循环周期(从订单下达至交货之间的这段时间)得到缩短。③ 减少订单处理的出错率，而且更容易发现错误并能很快改正。④ 核心企业在订单处理中进行准确标价是最重要的，核心企业在订单设定之前，可以利用 Internet 核查供应商的在线价格。

3. 采购管理

Internet 在供应链采购管理环节上的应用发展得很快。Internet 可以用于各种各样的采购应用，包括与供应商通信，检查供应商的报价，从供应商目录中选择采购商品。通过使用 Internet，核心企业可以使采购工作合理化，大大减少采购人员。通过从供应商目录中进行在线采购，可使工作单的流量减少，订单的循环周期也得到大大缩短；还可以使核心企业与供应商之间的协商变得合理化。

4. 客户服务

核心企业可以通过 Internet 接受客户投诉，向客户提供技术服务，互发紧急通知和管理服务外包等。客户可以随时通过 Internet 联系核心企业的服务部门，通知任何可能发生的服务问题。Internet 的应用缩短了客户服务的响应时间并提供了便利。

Internet 还可以改善核心企业和客户之间的双向通信流。如果对客户的服务问题的处理能马上令客户满意的话，则客户很有可能会再次购买该企业所生产的产品。只要在客户服务中恰当应用 Internet，可以使企业建立生命力强的产品和忠诚服务。

5. 库存管理

Internet 在库存管理中用得最多的是核心企业对供应商的缺货信息通信，或者说核心企业对它们的客户的缺货信息通信。EDI 是计算机与计算机之间的相关业务数据的交换工具，它有一致的标准以使核心企业与供应商之间的数据交换成为可能。Internet 使企业同它们的客户快速地建立了 EDI 信息程序。在 Internet 出现之前，EDI 在大公司的 SCM 中已经实行了很长一段时间，且 EDI 的应用是复杂和昂贵的，在 EDI 系统应用操作实施之前，每个有供应渠道的成员企业不得不在设备、软件和培训上作巨大投资。这与 JIT 配送应用程序的实施情况类似。而自从引入 Internet 以来，JIT 和 EDI 系统只要花费以前所需时间的一半就可以投入和进入系统运行。

Internet 在库存管理中的应用主要表现在：核心企业可以通知客户订单的交送延迟和库存告急；库存管理者对信息的获得更有准备；管理者追踪现场库存商品的缺货情况更快捷。总之，采用 Internet 来管理库存可以使库存水平降低，减少总的库存维持成本，提供更高的客户服务水平。

6. 生产管理

一般说来，生产调度管理是 SCM 中最难管理的环节，主要理由有：① 核心企业对产品销售预测的准确性不高；② 缺乏来自供应商的原材料信息；③ 缺乏供应商的库存水平波动和客户需求波动信息。Internet 通过改善供应商、核心企业和客户之间的通讯来降低在生产调度管理中所出现的困难程度。企业使用 Internet 协调与供应商的 JIT 程序，协调与供应商之间的生产调度。这种协调通信不但可以在国内做，也可以在国际上做，如企业可以与多个海外供应商之间协调制定生产计划。另外，Internet 在订单处理中的应用提供企业有关产品销售和服务的实时信息，这样在一定程度上会使销售预测变得精确，这反过来会大大改善生产调度管理。

Internet 提高了企业的竞争力，也增加了商业环境的复杂性。只有合理运用 Internet，企业才能在顾客满意度方面和利润方面取得巨大的竞争优势。处理供应链的关键成功因素是从供应链的操作管理如运输、采购、客户服务、生产调度、订单处理上得到快速、准确的信息，使企业能够对市场变化快速作出反应，调节运输、库存和生产系统。在当今信息爆炸的时代，企业能不能采用先进的信息技术，将直接关系到企业的生存与发展，Internet前所未有的发展使之成为一种大众传媒，为 SCM 提供了机会。为了在当今的全球市场立于不败之地，企业要通过 Internet 在它的供应链伙伴之间锻造紧密的合作关系，使供应链像一个整体一样地工作。它能够帮助企业实现从订货、进货、生产、销售等日常工作全流程的自动化，并方便管理者获取与企业相关的各种信息。它有助于降低开支，提高工作效率，增加收入，提高客户的忠诚度，帮助企业的管理者作更明智的决定。

第二节　供应链管理中的信息技术

当今时代，信息技术在日新月异、突飞猛进地向前发展，信息技术在奠定了信息时代发展的基础的同时又促进了信息时代的到来，它的发展以及全球信息网络的兴起，把全球的经济、文化联结在一起。任何一个新的发现、新的产品、新的思想、新的概念都可以立即通过网络、通过先进的信息技术传遍全世界。在企业管理过程中，信息技术已经被视为提高企业生产效率和获得竞争优势的主要来源。如何利用它重组和优化供应链，降低运作成本，提高客户服务水平和整条供应链的竞争能力对于企业来说将是一个刻不容缓的问题。

一、信息技术对供应链管理的影响

供应链管理是一种新兴的管理模式，是先进的管理理念、管理方法和管理技术的综合产物，而信息技术的使用使得供应链具备了管理的基础，供应链和信息技术的结合能够形成一个集成系统，从而改善企业管理。具体来讲，信息技术对供应链管理的影响主要有以下几个方面：

1. 采用新信息技术，获得供应链管理上的竞争优势

供应链有物流、信息流与资金流三种形态，它们密切相关：只有信息广泛流通，才能正确指导物流；物流畅通正确，才能保证资金流的畅通正确；这样反馈的信息流又有效地指导了物流。如此循环，整个供应链上的物流才能达到最佳配置。它们要实现良性循环互动，必须有一定的技术支撑。这个技术支撑就是新信息技术发展所形成的电子商务网络，而在当代谁掌握了新信息技术，谁就可以降低成本，提高服务水平。然而其中最为关键的是相关信息的实时性和可靠性。今天，信息成了决定企业生存与发展的关键因素，任何一个企业都要面对如何集成信息的问题。信息既有来自上下游企业的纵向信息，也有来自企业内部的横向信息，还有来自宏观层面上的信息。如何传递和共享这些信息，将上下游企业的经济行为以及企业内部各部门、各岗位的职能行为协调起来，就是供应链管理所要解决的核心问题。与单个企业情况相比，供应链作为一种扩展企业，其信息流动和获取方式应表现出自己的特色。因此，越来越多的企业在向它们的顾客提供以信息技术为基础的增加服务，并以此作为在市场上实施差异化战略的一种方式，同顾客建立稳定的长期联系。

企业的内部联系与企业外部联系是同样重要的。比如在企业内建立企业内部网络并设

立电子邮件系统，使得职工能在相互之间收发信息。像 Netscape 和 WWW 的应用就使得企业可以从其他地方获得有用数据，这些信息使企业在全球竞争中获得成功，使企业能在准确可靠的信息的帮助下作出准确的决策。

2. 改善传统流通方式，构筑企业间的价值链

产品和服务的实用化趋势正在改变它们的流通和使用方式。例如，音像等软件产品多年来一直是以 CD 或磁盘等方式投入市场进行流通销售的，这需要进行大量的分拣和包装作业。现在，许多软件产品通过互联网直接向顾客进行销售，无需分拣、包装、运送等物流作业。

通过利用每个企业的核心能力(CoreCompetencies)和行业共有的做法，信息技术开始用来构筑企业间的价值链。当生产厂家和零售商开始利用第三方服务，把物流和信息管理等业务向外委托的时候，它们会发现管理和控制并不属于它们所有的供应链是一种挑战。即而，生产厂家、零售商以及由物流信息服务业者组成的第三方服务供应商形成了一条价值链。另外，在航空运输行业，航空公司采用全行业范围的订票系统而不是各个企业独自的订票系统。

3. 建立新型的顾客关系，开发高效营销渠道

信息技术使供应链管理者通过与它的顾客和供应商之间构筑信息流和知识流来建立新型的顾客关系。例如，GE 公司建立了一个开放式的在线互联网络 TPN(Trading Process Network)用来招标采购企业所需的原材料和零部件。GE 公司把企业内部各个部门的采购需要集中起来通过电子市场进行招标，这样不仅可以发现优良的供应商，节约采购成本，使采购业务合理化，而且为公司内部的采购人员提供了进入全球市场的机会。对于广大的供应商来说，通过 GE 开放式的在线互联网络，可以在任何时间进入 GE 的招标电子市场，了解 GE 的需要，参加投标活动。

用互联网络等信息技术来交换有关消费者的信息成为企业获得消费者和市场需要信息的有效途径。例如，供应链的参与各方通过信息网络交换订货、销售、预测等信息。对于全球经营的跨国企业来说，信息技术的发展可以使它们的业务延伸到世界的各个角落。

企业利用互联网与它的经销商协作建立零售商的订货和库存系统，通过这样的信息系统(如 VMI 系统)可以获知有关零售商商品销售的信息。在这些信息的基础上，进行连续库存补充和销售指导，从而与零售商一起提高营销渠道的效率及顾客满意度。

4. 提高全球化管理能力和消费者需求的大量生产的能力

随着全球经济一体化的形成，企业与企业之间的竞争突破了国与国的范围而日趋剧烈，同时顾客的消费需求也在朝着多样化、个性化方向发展。企业要在竞争中取得优势地位，必须改变原来传统的信息系统，采用先进的信息技术，进行供应链的优化和重组，实现供应链上各个节点的信息共享，从而缩短订货提前期，降低库存水平，提高运输效率，减少递送时间，提高订货和发货精度以及回答顾客的各种信息咨询等，提高供应链整体的竞争力。信息技术的发展及其成本的不断降低，使得上述的供应链管理的目标成为可能。许多企业已经与顾客和供应商之间进行计算机与计算机的连接，通过多媒体技术，及时、精确地传输图像、声音和文字等信息，方便地进行数据的存取，极大地提高了供应链的运作效率和顾客满意度。

当前，围绕高技术产品的市场环境变化迅速，由于这类产品的周期短，因此企业需要对这类产品不停地进行经营决策。由于进行决策时涉及的变量越来越多，范围越来越广，信息的多样性和复杂性使得传统的决策模型不能适应供应链管理的需要。在这种情况下，许多适用于供应链管理的决策模型软件被开发出来(如 WMS、ERP、SCP、CAPS、LOGISTICS 等)。

二、信息技术在供应链管理中的应用

信息技术的迅猛发展，特别是 Internet 的普及和电子商务的出现，改变了人们传统的生活方式、经济观念、企业管理的运营模式和世界经济的商业运作模式，推动了全球性经济和产业结构的大调整，企业的日常销售、信息发布、材料供应等都可以通过互联网进行交互和传递，世界经济进入了网络经济的新时代。企业能否利用信息技术提高其核心运营能力，已经成为企业腾飞和决胜于网络经济的关键之一。

供应链管理的领域覆盖并超过了整个企业的范畴，其范围从一端的供应商到另一端的顾客。因此，供应链信息技术既包括单个的企业内部系统，又包括企业间的系统，这些系统能够加速信息在企业和个人间的传递。信息技术的使用使得供应链中的所有企业可以将自己的战略和运作活动统一起来以追求最大的竞争优势。

信息技术是一个内容十分广泛的技术群，它包括微电子技术、光电子技术、通信技术、网络技术、感测技术、控制技术、显示技术等。有关信息技术在供应链管理中的应用，许多学者进行过探讨，但目前尚无定论，因为人们从不同的角度去理解信息技术，并且各种技术和系统发展十分迅速。在这里，我们从供应链管理中的核心信息技术和集成供应链管理信息技术两个方面对信息技术在供应链管理中的应用进行探讨。

(一) 供应链管理中的核心信息技术的应用

供应链管理中的物流信息技术有很多种，其中核心的信息技术主要包括：Internet/Extranet/Intranet 技术；数据库、数据仓库、数据挖掘、联机分析技术；条码技术；射频技术(RF)；电子数据交换(EDI)；全球卫星定位系统(GPS)和地理信息系统(GIS)。

1. Internet/Extranet/Intranet 技术

Internet 是指用 TCP/IP 网络传输协议连接的许多网络集合，它是一个全球性、开放性的信息互联网络，它将世界范围内成千上万个相同或不同类型的计算机和计算机网络连接起来，遵循相同的协议，实现相互之间的通信。Intranet 是指利用 Internet 技术所建立的企业内部网路，是基于 Internet 的网络协议、Web 技术和设备构成的可供 Web 信息服务以及数据库访问等其他服务的企业内部网。用户使用计算机进行操作，完成数据处理和企业管理各项功能。Extranet 是采用 Internet 技术在企业及其合作伙伴之间建立的特殊的网络，主要为企业以外的合作伙伴提供信息服务，是 Internet 的延伸或扩展。在 Extranet 内部，各企业可以通过 WWW 方便地查询企业与自己相关的数据。

2. 数据库、数据仓库、数据挖掘、联机分析技术

数据库是存储在一起的相关数据的集合，这些数据是结构化的，无不必要的冗余，能为多种应用服务。这些数据的存储独立于使用它的程序；数据仓库就是从不同的源数据中抽取数据，将其整理转换为新的存储格式，为决策目的将数据聚合在一种特殊的格式中，这种支持管理决策过程的、面向主题的、继承的、稳定的、不同的数据聚合称为数据仓库；

数据挖掘又称数据开采，就是从大量的、不全的、模糊的、随机的数据中提取隐含在其中的人们事先不知道的但又是潜在有用的信息和知识的过程，提取的知识表现为概念、规则、规律模式约束等形式；联机分析处理也称多维分析，它是一种数据分析技术，能够完成基于某种数据存储的数据分析功能。

3. 条码技术

条码技术是出现最早，也是应用最成功的自动识别和数据采集技术。它是为实现对信息的自动扫描而设计的。它是实现快速、准确而可靠地采集数据的有效手段。条码是实现POS 系统、EDI、电子商务、供应链管理的基础，借助自动识别技术、POS 系统、EDI 等现代技术手段，企业可以随时了解有关产品在供应链上的位置，并及时作出反应，为供应链管理提供有力的技术支持。

现在有许多不同码制的条码符号，码制不同，条码符号的组成规则就不同。目前常见的条码码制有 EAN 条码、UPC 条码、二五条码、库德巴条码、UCC/EAN－8 条码等。各种码制都具有固定的编码容量和条码字符集。

4. 射频技术

射频识别系统利用感应、无线电波或微波能量进行非接触双向通信，实现识别和交换数据。系统的基本组成是射频标签(标签中存有数据)和读写器(包括天线和无线收发器)。射频技术最突出的特点是可以非接触识读，可识别高速运动物体，抗恶劣环境，保密性强，可同时识别多个对象等。在供应链工程控制中，主要被广泛应用于运输工具的自动识别(AVI)、物品的跟踪与监视、店铺防盗系统、高速公路收费及智能交通系统(ITS)、生产线的自动化及过程控制等方面。

5. EDI 技术

EDI，即电子数据交换，是指同一规定的一套通用标准格式，将标准的经济信息通过通信网络传输，在贸易伙伴的电子计算机系统之间进行数据交换和自动处理。EDI 的一个主要目标是要以最少的人力介入，实现贸易循环，尤其是重复交换中的文件的自动处理，从而消除公司内部缓慢、繁杂和昂贵的管理费用。EDI 是实现快速反应(QR)、高效客户反应(ECR)、高效补货等方法必不可少的技术。目前，几乎所有的供应链管理的运作方法都离不开 EDI 技术的支持。

6. 全球卫星定位系统(GPS)

GPS 是利用导航卫星进行测时和测距的，借助 GPS，地球上的任何用户都能确定自己所处的方位。GPS 系统包括三大部分：空间部分——GPS 卫星星座；地面部分——地面监控系统；用户设备部分——GPS 信号接收机。

GPS 是一项高科技，将来会被广泛应用到许多领域。在供应链管理中，全球卫星定位系统也会越来越普遍应用到各个环节，主要有以下方面应用：用于汽车自定位、跟踪调度、陆地救援；用于内河及远洋船队最佳航程和安全航线的测定、航向的实时调度、监测及水上救援；用于空中交通管理、精密进场着陆、航路导航和监视；用于铁路运输管理等。

7. 地理信息系统(GIS)

GIS 以地理空间数据为基础，采用地理模型分析方法，适时地提供多种空间的和动态的地理信息，是一种为地理研究和地理决策服务的计算机技术系统。GIS 的基本功能是将表格型数据转换为地理图形显示，然后对显示结果浏览、操作和分析。其显示范围可以从洲际地图到非常详细的街区地图，显示对象包括人口、销售情况、运输路线以及其他内容。

GIS 应用于物流分析，主要是指利用 GIS 强大的地理数据功能来完善物流分析技术。目前，国外已开发出利用 GIS 为供应链管理提供分析的工具软件。完善的 GIS 物流分析软件集成了车辆路线模型、最短路径模型、网络物流模型、分配集合模型和设施定位模型等。

(二) 集成供应链管理信息技术

供应链管理是一项非常复杂的工作，需要信息技术的所有组成部分集中在一起。对于一个企业或供应链来说，全方位的解决方案的效果通常会比各部分解决方案的算术加总的效果好。目前使用较广泛的有：企业资源规划(ERP)、MRP(MRPII)、计算机集成配送(CID)、配送需求计划(DRP)、各种预测和计算系统、自动补货系统、库存管理系统、制造控制系统、计算机工程工具、财务系统等。其中 MRP(MRPII) 和 ERP 是当前辅助企业进行供应链管理及产品开发过程管理的主要工具。此外，还有许多企业对供应链软件采取择优录用的方式或自己开发专用软件。

1. MRP(MRPII)

材料需求计划(MRP)是依据市场需求预测和顾客订单制定产品生产计划，然后基于产品生产进度，组成产品的材料结构表和库存状况，通过计算机计算出所需材料的需求量和需求时间，从而确定材料的加工进度和订货日程的一种实用技术。

MRP 主要用于订货管理和库存控制，它从产品的结构或物料清单出发，根据需求的优先顺序，在统一的计划指导下，实现企业的"供产销"信息集成，解决了制造业所关心的缺件与超储的矛盾。MRP 作为主生产与控制模块，是 ERP 系统不可缺少的核心部分。

MRPII 是将生产活动中的销售、财务、成本、工程技术等主要环节与闭环 MRP 集成为一个系统，覆盖了企业生产制造活动所有领域的一种综合制定计划的工具。MRPII 通过周密的计划有效利用各种制造资源，控制资金占用，缩短生产周期，降低成本，提高生产率，实现企业制造资源的整体优化。

2. 企业资源计划(ERP)

ERP 系统是多个功能件的集合，它的核心管理思想就是实现对整个供应链的有效管理，主要体现在以下方面：体现对整个供应链资源进行管理的思想；体现精益生产、同步工程和敏捷制造的思想；体现事先计划与事中控制的思想。构建集成 ERP 管理模式需要与供应商和用户建立良好的合作伙伴关系，以面向"供应链和用户"取代面向产品，增强与主要供应商和用户的联系，增进合作与信息共享。为了适应市场的变化及柔性高、速度快和知识革新等需要，基于一定的市场需求和实时信息共享，组建能快速重构的集成 ERP 动态联盟。

虽然这些系统的发展逐步将信息集成范围扩大到企业外部，但多数现实系统还是依赖于在各个相关企业之间配备同类 MRP/ERP 系统模块，或为需要集成的部分专门做相关的接口。供应链管理的信息技术最终目标是在某一行业内实现流程的标准化，只有这样企业之间才能更好地进行合作并缩减成本。为适应动态联盟中多个不同企业为某一共同目标组成临时共同体的要求，必须实行统一标准。

第三节　基于供应链的物流信息系统

供应链物流信息系统的应用是提高供应链竞争力与客户服务水平的关键因素。物流信息系统在供应链中的作用主要体现在三个方面：一是减少了牛鞭效应产生的需求不确定性；二是为供应链成员企业提供决策支持，同时极大地增加了决策的正确性；三是降低了供应链成本，提高了运作效率。

一、供应链物流基础信息系统

提高供应链整体运作效率和竞争力的基础是通过供应链上下游企业进行信息交换、传输和共享来增强整体协同性。供应链成员企业利用现代识别技术进行信息采集，通过信息技术转换格式，运用标准协议进行信息交换，通过统一的信息平台交换、共享信息。

1. 信息采集

要想提高供应链的管理绩效，降低整个供应链成本，必须从基础的信息采集技术入手，进而改善供应链中的信息传递模式。信息采集依赖于条码技术和自动识别技术，而条码和电子标签的标准化是自动识别技术的基础。美国超级市场委员会制定了通用商品代码 UPC 码，美国统一编码委员会(UCC)建立了 UPC 条码系统，并全面实现了该码制的标准化。

自动识别技术不仅降低了成本，降低了信息采集差错率，而且极大地提高了供应链管理水平。张斌提出了在仓储信息采集、分拣信息采集、销售信息采集等方面利用 RFID 系统，设置一定数量的发射器和接收器，利用接收器扫描货物上的电子标签，然后将阅读的信息存储到计算机中。当商品出库时，利用发射器扫描电子标签，对已存储的货物信息进行更新。闫正龙等从供应链车辆、设备管理方面提出了利用 GPS 全球定位系统和 GIS 地理信息系统跟踪车辆和货物信息，实时更新计算机数据库，实现对车辆的实时、动态监控管理，从而协同进行供应链管理。

2. 信息传输与交换

信息通过网络传输技术和网络传输协议在供应链成员企业间进行传递，从而辅助供应链成员企业进行协同决策，为提高供应链整体运作效率提供支持。供应链成员企业采用各异的信息系统，对于供应链间异构的信息系统进行信息交换，主要运用 EDI 方式、XML 方式、SOAP 方式等对信息进行统一的转换，即采用统一的中间数据格式进行数据交换。EDI 是供应链合作伙伴间协同合作的系统媒介，用于供应链集成的信息交换。

王晓平研究了企业基于 ebXML 规范对信息进行统一存储，供应链成员可以通过对 ebXML 数据库进行查询来实现供应链企业间的信息交换。聂瑞华在基于 WebService 技术的综合物流模型中指出供应链企业间利用 SOAP(简单对象访问协议)平台进行信息交换。刘广志研究了从物流信息、交换需求、交换软件设计三个方面对物流信息交换的中间件 LIEM；提出了供应链企业间信息接收方可以根据信息发送方的数据格式设置一个数据转换的翻译软件，将接收的数据解析成自己的格式；再生成对方需要的格式进行发送，从而可以直接实现供应链异构信息系统间的信息交换。

3. 信息共享

信息共享是供应链成员企业协作的前提，供应链的协调运行建立在各节点企业高质量的信息交换与共享的基础之上。信息共享不仅有助于供应链成员企业间信息的透明，而且有助于整个供应链相互协作，减少供应链中的牛鞭效应，从而提高供应链的整体运作效率和竞争力。

国内外专家学者对供应链信息共享进行了深入的研究。YU 研究了供应链成员企业间三种不同的信息共享模式，即分散控制模式、协调控制模式和集中控制模式，这三种模式主要应用于制造商和零售商的信息共享。LEE 等提出了节点之间信息传递结构的信息共享模式，并总结出了信息传递模型、信息中心模型和第三方模型，提出一种由供应链企业的一方来接收整条供应链的信息，并将其存入一个数据库中进行维护，以提供给整个供应链成员企业共享的第三方模式，这种信息共享模式更有利于集中决策，从而实现供应链的整体优化。马士华等研究了基于时间的供应链信息共享模式，提出了支持协同决策的信息共享模式，该模式引入了时间竞争的概念，供应链各个成员通过核心企业的统一的商务平台进行信息传递与共享(见图 9-1)，该模式满足了三种不同的信息需求。

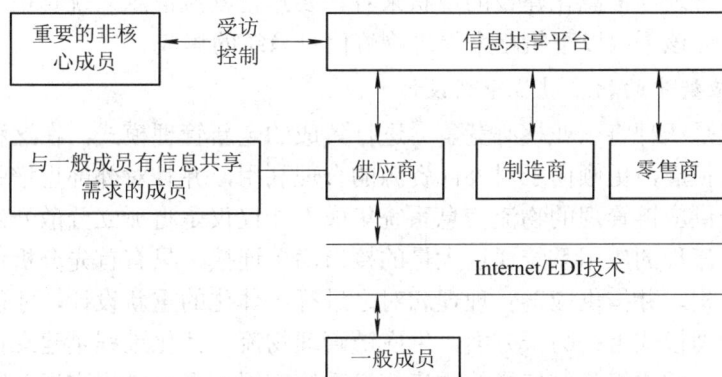

图 9-1　支持协同决策的信息共享结构模型

二、基于供应链管理的集成化物流信息系统的体系结构

信息系统的集成不是人员、产品和设备的简单叠加，也不是一劳永逸的事情。事实上，一次性地就某个应用问题把若干应用系统集成到一起已不是难事，难的是要做到随时跟上需求的变化，适时地支持系统动态集成。因此，从这个意义上讲，信息系统的集成问题就是集成化信息系统的建设问题。从我国物流信息化建设现状和发展趋势看，无论是将现有应用系统集成，还是新建物流信息系统，都应该从供应链管理一体化物流的要求出发，深入分析建设集成化物流信息系统的体系结构，从而支持物流信息系统的动态集成。在供应链管理环境下，集成化物流信息系统的体系结构可以用一个三维的模型来表示。

第一维是从供应链中物流管理层次来划分，自下而上共四个层次：业务操作层、运行管理层、战略管理层、供应链管理层。业务操作层主要是一些物流信息的收集和操作的自动化控制；运行管理层主要是一些事务处理系统和办公自动化系统；战略管理层主要是一些综合性较强的管理信息系统，如 ERP 等；供应链管理层主要是支持企业间信息流管理和共享的系统。处于不同管理层次的物流信息系统对信息处理的深度要求不同，但各管理层之间有上下贯通的需要。

第二维是根据物流的功能和所涉及的领域来划分，例如采购、储存、生产、销售、运输等。这些都是供应链上实现不同的功能和创造价值的不同业务环节，物流贯穿于这些环节中，其信息支持系统主要在处理的信息和功能上不同，如仓储管理系统、客户关系管理系统、车辆管理系统等。这些不同业务领域和环节之间有物流信息交换和共享的需要。

第三维是根据信息系统本身所包含的不同内容来划分，有四个层次：硬件、软件、信息、应用。这些是构成信息系统的基本要素，硬件和软件构成应用的平台，而信息是应用的最主要的资源，物流信息系统应用的效果最终要靠人－机－技术－管理的完美结合。

分析发现，上述模型的三维之间、各块之间的联系是复杂的，集成的需求也是多样的，但我们可以以模型构建的集成化物流信息系统的体系框架为指导，来建设支撑供应链管理的物流信息系统。

三、基于供应链管理的物流信息系统的集成策略

从我国物流管理和信息化建设的现状来看，要想使物流信息系统真正成为供应链管理的强有力工具，应该采取以下策略来促进物流信息系统的集成。

1. 要对供应链中的物流过程重新设计

供应链管理是一种将企业核心竞争力进行集成的全新管理模式，在这种模式下，企业资源的概念得以扩展，更倾向于对外部资源的合理利用，并且对外部也增强了主动性和响应性。因此基于供应链管理的物流信息系统集成不能仅仅是将孤立分散开发的用计算机模仿传统手工业务流程的应用系统通过大量的接口简单连接，只有首先分析供应链上各企业各环节的物流过程，并按供应链管理理念对之进行一体化的重新设计，才能使信息系统集成建立在先进管理模式上；另一方面，供应链管理物流一体化过程是建立在信息化基础上的，企业物流过程的重组又靠集成的物流信息系统应用才得以最终实现，因此物流信息系统的集成也是物流过程重组的过程。

2. 要注重集成化信息系统开发方法论的应用

集成化信息系统开发方法论是关于集成化信息系统建设的模型、语言、方法、工具等技术要素和开发队伍与技术人员素质、业务环境与最终用户素质、投资力度与分布情况、开发领导与组织管理等社会要素，以及由它们相互关联而组成的认知体系，它既带哲理性又有实践性。方法论的研究把主要精力放在开发通用的公共方法和程序上，有了统一的方法，再去设计用途各异的具体系统，便于实现综合集成与互操作。供应链管理环境下的集成化的信息系统开发方法论包括两大部分——高层部分与低层部分：高层部分面向全供应链，解决总体规划与高层设计问题；低层部分面向各业务领域，解决应用系统的分析、设计和建造问题。两个层次的工作不能混淆，但要紧密衔接。

3. 要建立公共信息平台

通用的公共信息平台是行业信息共享通常采用的一种信息共享方式，对于供应链上的物流信息共享，也可以采用公共信息平台。供应链中的公共信息平台应该以互联网技术为基础，建立公共的网站来给大家提供信息服务，但又不是唯一的、垄断的，它的功能主要

体现在标准化和信息共享上，这些标准实现异构产品或信息的统一形式化描述，甚至还可将供应链中的术语规范、组织加入供应链的条件、享受的权利、承担的风险和义务、业务操作流程、资金结算、纠纷仲裁和责任追究等问题以标准化的信息资源固化于网络中。

4. 要建立适应信息集成的管理模式

如前所述，集成化物流信息系统建设是一项复杂的社会系统工程，特别是在整个供应链上，公共信息平台由谁建、总体规划由谁做、整个物流一体化由谁设计、集成信息系统建设由谁管理等，必须有一些从宏观上进行有效管理的机制。对供应链上物流信息系统的集成，从管理机制上讲，主要有三种模式可供选择：第一种是由供应链上的核心企业按照企业内部物流一体化的方法，将这种管理延伸到整个供应链物流管理全程，包括对物流信息化建设和物流信息系统集成的管理；第二种是企业将支持整个供应链物流一体化的信息集成外包，利用第三方甚至第四方物流来承担；第三种是建立物流联盟，由供应链上具有共同发展的战略、共同利益、核心竞争力不同且互为补充的不同企业共同参与管理物流一体化和集成化信息系统的建设。从可操作性来讲，前两种要强一些，后面一种从组织和实施上都要复杂一些。此外，还需在供应链伙伴中建立信息共享的信任机制、激励机制、协调机制等，并在集成化信息系统建设上引入项目管理机制和监理制度，使信息系统的集成管理制度逐步健全，管理更为有效。

此外，关于信息系统的集成，已有一些先进的技术支持，如网络平台、数据仓库、中间件、智能代理等，它们对集成化的物流信息系统建设的推动作用不可忽视，对供应链管理的物流信息系统集成要在需求的牵引下，充分应用这些先进的技术来实现。

本 章 小 结

网络经济是以经济全球化为背景，以现代电子信息技术为基础，以知识和信息为核心，以电子互联网为载体，以电子商务为重要表现形式，以中介服务为保障，实现信息、资金、物资流动，促进整个经济持续增长的一种全新的经济形态。网络经济的发展，引发了现代企业在战略思想、管理理念、运营方式、组织结构等各个方面的巨大变革；对供应链管理也产生了深远的影响，它简化了供应链的中间环节，使信息获取更加迅速，并大大提高了供应链运作的效率。

供应链管理中的物流信息技术有很多种，其中核心的信息技术主要包括 Internet/Extranet/Intranet 技术；数据库、数据仓库、数据挖掘、联机分析技术；条码技术；射频技术(RF)；电子数据交换(EDI)；全球卫星定位系统(GPS)和地理信息系统(GIS)。信息技术从根本上改变了人们传统的生活方式、经济观念、企业管理的运营模式和世界经济的商业运作模式，推动了全球性经济和产业结构的大调整。

供应链物流信息系统的应用是提高供应链竞争力与客户服务水平的关键因素。物流信息系统在供应链中的作用主要体现在三个方面：一是减少牛鞭效应产生的需求不确定性；二是为供应链成员企业提供决策支持，同时极大地增加了决策的正确性；三是降低了供应链成本，提高了运作效率。

课后复习题

1. 网络经济的特征有哪些?
2. 简述信息技术对供应链管理的影响。
3. 供应链管理中信息技术的应用有哪些?
4. 基于供应链管理的物流信息系统集成有哪些策略?

➤ **实训任务 9-1**

信息技术应用

实训内容：通过实地调查，列举出所考察的企业运用了哪些信息技术。

实训目的：通过分析，掌握信息技术的应用。

➤ **实训任务 9-2**

网 上 购 物

实训内容：通过电子商务平台，购买生活或学习用品。

实训目的：感受网络经济，体会供应链管理。

➤ **实训任务 9-3**

基于供应链管理的物流信息系统

实训内容：结合调查企业的实际情况，分析其物流信息系统建设存在哪些优点和不足，提出相应的建议。

实训目的：理解并掌握基于供应链管理的物流信息系统集成策略。

◇ **案例题**

供应链管理在镇海炼化的应用

近年来，镇海炼化加快发展改革步伐，在深化供应链管理方面采取了一系列重要举措，特别是 2002 年以来，该公司加大对原油资源的综合管理，推动信息化建设，推进企业流程再造，加强合作管理，充分运用网络经济下的供应链管理，提高生产运营效益，增强了企业竞争力。

(1) 原油资源利用。加强对加工流程、设备材质、工艺防腐、产品质量等各方面的分析，充分发挥 PIMS 等信息化手段，进行全流程测算，重点做好对不同品种原油加工方案的排序，比较它们之间的相对成本，安排好原油采购量。同时，结合装置特点，优化原油油种，控制采购量，充分挖掘装置潜力，努力多产高附加值产品，向劣质原油要效益。近年来，镇海炼化形成了多条行之有效的原油综合利用加工工艺路线，减少了公司内部生产过程的物耗、能耗。如"常减压—加氢精制、加氢裂化(催化裂化)—硫磺回收"工艺线路，通过全加氢工艺和硫回收率达 99.8%以上的硫磺回收工艺，使汽油、柴油和航空煤油等产品中的硫、烯烃含量大大降低，提升了公司产品质量和市场竞争力。又如公司的"溶剂脱沥青—脱油沥青气化—脱沥青油加氢"工艺线路，被列入中国石化"十条龙"攻关项目，并于 2004 年 8 月通过中国石化的鉴定验收，该组合工艺为相关石化企业在选择重油加工路线时，提供了一条全新的加工路线，油化联合更加紧密，资源利用更加充分，生产组织更加灵活，生产成本更为节约，效益十分显著。围绕原油资源利用，镇海炼化还在财务上推行月度全面预算管理，每月进行六轮测算，及时优化月度生产经营方案，调整产品结构，确保月度利润指标完成。

(2) 信息化管理。从 1998 年开始，镇海炼化就花大量的人力、物力进行信息化建设，微机数量从 300 多台发展到现在的 1800 多台，建成了以千兆为主干的光纤总长度超过 10 公里的网络体系，计算机网络覆盖了所有主要生产装置和岗位，运用微机推动日常工作。1995 年开始，公司全面投用 MIS 管理系统，使镇海炼化逐渐走上信息化轨道，炼油、化肥各主要生产装置均实行了过程控制(DCS)。公司引进的生产装置实时数据系统(PI 系统)为全面监控生产提供了信息基础，2000 年开始实施的 CIMS 系统工程对各部门的信息进行区域化集成，实行了实验室管理自动化，通过数据调理为生产计划、流程模拟和仪表计量等提供统一的现场数据。近年来，镇海炼化又适时引进和建设了计划优化软件系统(PIMS)、办公自动化系统(OA)、公司内部信息网、流程模拟(HYSYS、ASPEN PLUS)等，这些信息系统的成功应用为 2002 年全面推行 ERP 提供了良好的条件。信息化手段的运用为提升公司的管理和效益提供了强大的助动力。

(3) 流程重组。德鲁克在《新型组织的到来》一文中谈到为什么交响乐队和现代医院是扁平化组织的典范时指出：几百名音乐家能够与他们的首席执行官——乐队指挥一起演奏，是因为大家共同使用着同一张总谱。也正因为如此，无论乐曲如何变化、成员如何更换，总是能够完成美妙的音乐，因为它以总谱为指引，实现了流程的重组。同样，对镇海炼化来说，这个总谱就是具有共同愿景的战略，这个战略的计划、实施和衡量都有着共同的标准。组织结构的重组就是以这一共同原则为依据，在清晰的定位下，打破原有的组织形式，实现内部流程的重组。在扁平化组织中，不同职能部门的人，都需要回答这样的问题：在这个组织中个人处于流程中什么样的位置？需要个人提供什么信息？反过来，个人需要的信息谁来提供？使每个人真正融入到流程中，成为流程中不可或缺的一份子。为此，镇海炼化在 2002 年实施了被称为"机构扁平化"的改革，先后撤消了炼油、化肥 2 个厂及其下属 52 个车间(科室)，成立了 10 个生产运行(专业)部以及机械动力处、质量管理中心等 2 个职能部门。就此，打破了原先"公司—二级厂—车间"三级管理体制，实现了"公司—大车间"两级管理的扁平化组织结构模式。

(4) 合作关系。在网络经济下，镇海炼化采用因特网这个全球通用的网络标准，进一步延伸与合作伙伴之间的 B2B 模式，实现了相关各方信息系统的对接，与商业伙伴间创建一个无缝的、自动的供应链，信息传递的时间缩短了，而且数据也准确了，从而带来库存/

运输效率的极大改善。如运用信息化管理手段，加强对原油装、运、卸等全过程的跟踪和管理；针对原油资源装卸、运输等问题，与外贸公司、保险公司以及港航部门等进行联系和协调。又如与有良好信誉的供应商建立战略联盟，提高市场反应速度和工程建设进度。

要求：

1. 本案例中，镇海炼化在加强供应链管理中采取了哪些措施？
2. 结合案例，思考在供应链管理中如何加强信息化建设。

第十章 供应链资源的整合

【学习目标】通过本章的学习，应当能够了解传统企业的组织结构和业务流程；理解供应链企业业务流程重组的基本内容；掌握业务流程重组的运作方式、运作原则和运作步骤；理解基于 BPR 的供应链企业组织结构；认识传统管理环境和供应链管理的变化对企业组织结构产生的影响；理解将企业的组织形式与企业的管理需要相结合的方法。

引例

福特汽车公司的 "Reengineering"

福特汽车公司北美财会部原有 500 多人负责账务与付款事项。改革之初，管理部门准备通过将工作合理化和安装新的计算机系统将人员减少 20%。后来，当他们发现日本一家汽车公司的财会部只有 5 个人时，就决定采取更大的改革动作。他们分析并重新设计了付款流程。原付款流程(见图 10-1)表明，当采购部的采购单、接收部的到货单和供应商的发票，三张单据验明一致后，财会部才予以付款，财会部要花费大量时间查对采购单、到货单、发票上共 14 个数据项是否相符。重新设计付款流程(见图 10-2)后，由计算机将采购部、接收部和财会部联成网络，采购部每发出一张采购单，就将其送入联网的实时数据库中，无须向财会部递送采购单复印件；当货物到达接收部后，由接收人员对照检查货单号和数据库中的采购单号，相符后也送入数据库；最后由计算机自动检查采购记录和接收记录，自动生成付款单据。实施新流程后，财会部的人员减少了 75%，实现了无发票化，提高了准确性。

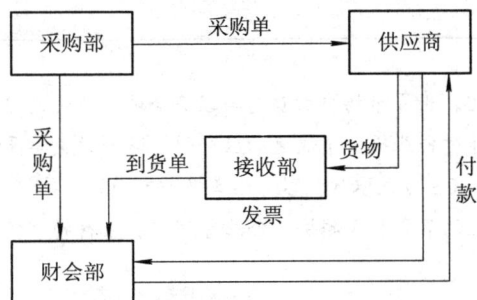

图 10-1 福特汽车公司原有付款流程　　　　图 10-2 福特汽车公司新的付款流程

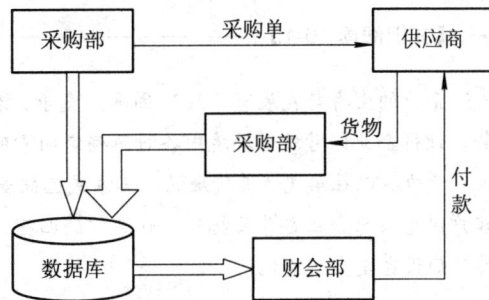

经济全球化的发展，极大地推动了全球化市场的形成和发展，加剧了竞争的激烈化程度。企业为了能够在市场中获得竞争优势，开始构筑供应链管理体系，以获得更具魅力的供应链竞争优势。供应链管理体系的建立，不仅需要重组企业内的业务流程，而且还需要优化企业间的业务流程。

第一节　供应链企业的业务流程重组

一、业务流程重组概述

(一) 业务流程重组的历史背景

业务流程重组理论的提出背后，有着深刻的技术、经济以及管理变革背景。

1. 客户需求的变化促使企业改变观念

20 世纪六七十年代以来，全球经济环境发生了巨大的变化，供大于求的现状促成了卖方市场转向买方市场。消费者需求个性化与多样化这一新的变化趋势，促使企业必须深度关注消费者需求和潜在需要，并建立起一个完善的客户导向的服务体系。

2. 企业竞争的加剧要求企业再造竞争力

20 世纪 80 年代后期，全球性的资源自由流动和新技术革命，使得任何一个国家的客户不仅可以从本国产品，还能从国外产品中获得需求的满足，这大大加剧了竞争环境的动荡。日趋明了的世界市场自由贸易与经济全球一体化的趋势，加速了企业经营外部环境中各种不确定因素的暴增，并对企业提出了快速响应和弹性运作的不断变革要求。在这种压力下，企业必须通过再造竞争力的方式重新赢得竞争优势。这就是人们寻求并关注业务流程再造等竞争力提高的妙方的原因，也就是业务流程再造成为管理新方法的原因所在。

3. 新型管理方法的出现推动企业的变革

自 20 世纪 70 年代以来，管理学界新思想和新观点频繁出现，TQM(全面质量管理)、JIT(准时制)、PM(项目管理)、ABC(基于作业成本分析法)、Work Flow(工作流管理)、Work Team(团队管理)以及标杆管理等一系列管理理论与实践，在欧美经济界全面展开并取得一定的成功。同时，在企业组织理论方面，扁平化组织结构革新以及流程化的组织结构研究取得了很大的进步，这些都为业务流程重组奠定了理论基础。

【知识阅读 10-1】

企业的生存与发展有 "3C" 因素：竞争、客户和变化。世界市场自由贸易与经济全球一体化的趋势，使得企业经营外部环境中各种不确定因素的剧增，并对企业提出了快速响应和弹性运作的变革要求。竞争从以往单凭物美价廉的简单方式已被多层面的 TQCS 方式取代；客户已掌握了市场的主导权，客户满意成为企业奋斗目标和一切工作的归宿；随着变化的节奏越来越快，企业管理赖以生存的 "情境" 假设也发生了变化。

(二) 业务流程重组的涵义

业务流程重组，英文翻译为 "Business Process Reengineering"，简称 "BPR"。该词最早源于计算机领域中软件维护过程中的反向工程(Reverse Engineering)的概念，但真正形成权威定义的时间是 1990 年，美国哈佛大学博士迈克尔·哈默教授和管理专家詹姆斯·钱皮提出了 BPR 的概念，并且定义如下："BPR 是对企业业务流程做根本性的思考和彻底性的重建，其目的是在成本、质量、服务和速度等方面取得显著性的改善，使得企业能最大限度的适应以客户、竞争、变化为特征的现代企业经营环境。"

正确理解 BPR 的涵义，要注意以下几点：

(1) 重组的对象是过程，而不是组织结构。实践证明，过程的重组必然伴随着组织结构的重组，保持原有的陈旧组织结构而进行过程的重组是不可能的。但是要注意的是，重组不是在旧过程的基础上换上新的组织形式就可以实现预期的目标。所以，企业在重组中首要关注的是自己处理事务的过程，而改造组织结构则需与重组后的过程相适应。

(2) 重组不等同于技术革新或者自动化。虽然技术在重组中有不可替代的能动作用，但是归根到底，技术只是实现重组过程的一种手段，它和重组过程本身没有必然联系。

(3) 重组不等同于质量改进。全面质量管理，或者其他质量管理形式，虽然都关注过程，但是角度和程度却有所不同。

【知识阅读 10-2】

全面质量管理(TQM)追求的是从过程的当前状态开始不断完善和增强，强调全员的参与，在人员培训和企业文化培育方面大量投入，其技术手段是通过统计控制使过程中不可解释的偏差量小化。BPR 则要求对经营过程进行根本的改造，以使各项绩效指标有显著的提高，它决不依存于原有的旧过程，倾向于自上而下、由点至面的推行，实施时需要在新信息系统和组织结构的建立上投入大量时间。

(三) 业务流程重组的特点

1. 以流程为导向

绝大部分企业是以任务、人力资源或结构为导向的。企业实施 BPR 就是要打破传统的思维方式，以活动流程为中心改造实施，并注意如下原则：

(1) 将分散在功能部门的活动整合成单一流程，以提高效率；

(2) 在可能的情况下，以并行活动取代顺序活动；

(3) 促进组织扁平化，以提高企业内的沟通效率。

从 BPR 的视点出发，无论企业采用流程重新设计观、项目管理观，还是工作流自动化观，都必须关注企业业务流程优化和自动化(见图 10-3)。

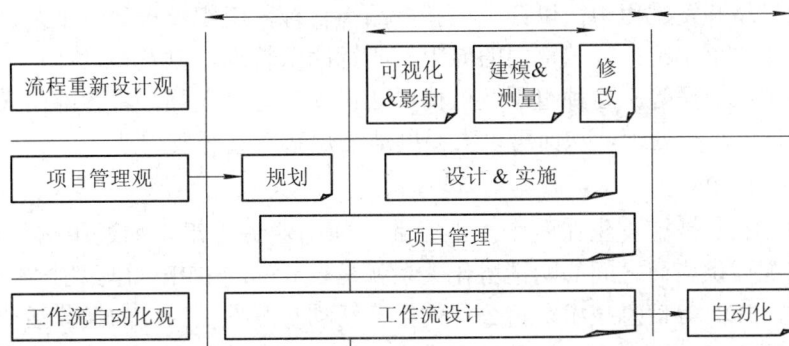

图 10-3 BPR 的视点

2. 目标远大

BPR 要求的绩效提升不是 5%或 10%，而是 70%～80%，甚至是 10 倍以上的效率，这是 BPR 与全面质量管理等现代管理技术的最大不同。宏伟的目标增加了 BPR 实施的难度和风险，使它成为一项复杂而长期的系统工程。

3. 打破常规

打破常规是 BPR 一个本质特点。要从思想上破除劳动分工等一切传统的管理原则，建立新型的面向市场的管理体制。

4. 创造性的应用信息技术

信息技术是企业实施 BPR 的推动力。正是信息技术的发展与应用，使企业能够打破陈旧的制度，创建全新的管理模式，使远大的目标得以实现。信息技术的应用，确实改善了人们的工作条件，提升了工作效率。信息技术的真正能力不在于它能使传统的工作方式更有效率，而在于它使企业打破了传统的工作规则，并创造了新的工作方式。因此，BPR 不等于自动化，它关注的是如何利用信息技术实现全新的目标，完成从未做过的工作。

二、供应链企业业务流程重组的运作

(一) 业务流程重组的运作方式

在业务流程重组实践中，不同行业、不同性质的企业，流程重组的形式不可能完全相同。企业可根据竞争策略、业务处理的基本特征和所采用的信息技术的水平来选择实施不同 BPR 的运作方式。总体上说，BPR 的运作有以下三种方式：

1. 功能内的 BPR

功能内的 BPR 通常是指对职能内部的流程进行重组。在原管理体制下，各职能管理机构重叠、中间层次多，而这些中间管理层一般只执行一些非创造性的统计、汇总、填表等工作，计算机完全可以取代这些业务将中间层取消，使每项职能从头到尾只有一个职能机构管理，做到机构不重叠，业务不重复。例如物资管理由分层管理改为集中管理，取消二级仓库；财务核算系统将原始数据输入计算机，全部核算工作由计算机完成，变多级核算为一级核算等。使职能机构扁平化，做到集中决策、统一经营，从而增强企业的应变能力。

2. 功能间的 BPR

功能间的 BPR 是指在企业范围内，跨越多个职能部门边界的业务流程重组。例如企业在进行某项新产品开发过程中，以开发该新产品为目标，组织集设计、工艺、生产、供应和检验人员一体的承包组，打破部门的界限，实行团队管理，以及将设计、工艺、生产制造并行交叉的作业管理等。这种组织及机构灵活机动，适应性强，将各部门人员组织在一起，使许多工作可平行处理，从而可以大幅度地缩短新产品开发周期。

3. 组织间的 BPR

组织间的 BPR 是指发生在两个以上企业之间的业务重组，如通用汽车公司(GM)与 SATURN 轿车配件供应商之间的购销协作关系就是企业间的 BPR 的典型个案。GM 公司采用共享数据库、EDI 等信息技术，将公司的经营活动与配件供应商的经营活动连接起来。配件供应商通过 GM 的数据库了解其生产进度，拟定自己的生产计划、采购计划和发货计划，同时通过计算机将发货信息传给 GM。GM 的收货员在扫描条形码确认收到货物的同时，通过 EDI 自动向供应商付款。这样，使 GM 与其零部件供应商的运转像在一个公司似的，实现了对整个供应链的有效管理，缩短了生产周期、销售周期和订货周期，减少了非生产性成本，简化了工作流程。这类 BPR 是目前业务流程重组的最高层次，也是重组的最高目标。

由以上三种类型的业务流程重组可以看出，各种国内重组过程都需要数据库、计算机网络等信息技术的支持。ERP 的核心管理思想是实现对整个供应链的有效管理，与 ERP 相适应而发展起来的组织间的 BPR 创造了全部 BPR 的概念，是全球经济一体化和 Internet 广泛应用环境下的 BPR 模式。

(二) 业务流程重组的运作原则

BPR 是对现行业务运行方式的再思考和再设计，应遵循以下基本原则：

1. 以企业目标为导向调整组织结构

在传统管理模式下，劳动分工使各部门具有特定的职能，同一时间只能由一个部门完成某项业务的一部分。而 BPR 打破了职能部门的界限，由一个人或一个工作组来完成业务的所有步骤。随着市场竞争的加剧，企业需要通过重组为顾客提供更好的服务，并将 BPR 作为发展业务和拓宽市场的机会。

2. 让执行工作者有决策的权力

在 BPR 系统的支持下，执行者有了工作上所需的决策权，可消除信息传输过程中的延时和误差，并对执行者有激励作用。

3. 取得高层领导的参与和支持

高层领导持续性的参与和明确的支持能明显提高 BPR 成功的概率。因为 BPR 是一项跨功能的工程，是改变企业模式和人的思维方式的变革，必然对员工和他们的工作产生较大的影响。特别是 BPR 常常伴随着权力和利益的转移，有时会引起一些人，尤其是中层领导的抵制，如果没有高层管理者的明确支持，则很难执行。

4. 选择适当的流程进行重组

在一般情况下，企业有许多不同的业务部门，一次性重组所有业务会导致其超出企业的承受能力。所以，在实施 BPR 之前，要选择好重组的对象。应该选择那些可能获得阶段性收益或者是对实现企业战略目标有重要影响的关键流程作为重组对象，使企业能尽早地看到成果，在企业中营造乐观、积极参与变革的气氛，减少人们的恐惧心理，以促进 BPR 在企业中的推广。

5. 建立通畅的交流渠道

从企业决定实施 BPR 开始，企业管理层与职工之间就要不断地进行交流。要向职工宣传 BPR 带来的机会，如实说明 BPR 对组织机构和工作方式的影响，特别是对他们自身岗位的影响及企业所采取的相应解决措施，尽量取得职工的理解和支持。如果隐瞒可能存在的威胁，有可能引起企业内部动荡不安，从而使可能的威胁成为现实。

(三) 业务流程重组的运作步骤

实施供应链企业业务流程重组一般分为六个阶段：

1. 营造业务流程重组环境

实施 BPR 的企业应该以教育、培训、学习和交流活动等多种形式让企业的每一位员工都知道改革的必要性，了解企业目前的状况、遇到的问题、企业继续发展受到的局限性已经不适合市场发展方面等，向大家宣传改革的前景、公司发展的宏伟蓝图等。

2. 关键业务流程的识别

实施 BPR 的企业需要重新认识企业的每一个作业流程。但是，企业实施 BPR 并不是对企业所有的业务流程同时实施业务流程再造。企业应该根据面临的主要问题，找出其中的关键业务流程进行重新设计，按照流程设计跨越职能部门的基本思路，由关键业务流程的设计带动相关部门一般业务流程的设计。

3. 企业资源分析

一旦实施 BPR 的关键流程确定下来，就需要对企业的有关资源能力进行评价分析。企业信息技术水平和人员、组织的能力都是企业流程再造的动力因素。同样，现有的企业文化对企业流程再造有着不可忽视的作用。

4. 分析关键业务流程与其他流程的联系

通过使用流程图、鱼骨图、功能展开图等工具和方法，对企业当前的关键业务流程，以及它与一般业务流程的关系进行分析。通过这样的比较分析，发现现存流程中必须完成的活动，并重新组织成一个新的、更有效的流程。

【知识阅读 10-3】

所有的作业活动一般分为三类：一是增值活动，是能够产生价值，并且客户愿意为其支付报酬的活动；二是非增值活动，本身不能够产生增值内容，也不能为客户创造价值，但却是增值活动进行过程中必不可少的；三是无效活动，这种活动既不增值，也不会驱动增值活动的进行。

---

5. 目标业务流程的重新设计

对企业经营目标业务流程进行重新设计时，首先要彻底抛弃原有的规则、管理程序和价值观念；其次要灵活地应用业务流程重组的基本原则；同时还需要在流程设计的过程中充分地发挥设计创造性。总之，目标流程重组要求一切设计从头开始，决不依赖原有的流程形式。

6. 实施完成后的绩效评估及其他

为了评价 BPR 给企业带来的改善效果，企业对主要的目标流程、岗位和作业设置绩效评估体系。指标的设定是依据流程重组项目开始阶段设计的目标来制定的，由此考核 BPR 实施后企业绩效提升的程度。

【小应用 10-1】

中国某大型国有投资公司的业务流程重组

国内某大型国有投资公司，在电力、交通运输、金融、汽车、电子、煤炭采矿、医药、农业、林业、建筑材料、港口、机械、石油及纺织工业等 14 个主要行业拥有超过 800 个投资企业。到 2002 年，该公司在推进现代企业制度、优化资产结构、强化内部管理等方面已取得了重要进展，并对公司进一步业务流程重组提出构想。该重组项目分为三个主要阶段五大模块来完成：战略评估、方案设计和实施计划制定，见图 10-4。

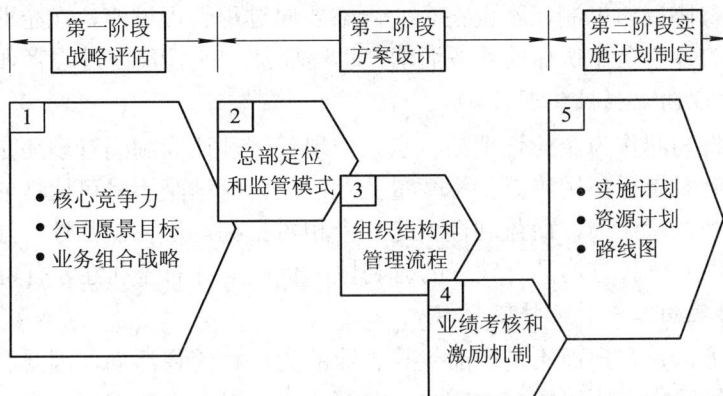

图 10-4 项目的三个主要阶段示意图

第一阶段包括两方面工作：一是通过内部和外部访谈，以及内部研讨会形式，首先对该客户的现状和核心竞争力作出评估，再结合管理层和员工对公司未来发展的期望，并比较国内外类似公司的经营模式，联合项目小组提出公司愿景和战略目标。二是在公司愿景的基础上，评估现有的投资组合，通过分析所投资行业和投资企业的发展趋势与潜力，项目组提出业务发展战略的建议。

第二阶段包括三个模块的工作：一是根据公司愿景和类似公司管理的管理模式，提出对客户公司总部的定位和对投资企业的监管模式。二是基于业务组合战略的建议，对原公司总部和 11 个子公司进行组织重组，并重新设计管理和业务流程。三是根据组织结构和流程方案，设计一套与之相适应的业绩评估体系和激励机制。

第三阶段是为项目整体方案的实施设计详细的行动步骤和计划，对实施方案所需资源进行规划，对实施过程中可能出现的问题提出解决的办法。

【分析提示】

该项目主要由四大部分组成：公司愿景和发展战略，监管模式，组织重组和流程再造，业绩考核和激励机制。

第二节 基于 BPR 的供应链企业组织结构

一、供应链管理下企业组织结构的内容

供应链管理下不仅要求在企业组织结构中减少、甚至消除那些不产生附加值的中间环节，以使一个经营流程完整化、一体化，更要求以经营流程为企业组织的主干，彻底改造企业的组织结构，只有这样才能发挥出供应链管理的作用。通过电子商务手段进行企业业务流程重组将给企业供应链管理带来重大变革。

1. 从功能管理向过程管理的转变

传统的管理将供应链中的采购、制造、市场营销、配送等功能活动分割开来、独立运作，而这些功能都具有各自独立的目标和计划，这些目标和计划经常冲突。供应链管理就是达成这种一致和协调的机制，不仅在企业内部要向过程管理过渡，在企业外部，管理供应链上游、下游的各个合作伙伴的业务活动，也需要从功能管理向过程管理过渡。

2. 从利润管理向盈利性管理转变

传统的管理将利润作为企业管理的重点，但现代管理认为利润管理还是很粗放的，因为利润只是一个绝对指标，用绝对指标衡量企业的经营业绩是不具可比性的，应该用相对指标来衡量企业的经营业绩，而盈利性就是一个相对指标。这种盈利性是建立在"双赢"基础上的，只有供应链各方均具有较好的盈利性，企业自身的盈利性才有可能得到保证。

3. 从产品管理向客户管理转变

在买方市场上，是客户而不是产品主导企业的生产、销售活动，因此客户是核心，客户是主要的市场驱动力，所以客户的需求、购买行为、潜在消费偏好、意见等都是企业要谋求竞争优势所必须争夺的重要资源，客户是供应链上重要的一环。在买方市场上，供应链的中心是由生产者向消费者倾斜的，客户管理就成为供应链管理的重要内容。

4. 从交易管理向关系管理转变

传统的供应链伙伴之间的关系是交易关系，所考虑的问题主要是眼前的、既得利益的，因此不可避免地会出现供应链伙伴之间为了自身利益而牺牲他人利益的情况。供应链管理的基本原则是协调供应链成员之间的关系，以协调的供应链关系为基础进行交易，以使供应链整体的交易成本最小化、收益最大化。

5. 从库存管理向信息管理转变

库存对于企业来说，一方面是财富，必须拥有；另一方面又是成本和累赘，必须尽可能摆脱。在供应链成员之间，应用信息技术用信息代替库存，也就是企业持有的是"虚拟库存"而不是实物库存，只有供应链的最后一个环节才交付实物库存，从而大大降低了企业持有库存的风险。

【知识阅读 10-4】

在企业流程重组和供应链管理的实施过程中有一条最重要的原则是必须要记住的：工作应当由那些处于最佳位置去做的人去做。这话说得很温和，但实际上是彻底革命的。在考虑一个大范围的供应链时，原则应当是：工作应当只做一次，不应重复去做，并且应当由处于最佳位置去做的人去做，而不管他或她是不是这一工作的直接受益者。

二、业务流程重组下企业组织结构的内容

在供应链管理下，不仅要求在企业组织结构中减少甚至消除那些不产生附加值的中间环节，以使一个经营流程完整化、一体化，更要求以经营流程为企业组织的主干，彻底改造企业的组织结构，只有这样才能发挥出供应链管理的作用。BPR 的企业组织一般包括以下几个方面的内容：

1. 企业应是流程型组织

将属于同一企业流程内的工作合并为一个整体，使流程内的步骤按自然的顺序进行，工作应是连续的而不是间断的。整个企业组织结构应以关键流程为主干，彻底打破旧的按职能分工的组织结构。

2. 流程经理的作用

所谓流程经理，就是管理一个完整流程的最高负责人。对流程经理而言，不仅要起激励、协调的作用，而且应有实际的工作安排、人员调动、奖惩的权力。这是有别于矩阵式组织结构中的项目经理的地方。

3. 职能部门还应存在

在同一流程中，不同领域的人相互沟通与了解能创造出新的机会，可同一领域的人之间的交流也很重要。而这种职能部门正好为同一职能、不同流程的人员提供了交流的机会。当然，在新的组织结构中，这种职能部门的重要性已退居于流程之后，不再占有主导地位，它更多地转变为激励、协调、培训等。

4. 人力资源部的重要性

在基于 BPR 的企业组织结构中，在信息技术的支持下，人员被授予更多的决策权，并且使多个工作汇总为一个，以提高效率。这对于人员的素质要求更高。因而在 BPR 条件下，人力资源的开发与应用显得更加重要。

【知识阅读 10-5】

随着组织转型，工作性质发生了很大的变化，如从非熟练工人到知识工作者，从重复性劳动到创造性劳动，从个人工作到团队工作，从职能性工作到项目工作，从单一技能到多重技能，从上级协调到同伴协调等。这对人员提出了更高的要求。这主要表现在两个方面：一是要求人力资源知识化；二是要求群体互补。

---

5. 现代信息技术的支持作用

BPR 本身就是"以信息技术使企业再生"。也正是由于现代信息技术使得多种工作汇总、迅速决策、信息快速传递、数据集成、共享成为可能，才推动 BPR、推动组织创新，彻底打破原有模式。因而现代信息技术已成为新型企业的物理框架，对整个企业组织的各方面都起到支持作用。

【知识阅读 10-6】

目前，我们将供应链物流信息技术归纳为 39 种，分别为：(1) 电子邮件；(2) 专家系统；(3) 电话会议；(4) 电子数据交换；(5) 行政信息系统；(6) 计算机辅助软件工程；(7) 面向对象的编程技术；(8) 客户/服务器；(9) 数据库管理信息系统；(10) 广域网；(11) 局域网；(12) 可视技术；(13) 因特网；(14) 电子商务；(15) 决策支持系统；(16) 地理信息系统；(17) 全球卫星系统；(18) 射频技术；(19) WWW 技术；(20) EXTRANET/INTRANET；(21) 条码和扫描技术；(22) 计算机辅助合作网；(23) 卫星通信技术；(24) 增值网络；(25) 企业虚拟工作网；(26) 图像处理技术；(27) 并行系统；(28) 神经网络；(29) 信息高速公路；(30) 工作流自动化；(31) 多媒体技术；(32) 制造需求计划；(33) 制造资源计划；(34) 及时供应系统；(35) 高级及时供应系统；(36) 分销资源计划；(37) 企业资源计划；(38) 跨组织信息系统；(39) 供应链管理信息系统。

由以上几个方面得出的基于 BPR 的企业组织结构示意图如图 10-5 所示。

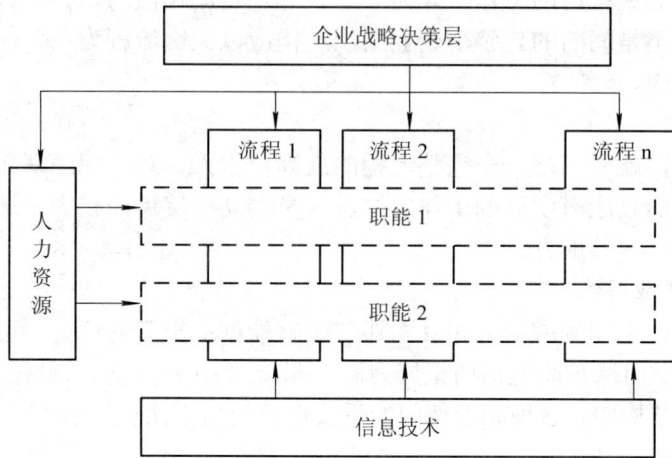

图 10-5　基于 BPR 的企业组织结构示意图

三、供应链企业物流管理的组织形式

企业确定组织结构是为了有利于管理，通过组织设计对管理活动进行分工，将不同的管理人员安排在不同的管理部门和岗位，通过他们在特定的环境和相互关系中的业务来使整个管理系统有效地运转起来。就企业供应链系统来说，组织设计的任务就是如何确定物流部门，归纳物流业务，确立物流部门与其他部门之间的特定关系。

1. 传统型物流管理组织结构

企业组织结构完全基于传统的职能专业化分工，按职能设置部门，全部物流职能直接由财务、制造、市场营销等部门负责监督管理，物流活动分散于各相关专业活动之中，由上级主管部门进行协调。这种组织结构简单直接，不存在物流责任的推诿，但是各部门可能从各自利益出发，很难就物流系统运行协调一致，如图 10-6 所示。

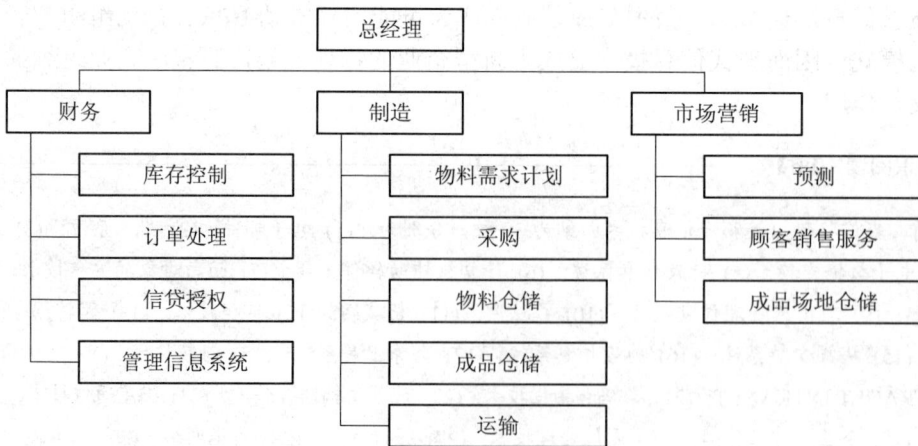

图 10-6　传统型物流管理组织结构

2. 功能集合型物流管理组织结构

在传统型物流管理组织结构的基础上，将各专业部门内的物流功能进行合并和集合，使物流活动在组织中凸显出来，以便于各部门进行计划、控制和协调。这种形式的组织结构一般不增加管理幅度，只是在基本职能部门内进行划分，以适应管理需要的结构形态，比较适合于外部环境较为稳定、采用常规技术、重视内部营运效率和员工专业素质的中小规模的企业。但是，对于企业的整个物流系统来说，这种功能整合并未改变物流流程的分散性，容易造成物流业务的分割状态而影响整体的合理化与效益，如图 10-7 所示。

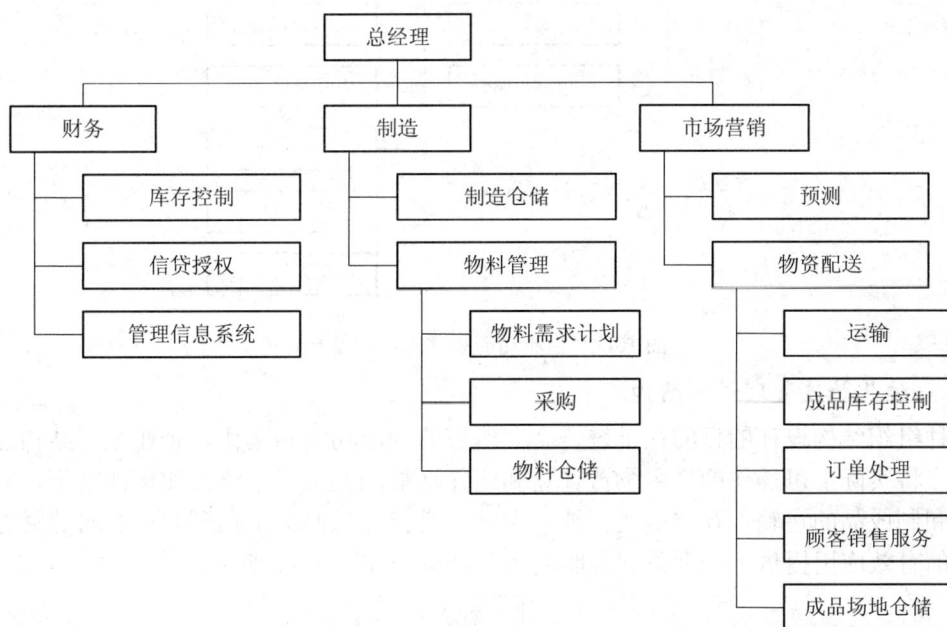

图 10-7　功能集合型物流管理组织结构

3. 功能独立型物流管理组织结构

随着企业管理者不断提高对物流的认识，物流逐渐在企业经营中作为一项管理职能而被固定下来，企业物流在组织结构中的地位也日益得到重视。

在功能独立型物流管理组织结构中，企业将核心的物资配送和物料管理的功能独立出来，形成与财务、制造以及市场营销等相平等的专业部门。由此，物流的经营职能更加明确，能够更好地适应企业物流经营比重的扩大和整个企业的物流活动的增加，保证生产和营销的充分调动。但是，这种结构仍旧是沿用传统的职能组织设计思想，职能管理和物流现场作业还是不能完全统一，因为许多物流具体作业是分散在生产和营销活动之中的，物流在同生产和营销的关系中，有时是被动地执行职能，这就会产生对变化迅速的交易和生产的诸多不适应，而且会产生组织职能与组织之间的协调问题。现实中的许多企业采用此类型的组织结构后，对物流管理体制改革的愿望和呼声越来越高。这说明企业物流管理部门要相对独立并提升地位是个必然但又面临着更大范围整合的难题，如图 10-8 所示。

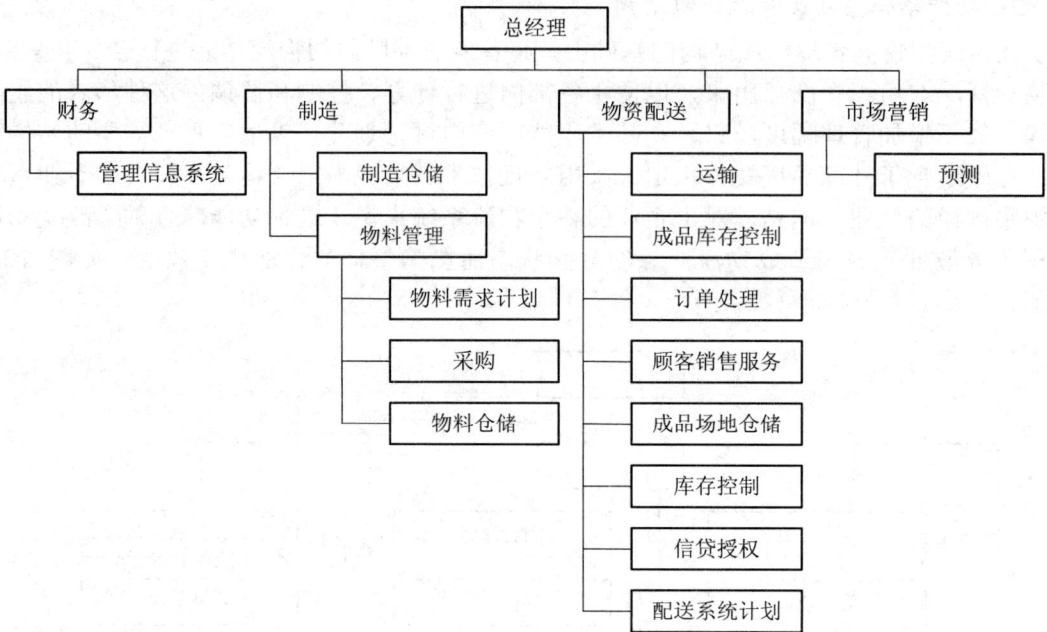

图 10-8　物流功能独立的组织结构

4. 一体化物流管理组织结构

这种组织结构设计的目的在于统一企业所有的物流功能和运作。企业组织结构层次十分清晰，将实际上可操作的许多物流计划和运作功能归类于一个权力和责任之下，对所有原材料和制成品的运输、存储等实行战略管理，为指导从原料采购到客户发送等财务和人力资源的有效应用提供了一个条理分明的体制结构，如图 10-9 所示。

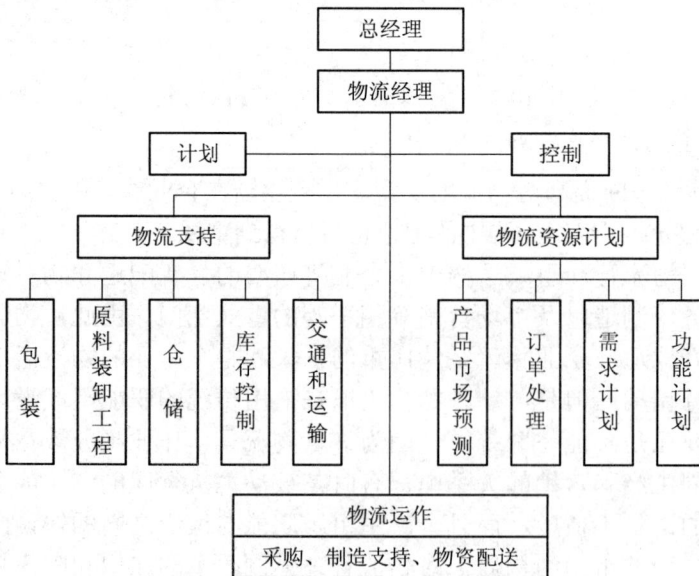

图 10-9　一体化物流管理组织结构

一体化物流管理组织结构的涵义主要体现在以下四个方面：

　　(1) 物流的每一个领域都被组合构建成一个独立的直线运作单元。直线领导的权力和责任可使每一项支持服务在总的一体化物流框架内完成。由于运作责任的领域得到了很好的界定，因而作为一个运作单位，对制造的支持和对采购及物资配送的支持是同等对待的，每个单元都能灵活地适应其各自的运作领域所要求的关键服务。

　　(2) 制造支持被定位为运作服务。制造支持确定了其共同的服务方向，可在物资配送、包装和采购运作之间进行直接的沟通。

　　(3) 物流信息包括了计划和协调运作管理信息的全部潜力。订单处理引发了物流系统进入销售运作，在产品市场预测、订货程序、库存状况的战略能力基础上进行计划，然后按确定的要求来运作生产。

　　(4) 信息和督导在组织的最高层次上。督导功能关注的是对物流系统质量改进和重组负责。物流信息功能的注意力集中在成本和客户服务绩效的测量上，并为管理决策的制定提供信息。

　　5. 物流子公司

　　企业物流管理组织设置，有内部和外部的差别。企业除了对内部物流功能进行整合外，还可以在外部设置物流管理组织——物流子公司。物流子公司(亦称物流管理公司)是企业物流管理组织的一个新形式，特点是物流的一部分从原企业中分离出来，作为一个独立的公司，专门负责物流工作。

　　需要注意的是，这里的物流子公司同以往负责业务的子公司具有完全不同的性质。一些企业可能早就成立了诸如"运输子公司"、"仓库子公司"、"包装子公司"等业务作为公司形式来进行物流经营，但设立物流子公司却是另外一回事。物流子公司就是物流管理组织本身，处于能够代替母体企业物流部门全部或部分组织的地位，也许叫物流管理公司更能为人们所理解。

【小应用 10-2】

海尔集团的业务流程重组

　　海尔集团根据国际化发展思路，对原来的事业部制定的组织机构进行战略性调整，把原来各事业部的财务、采购、销售业务全部分离出来，整合成商流推进本部、物流推进本部、资金流推进本部，实行全集团统一营销、采购、结算，这是海尔市场链的主流程；把集团原来的职能管理资源进行整合，形成创新订单支持流程 3R(R&D——研发、HR——人力资源开发、CR——客户管理)和保证订单实施完成的基础支持流程 3T(TCM——全面预算、TPM——全面设备管理、TQM——全面质量管理)，3R 和 3T 支持流程是以集团的职能中心为主体，注册成为独立经营的服务公司。这是海尔市场链的支持流程。整合后的海尔集团基本业务流程发生了重大变化。

　　在业务流程再造的基础上，海尔形成了"前台一张网(海尔客户关系管理网站)，后台一条链(海尔的市场链)"，构筑了企业内部供应链系统、ERP 系统、物流配送系统，并形成了以订单信息流为核心的各子系统之间无缝连接的系统集成。海尔的 ERP 系统和 CRM 系统的目的是一致的，都是为了快速响应市场和客户的需求。前台的 CRM 网站作为与客户快速沟通的桥梁，将客户的需求快速收集、反馈，实现与客户的零距离；后台的 ERP 系统可以将客户需求快速触发到供应链系统、物流配送系统、财务结算系统、客户服务系统等流程系统，实现对客户需求的协同服务，大大加快了对客户需求的响应速度。

【分析提示】

海尔集团通过对原来的事业部制定的组织结构进行调整，形成了以订单信息流为中心的业务流程，这给海尔集团基本业务流程带来革命性的变化。这种结构实现了企业内部和外部网络相连，使企业形成一个开放的而不是封闭的系统。

本 章 小 结

传统企业的组织结构的主要形式有：直线制、职能制、事业部制、模拟分权制、矩阵制等。传统企业业务流程的特征包括：业务流程的专业化分工、组织结构的等级制和计算机与信息技术的应用。供应链管理下的企业与传统企业的业务流程相比，在制造商与供应商之间的关系、企业内部的业务流程和支持业务流程的技术手段等方面都有了很大的变化。

BPR 的提出有着深刻的历史背景，包括：① 客户需求的变化促使企业改变观念；② 企业竞争的加剧要求企业再造竞争力；③ 新型管理方法的出现推动企业的变革。总之，业务流程重组是伴随管理信息系统在企业中的应用而产生的一个新思想，是企业实现高效益、高质量、高柔性、低成本的战略措施。

BPR 是对企业业务流程做根本性的思考和彻底性的重建，其目的是在成本、质量、服务和速度等方面取得显著性的改善，使得企业能最大限度地适应以客户、竞争、变化为特征的现代企业经营环境。BPR 的特点有：① 以流程为导向；② 目标远大；③ 打破常规；④ 创造性的应用信息技术。

BPR 是对现行业务运行方式的再思考和再设计，具体运作方式包括：功能内的 BPR、功能间的 BPR 和组织间的 BPR。BPR 的运作应遵循以下基本原则：① 以企业目标为导向调整组织结构；② 让执行工作者有决策的权力；③ 取得高层领导的参与和支持；④ 选择适当的流程进行重组；⑤ 建立通畅的交流渠道。实施供应链企业业务流程重组的一般过程主要分为六个阶段。

基于 BPR 的企业组织结构的内容有：① 企业应是流程型组织；② 流程经理的作用；③ 职能部门还应存在；④ 人力资源部的重要性；⑤ 现代信息技术的支持作用。供应链企业物流管理的组织形式包括传统型物流管理组织结构、功能集合型物流管理组织结构、功能独立型物流管理组织结构、一体化物流管理组织结构和物流子公司。

课 后 复 习 题

1．传统企业的组织结构有哪些形式？它们各自的特点如何？

2．BPR 的涵义包括哪些内容？它的基本特点是什么？

3．BPR 的运作有哪些具体方式？各自的含义是什么？

课后复习题

4．BPR 的运作应遵循哪些基本原则？

5．基于 BPR 的企业组织结构的内容有哪些？

➢ **实训任务**

业务流程的改进和再造

1．实验目的

了解业务流程改进或再造的基本思想和大致步骤，理解流程改进或再造对部门业务的运作产生的意义。

2．实验内容

(1) 考察所在学校新生入学报道的流程，画出一个流程图来描述它，并通过分析和亲身体会来考虑如何对它进行重新的设计。

(2) 描述贫困学生申请国家助学贷款的基本过程。在这个过程中，能够找出哪些环节的工作可以简化，建议重新设计并画出流程图。

3．实验组织

(1) 在老师的指导下，学生画出现有的新生入学报道和贫困学生申请国家助学贷款的基本流程图。

(2) 学生分组讨论，从现有的流程图中找出不合理或不方便的地方，提出流程改进或再造的方案，并画出新的流程图。

(3) 各组派出一名代表将改进的流程图与原图进行对比讲解，说明改进的原因和效果。由学生投票选举出最佳的改进方案。

◈ **案例题**

施乐公司的业务流程重组

1989 年，施乐公司曾与一些美国电子公司进行了存货水平的基准比较，这次评估向施乐的高层管理人员揭示了施乐与领先的公司在这方面的差距。施乐发现有机会可以压缩"沉淀"在整个供应链中的资金，从而向新产品的研发提供更多的资金支持。从评估中，施乐公司认可了现有的分销、物流、物料与制造部门的努力工作，总体存货水平过高并不是他们的责任，主要的原因是部门与部门之间相互冲突的工作目标。

施乐成立了"物流与资产管理中心"来改善整个供应链的资产管理的绩效。作为一个"变革机构"，这个小组的使命是通过发展和实施整体性的战略和业务流程来推动对物流管理和资产管理的优化。这个小组并非只是一个普通的职能机构，它需要参与一线机构正在进行的对顾客满意度、物流成本和削减存货的活动以及每一年都要进行的对这些项目的优化和改善。

变革目标

绩效优化计划的总体目标是雄心勃勃的。施乐将会取得 100% 的顾客满意度，压缩近一半的存货——近 10 亿美元的节省! 并节省 3 ～ 4 亿美元的物流支出。这些成本的节省并不会以服务水平的下降为代价。施乐不仅会重新设计整个供应链流程,而且会改变其公司文化、绩效指标、奖惩体系、公司的内部关系和整个公司的行为方式。

流程优化

一个国际化的跨部门小组早在 1986 年就已经建立了,这次的供应链流程改造使这个国际小组的作用得到了强化。不同工作职责的人员,包括存货管理、订单配送、制造及供应商等方面的人员都加入了跨部门小组的工作。不仅物流与物料部门的人员参与了工作,产品设计、营销、质量控制、财务和信息系统等各个部门人员都在小组中起到了极大的作用。

应用"整合"概念,施乐设计了一个理想化的设备供应链网络:每个流程都应针对一类产品特别设计,满足不同顾客的不同需求;商品化的产品,如个人复印机、小型办公用复印机和传真复印机应该被设计为安装简便,即插即用。高档产品应被设计成 100% 按单制造,不需要额外的安装和调试工作。要在顾客要求的时间内完成这项任务,同时又要保持尽可能少的存货,施乐需要尽可能早地了解需求,以廉价信息来替代昂贵的存货。

管理方面最大的改变是将新目标的实现在公司内部制度化。每一次管理革新在具体的实施过程中都会有几个阶段:最初的目标是说服每一个人,革新是有必要的,并让所有的人都认同要产生的变化。第二阶段是将这些理解和认同转换成一种正面的印象并开始试点进行革新工作。最后的阶段是让所有感受到变化的工作人员亲自去推动变化的发生。为了能够使革新有效地实施,必须让每一个人都知道革新的日程安排,让他们能够主动地去回应变化。

施乐正在以这样的方法整合它的供应链管理。营销经理和制造经理的绩效评价指标中加入"供应链中的总资产"这样的新概念,这使得对他们职能性的评价转换成了跨职能的综合评价。营销经理、制造经理和研发经理现在需要考虑供应链的总体存货水平(相对销售收入的百分比)和总体顾客满意度。当这些部分的考虑已经成为公司业务运作方式的一部分时,下一步就是考虑如何分解物流成本到每个职能部门。每个职能部门内部的物流运作都影响到整个供应链的表现和目标的完成,所以这些物流成本不是独立的而是互相影响的,施乐需要从一体化供应链的角度系统性地考虑成本方面的问题,阐述这些目标的相互影响。

要求:

1. 通过阅读案例,分析施乐公司业务流程重组的目标是什么? 在业务流程重组的过程中具体采取了哪些措施?

2. 结合施乐公司实施业务流程重组的案例,谈谈 BPR 对当前中国企业的意义。

参 考 文 献

[1] 唐纳德·沃特斯. 供应链管理概论. 北京，电子工业出版社，2010

[2] 兰利. 供应链管理. 北京：电子工业出版社，2010

[3] 汪欣. 供应链管理. 合肥：合肥工业大学出版社，2009

[4] 谢家平. 供应链管理. 上海：上海财经大学出版社，2008

[5] 闫秀霞，殷秀清. 供应链管理. 北京：经济科学出版社，2008

[6] 徐琪. 供应链管理. 上海：上海人民出版社，2008

[7] 刘伟，等. 供应链管理教程. 上海：上海人民出版社，2008

[8] 汤世强，施丽华，等. 供应链管理. 北京：清华大学出版社，2008

[9] 沈莹. 供应链管理. 北京：北京交通大学出版社，2008

[10] 吴登丰. 供应链管理. 北京：电子工业出版社，2007

[11] 现代物流管理课题组. 供应链管理. 广州：广东经济出版社，2007

[12] 王国华. 供应链管理. 北京：国防工业出版社，2005

[13] 阎子刚，赵继新. 供应链管理. 北京：机械工业出版社，2004

[14] 孙元欣. 供应链管理原理. 上海：上海财经大学出版社，2003

[15] 张成海. 供应链管理技术与方法. 北京：清华大学出版社，2002

[16] 刘慧. 供应链管理. 北京：中国人民大学出版社，2002

[17] 熊和平. 供应链管理实务. 北京：广东经济出版社，2002

[18] 陆薇，等. 汽车企业物流与供应链. 北京：机械工业出版社，2010

[19] 莫柏预. 物流与供应链管理. 北京：中国商业出版社，2007

[20] 霍红，华蕊. 采购与供应链管理. 北京：中国物资出版社，2005

[21] 张华，顾寒梅. 采购与供应链管理. 北京：中国物资出版社，2005

[22] 徐震宇，何树东. 如何进行供应链管理. 北京：北京大学出版社，2005

[23] 侯书森，孔淑红. 企业供应链管理. 北京：中国广播电视出版，2002

[24] 董明. 供应链设计. 北京：上海交通大学出版社，2010.

[25] 马士华. 供应链管理. 北京：高等教育出版社，2006.

[26] 张庆一，李贵春，综程. 网络经济下供应链管理模式的创新与构建. 物流管理，2010(5)

[27] 徐伟忠. 以信息化推动公司管理模式的变革和创新. 数字化工，2005(7)

[28] 董华. 炼化企业实施组织结构扁平化分析. 石油化工管理干部学院学报，2004(12)

[29] 赵林度. 供应链与物流管理：理论与实务. 北京：机械工业出版社，2003

[30] 毕红英. 信息技术在供应链管理中的应用. 北京：对外经济贸易大学出版社，2005

[31] 孙颖荪. 供应链管理. 合肥：中国科学技术大学出版社，2010

[32] 薛伟贤. 网络经济效应及测试研究. 北京：经济科学出版社，2004

[33] 唐慧. 网络经济下的供应链管理及其发展. 消费导刊，2008(3)

[34] 宋远方. 供应链管理与信息技术. 北京：经济科学出版社，2000

[35] 鲍吉龙，江锦祥. 物流信息技术. 北京：机械工业出版社，2004

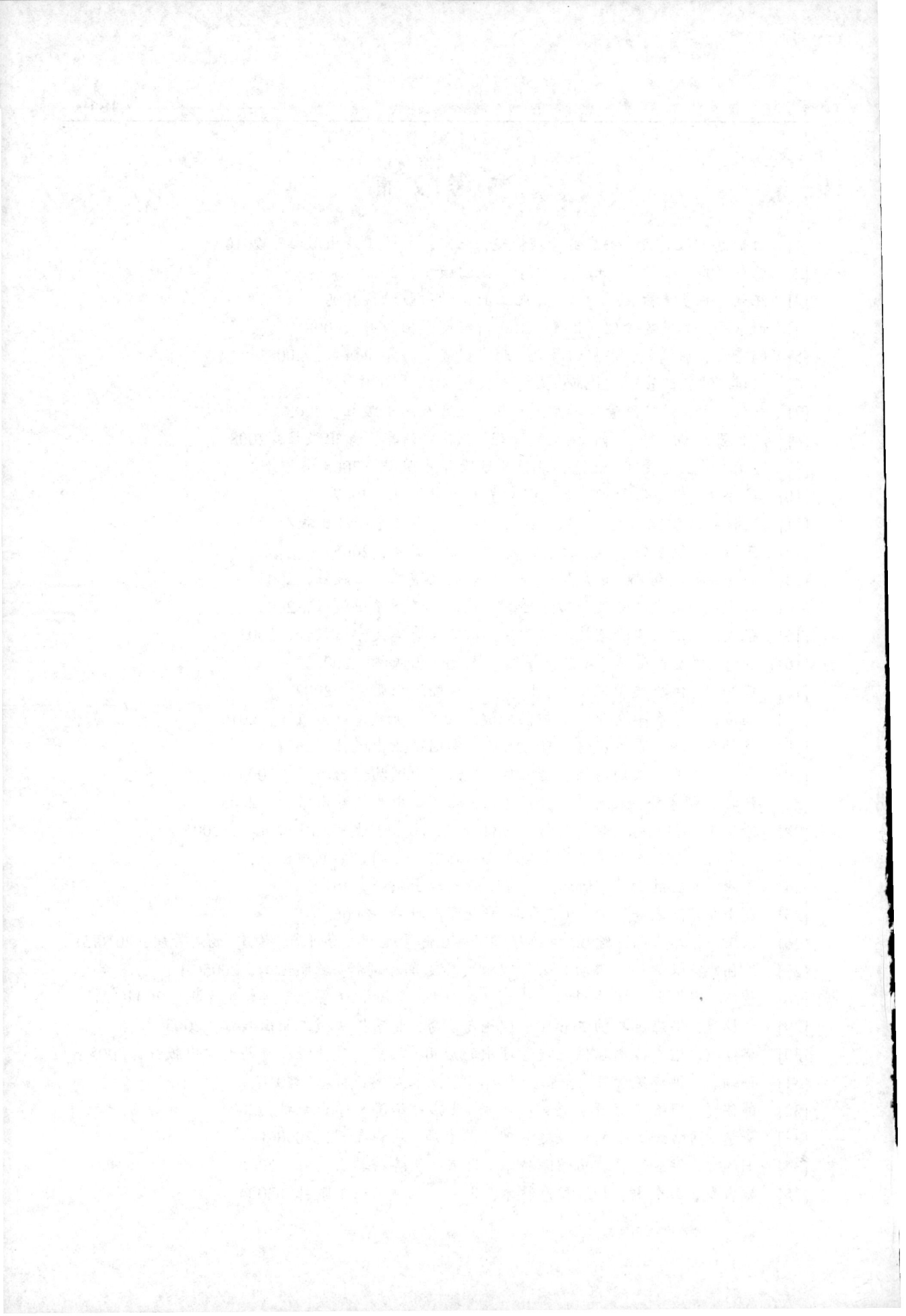